HEYNE
BÜCHER

SACHBUCH

W0047005

Christina Dodwell

Im Land der Paradiesvögel

Mit dem Einbaum
durch Papua-Neuguinea

Aus dem Englischen von Angela Djuren

WILHELM HEYNE VERLAG
MÜNCHEN

HEYNE SACHBUCH
Nr. 19/2033

Titel der englischen Originalausgabe
IN PAPUA NEW GUINEA
Erschienen 1983 bei Oxford Illustrated Press,
Sparkford-Yeovil-Somerset

Redaktion: Annemarie Bruhns

Ungekürzte Taschenbuchausgabe
im Wilhelm Heyne Verlag GmbH & Co. KG, München
Copyright © 1983 by Christina Dodwell
Copyright © der deutschen Ausgabe
1989 by Frederking & Thaler GmbH, München
Printed in Germany 1994
Umschlagillustration: Silvestris Fotoservice, Kastl/Obb.
Umschlaggestaltung: Atelier Adolf Bachmann, Reischach
Herstellung: H + G Lidl, München
Satz: Fotosatz Völkl, Puchheim
Druck und Verarbeitung: Ebner Ulm

ISBN 3-453-07049-6

Inhalt

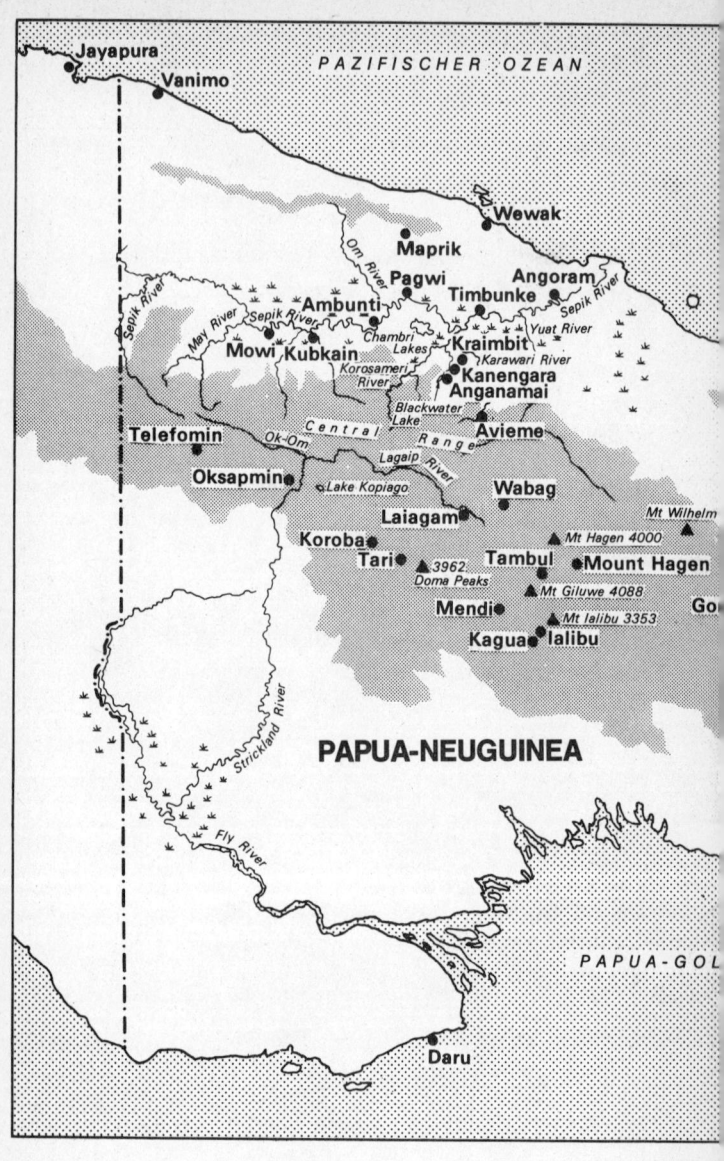

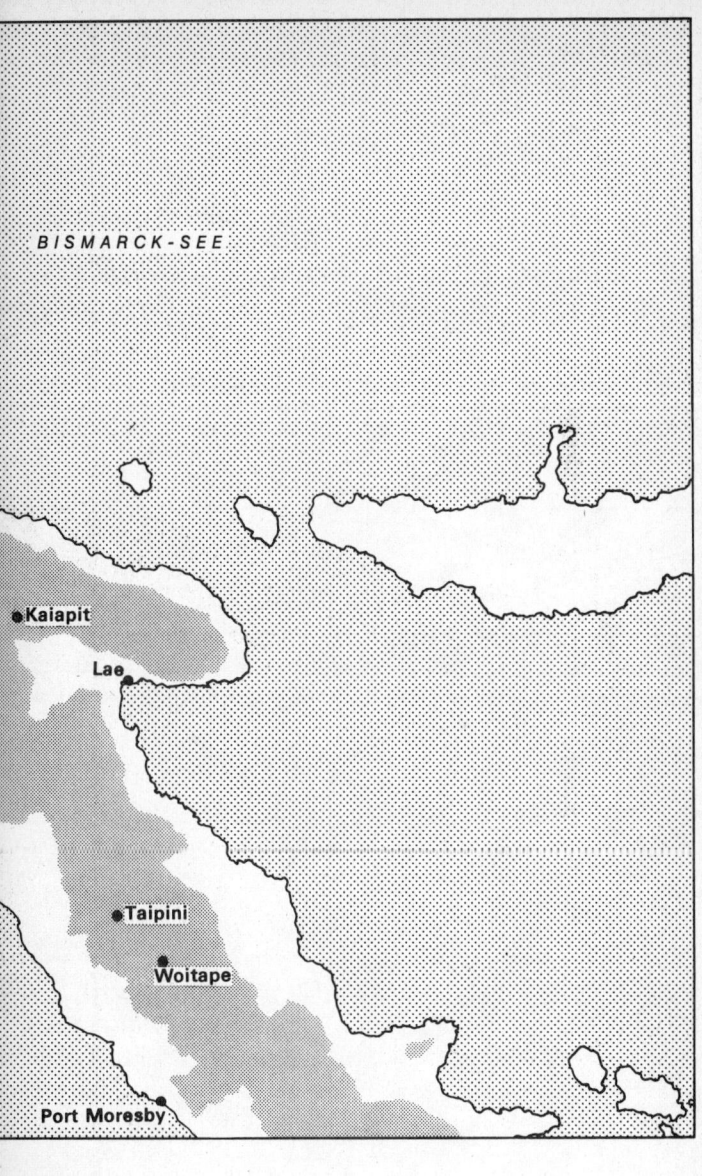

BISMARCK-SEE

Kaiapit

Lae

Taipini

Woitape

Port Moresby

Schwierigkeiten an der Grenze

Von Jayapura nach Wewak in Papua-Neuguinea ist es mit dem Flugzeug nur ein Katzensprung. Doch als ich auf dem Flughafen von Jayapura ankam, um die einzige internationale Verbindung – eine kleine Maschine nach Wewak – zu erreichen, gab es Probleme.

Mein Ticket und mein Paß waren in Ordnung, ich hatte die Einwanderungskontrolle bereits passiert und stand am Gate, als einer der indonesischen Beamten meine Papiere nochmals prüfte und dabei feststellte, daß mein Cholera-Attest abgelaufen war. Die anderen drei Passagiere bestiegen das Flugzeug, während der Pilot und die Beamten zu streiten begannen. Der Pilot weigerte sich, mich an Bord zu lassen, weil ich keine gültige Impfbescheinigung hatte, und die Einwanderungsbeamten weigerten sich, mich wieder nach Westirian hereinzulassen, weil mein Visum noch an diesem Tage ablief. Nach einer Stunde erbitterten Streitens setzte sich der Pilot durch, und das Flugzeug hob ohne mich ab. Als es über die Startbahn rollte, bat mich ein Zollbeamter um meinen Paß und bemerkte, daß meine Einreiseerlaubnis nach Papua-Neuguinea nur noch bis zum nächsten Tag Gültigkeit hatte.

Für die Einreise nach Papua-Neuguinea blieben mir also noch vierundzwanzig Stunden Zeit. Und meine letzte Hoffnung stieg gerade dröhnend in die Luft.

Ich hatte das Gefühl, als ob sich der Boden unter mir auftäte. Acht anstrengende Monate hatte es mich gekostet, nach Papua-Neuguinea zu reisen, und nun sah es so aus, als ob mir die Tür vor der Nase zugeschlagen würde. Bei dem Gedanken, nach Hause geschickt werden zu können, wo ich der Grenze so nah war, wurde mir ganz übel.

Leute versuchten mir zu helfen, aber es schien keinen Ausweg zu geben. Ein Beamter fuhr mich zur Missions-Gesellschaft, aber sie hatten keinen Flug vorgesehen, und die Chartergesellschaft wollte von mir für einen Flug sechshunderttausend Rupien (etwa DM 2700,–). Meine Augen schwammen in Tränen, ich brachte kein Wort heraus. Der

9

Direktor des Flughafens lud mich netterweise zu einer Tasse Tee und einer warmen Mahlzeit ein, brachte mich dann zu einem Arzt aus Sumatra, der mir eine Cholera-Spritze gab, und überließ mich schließlich dem Chef der Einwanderungsbehörde.

Dieser schien zu merken, daß ich ganz verzweifelt war, und ahnte wohl, daß ich bei der kleinsten Aufregung wieder in Tränen ausbrechen würde. Ich bemühte mich krampfhaft, die Beherrschung zu bewahren, aber vier Stunden Kummer und Tränen hatten mich ganz erschöpft. Es war schon fast wieder beruhigend zu wissen, daß jetzt *irgend etwas* geschehen mußte.

Ankunft in Papua-Neuguinea

Der Chef der Einwanderungsbehörde nahm die Sache in die Hand. Nach einer qualvollen Ewigkeit versah er mich mit Verhaltensmaßregeln und schrieb einige Anweisungen, mit denen ich zu dem Kanu-Verwalter der Küstenwache gehen sollte. In der Abenddämmerung machte ich den Mann ausfindig und überreichte ihm die Anweisungen. Ich schlief auf einer Bodenmatte in der Hütte des Bootsmannes, und am nächsten Morgen um sechs Uhr verstaute er mich und meinen Rucksack in seinem Kanu. Schließlich machten wir uns entlang der Küste auf den Weg nach Papua-Neuguinea.

Es war ein Auslegerkanu mit einem Motor, und während wir durch die kabbelige See schossen, hüllte uns ein salziger Sprühregen ein. Der Bootsmann trug eine Windjacke und einen altmodischen Fliegerhelm. Ich hockte hinter meiner Plastikplane, aber es dauerte nicht lange, bis ich vollkommen salzverkrustet war.

Der Bootsmann erklärte, daß wir uns jetzt in den Gewässern Papua-Neuguineas befänden. Ein Gefühl der Hochstimmung, das dem der Furcht nicht unähnlich war, stieg in mir auf. Auf unserer rechten Seite erstreckte sich weit in der Ferne die unwirtliche Küste mit ihren malariaverseuchten Sümpfen und Mangrovenwäldern. Dahinter bedeckte undurchdringlicher Dschungel das Land, das allmählich in Berge überging. Es waren weder Menschen noch Zeichen menschlicher Behausung zu sehen. Und um dieses Land zu besuchen, war ich um die halbe Welt gereist!

1526 hatte – der Geschichtsschreibung zufolge – der Kapitän eines portugiesischen Schiffes als erster Europäer die Küste Papua-Neuguineas gesichtet. Zum erstenmal gelandet war der Kapitän eines anderen portugiesischen Schiffes (an der Südküste der Insel), der ihr den Namen »Ilhas dos Papuas« gab. Papuas ist ein malaiisches Wort und bedeutet wuschelköpfig. Die Eingeborenen galten als feindselig, und keine von den europäischen Mächten äußerte Interesse an dem Land, abgesehen von den Holländern, die den westlichen Teil für sich beanspruchten, weil sie ihre reiche Ostindische Kompanie in Indonesien schützen wollten. Die Holländer gaben der ganzen Insel den Namen Neuguinea, und während der Kolonialzeit wurde die Insel in Holländisch-Neuguinea (die westliche Hälfte, bevor die Indonesier Anspruch darauf erhoben), Deutsch-Neuguinea (das nördliche Viertel) und Britisch-Neuguinea (der südliche Teil) aufgeteilt. Nach dem Ersten Weltkrieg kam der deutsche Teil unter australische Verwaltung, und später, als auch die Briten ihr südliches Territorium – in Papua umbenannt – in australische Obhut übergaben, wurden diese beiden Viertel schließlich zu einem Land vereinigt.

Das erste, was ich von Vanimo zu sehen bekam, waren ein Fischerboot, das an einer alten Mole vertäut war, einige Bungalows und das kommunale Verwaltungsgebäude. Obwohl es keine offizielle Einwanderungsstelle gab, fand ich einen Mann, der meinen Paß abstempeln konnte. Er hatte bisher noch keine Gelegenheit gehabt, einen Touristen abzufertigen, und konnte dem Verlangen nicht widerstehen, nachzusehen, was Touristen so in ihrem Gepäck mitführen. Er packte alles aus und schien sich über die unzähligen Plastikbeutel, das Katapult, den Tabaksbeutel und die Streifen Trockenfleisch ein wenig zu wundern. Das Glas mit Salz konfiszierte er, für den Fall, daß es sich um Heroin handelte.

Seine Unterschrift auf meinem Visum bestätigte mir, daß ich nun endlich in Papua-Neuguinea war. Nach all den Aufregungen fühlte ich mich wie ausgelaugt. Nichts zählte außer der Tatsache, daß ich es geschafft hatte. Ich hatte keine Ahnung, was ich von Vanimo aus als nächstes Ziel ansteuern sollte. Es gab nirgends eine Karte zu kaufen.

Eine amerikanische Missionarsfamilie bot mir an, bei ihr zu wohnen, bis ich mir über meinen nächsten Schritt klargeworden war. Es waren protestantische Bibellehrer. Sie waren einmal drogenabhängig gewesen, und ihre neugefundene Überzeugung und ihre reine christliche Güte ließen mich beschämt über meinen mangelnden Glauben nachdenken.

Um mir über mein nächstes Ziel klarzuwerden, lieh ich mir eine Karte und vertiefte mich hinein, um zu sehen, wie ich von Vanimo aus weiterkam. Hier erlebte ich meine erste Überraschung: Auf der Karte war Vanimo als kleiner Grenzposten an der Küste eingetragen, der in dem hintersten Winkel eines dünnbesiedelten Landes lag und so gottverlassen war, daß es überhaupt keine Straßenverbindungen von und nach diesem Ort gab; er war total abgeschnitten. Ich suchte die anderen Städte und fand sieben, die Hauptstadt eingeschlossen. Nur ganz wenige waren durch Straßen miteinander verbunden, und es war mir auch klar, warum: Eine gewaltige Bergkette durchzog das Land von einem Ende zum anderen, die an manchen Stellen Höhen von knapp 5000 Metern erreichte – eine natürliche Barriere.

Als erstes bot sich mir die Möglichkeit, meine Reise auf dem Wasser fortzusetzen, aber dazu mußte ich eine unbequeme Fahrt von drei Tagen auf einem Frachter nach Wewak auf mich nehmen, und ich sah keinen Sinn darin, außen um ein Land herum zu fahren, das ich besuchen wollte. Zudem hatte ich keine besonders große Lust dazu, als erstes Ziel eine Stadt anzulaufen – mir lag ja vielmehr daran, das Innere zu erforschen und die Menschen der verschiedenen Stämme kennenzulernen.

Als zweites hatte ich die Möglichkeit, zu Fuß weiterzukommen, aber niemand wußte, ob es von Vanimo aus Pfade gab, die weit ins Landesinnere hineinführten. Als drittes konnte ich versuchen, in einem der leichten Flugzeuge, die für die Arbeit der Kommune oder Mission eingesetzt werden und oft in abgelegenen Gegenden landen, einen Platz zu bekommen. Das Land ist mit grasbewachsenen Start- und Landebahnen übersät, von denen manche zu den gefährlichsten der Welt zählen. Das klingt wahrscheinlich übertrieben, aber es heißt, daß ein Pilot, der ein Jahr in Papua-Neuguinea geflogen ist, damit über eine Erfahrung verfügt, die anderswo zehn Jahren entspricht. Auch das Fliegen ist gefährlich, weil die verschiedenen Bergketten für die kleinen Flugzeuge zu hoch sind und die niedrigen Berge drum herum oft von dicken Wolken verhüllt sind. Flugzeugabstürze sind alltäglich.

Von diesen Gefahren einmal abgesehen, hielt ich Fliegen für das Beste. Damit war die Frage gelöst, *wie* ich weiterkam – aber nicht wohin. Diese Entscheidung konnte ich dem Zufall überlassen. Ich breitete die Karte aus, ergriff einen Bleistift und ließ ihn senkrecht auf die Karte fallen. Er landete auf dem Hochland, an dem entlegensten Ende der Bergkette und dem am wenigsten erforschten Teil Papua-Neuguineas. Ich fühlte, wie ein Gefühl der Aufregung von mir Besitz ergriff, als meine Reise Gestalt anzunehmen begann. Ich wollte zu der Rückseite dieses Gebietes fliegen, es dann zu Fuß durchqueren, bis ich beim Lake Kapiago ans Ende einer Jeep-Strecke kam (die auf der Karte als rotgepunktete Linie eingetragen war). Ich hatte keine Ahnung, wie viele Tage der Marsch dauern würde.

Am Flughafen von Vanimo stand ein zweimotoriges Flugzeug, das zu den Vorposten Telefomin und Oksapmin fliegen sollte. Am nächsten Morgen saß ich um sieben Uhr an Bord der Maschine, die über die Startbahn rumpelte und sich dann in die Luft erhob.

Vom Sitz des Kopiloten aus genoß ich eine phantastische Aussicht, als wir über den Dschungel flogen, langsam an Höhe gewannen und über einige Hügel hinweg Kurs auf eine unendlich weite Fläche nahmen. Unter mir erstreckte sich eine weite Dschungellandschaft, die von Flüssen durchschnitten war, welche in einen größeren, schlammigbraunen, träge dahinfließenden Strom mündeten. Das waren die Nebenflüsse des Sepik River.

Bald befanden wir uns über dem Fluß. Deutlich sah ich seinen schlangenförmigen Verlauf, wie er sich vor und zurück wand, wie er Uferböschungen auswusch und seinen Lauf ständig veränderte, nachdem er die hufeisenförmigen Seen hinter sich zurückgelassen hatte. Diese Seen waren stehende Gewässer und von Vegetation überwuchert. Der Pilot, ein Australier, sagte mir, daß es tote Flußarme seien und daß sie von Krokodilen verseucht seien. Dann begann er mir von seinen Erlebnissen beim Transport von lebenden Krokodilen zu erzählen. Junge Krokodile wurden von Eingeborenen gefangen und zum Flugplatz von Green River gebracht, wenn ein Krokodillederhändler oder ein Krokodilfarmer dort zum Einkaufen auftauchte.

Die Fracht für die Krokodilfarmer mußte lebend transportiert werden, und aus Sicherheitsgründen wurden die Kiefer der Krokodile mit gewundenen Grasschnüren zusammengebunden. Es kam jedoch nicht selten vor, daß die Kisten aufbrachen und von Panik erfaßte Krokodile sich überall auf dem Boden tummelten. Lachend berichtete er, daß ihn ein Krokodil einmal in den Fuß gebissen hatte, woraufhin er es beim Schwanz gepackt und aus dem geöffneten Fenster geworfen hatte. Es war gegen den Propeller geflogen und augenblicklich in Hackfleisch verwandelt worden, von dem ein großer Teil wieder durch das Fenster in das Flugzeug gespritzt war. Ein andermal hatte er ein vier Meter langes Krokodil an Bord gehabt, das unter schweren Beruhigungsmitteln stand und mit Tauen zusammengebunden war. Im Schlaf hatte es die Muskeln bewegt, und nach und nach waren alle Taue entzweigerissen. Zum Glück war es jedoch nicht erwacht.

Und dann waren wir wieder in der Gegenwart, als der Pilot nach unten auf die Quellen von drei Flüssen deutete: den Sepik, den Strickland und die Fly Rivers. Wir befanden uns jetzt in den Bergen und näherten uns Telefomin. Das Flugzeug stieg gleichmäßig höher und ließ einen Bergrücken nach dem anderen hinter sich, zwischen denen ich Pflanzen sah, die sich mühsam an den Steilhängen festhielten.

Als Telefomin in Sicht kam, konnte ich nicht mehr als ein paar Gebäude und einen Flugplatz ausmachen. Wir hatten eine Stunde Aufenthalt, bevor wir nach Oksapmin weiterflogen. Als wir starteten, machte mir der Pilot mit Geschichten über Kannibalenmorde, die noch vor wenigen Jahren in Telefomin stattgefunden hatten, »Mut«.

Oksapmin lag nur zehn Flugminuten von Telefomin entfernt. Wir flogen an einem 3650 Meter hohen Berg entlang, überwanden im Kurvenflug einen atemberaubenden Steilhang und steuerten dann den Rand des tellerförmigen Tals von Oksapmin an. Unter uns räumten die Leute eiligst die Landebahn frei und versammelten sich dann, um das Flugzeug zu erwarten. Unter den Leuten, die sich zu unserer Begrüßung eingefunden hatten, war Nicky Cape, ein junger Engländer, der von der VSA (*Voluntary Services Association* = Entwicklungsdienst) für zwei Jahre nach Oksapmin geschickt worden war, um den Leuten beizubringen, wie man Gemüse anpflanzt.

Beim Lunch gab er mir wertvolle Hinweise für meinen geplanten Marsch, bezweifelte aber, daß ich mein Ziel, Lake Kopiago, erreichen würde. Um dorthin zu kommen, mußte ich den Strickland River überqueren, der, da wir uns mitten in der Regenzeit befanden, Hochwasser führte. Die Hängebrücke, die den Fluß überspannt hatte, war vor mehreren Jahren, als der Fluß um etwa fünfzehn Meter angestiegen war, weggerissen und nicht wieder ersetzt worden. Mit Entsetzen reagierte Nicky auf meine Idee, den Fluß durchschwimmen zu wollen, und sagte, daß schon viele Leute bei dem Versuch ertrunken seien. Als er aber merkte, daß ich nicht zu beirren war, meinte er, daß ich in Richtung Norden gehen und einen Bogen schlagen solle, um so weit wie möglich flußaufwärts zu kommen, wo der Fluß schmal und die Strömung langsamer war. Seines Wissens sei noch keine weiße Frau diese Route gegangen, fügte er dann noch hinzu.

Jetzt fehlte mir nur noch ein Führer, und so ließ Nicky die Nachricht verbreiten, daß eventuell Interessierte sich am nächsten Tag bei mir melden sollten. Im Grunde wollte ich gar keinen Führer. Der Gedanke, mich zu verirren, beunruhigte mich nicht, aber da ich ein bestimmtes Ziel hatte – auch wenn es eine Zufallsentscheidung war –, machte ich mir keine Illusionen darüber, daß ich auf einen Führer angewiesen war, wenn ich es finden wollte. Ein anderer wichtiger Gesichtspunkt war das Gewicht meines Rucksacks. Er wog an die fünfzig Pfund und enthielt u. a. Notrationen für zwei Wochen, die ich mir in Vanimo besorgt hatte. Aufgrund der dünnen Besiedlung des Dschungels konnte ich nicht immer damit rechnen, auf gastfreundliche Eingeborene zu treffen, und hinzu kam, daß die landesübliche magere Ernährung durch *kaukau* mich nicht bei Kräften halten würde.

Bei diesen Leuten konnte man sich auch nicht mit nur einem Führer begnügen, es mußten mindestens zwei sein, da ein einzelner Angst gehabt hätte, den Weg allein zurückzugehen. Sie fürchteten, von anderen Stämmen überfallen zu werden, da sie alle untereinander verfeindet sind; im günstigsten Fall betrachten sie einander mit Argwohn und Mißtrauen. Mein Marsch schien in eine Expedition auszuarten.

Kurz nach dem Lunch gingen der Pilot und Nicky an Bord der Maschine und verließen Oksapmin. Nicky hatte Gelbsucht und mußte sich in Wewak ärztlich behandeln lassen. Ich fühlte mich schrecklich allein. Aber ich war nicht unglücklich. Nicky hatte mir freundlicherweise seine Hütte überlassen, in der ein großer Haufen Brennholz für Wärme in der in dieser Höhe herrschenden Kälte sorgen würde.

Am nächsten Tag saß ich draußen und wartete darauf, daß sich auf Nickys Aufruf hin einige Führer meldeten. Verschiedene Leute kamen, um mich anzusehen. Darunter waren neolithisch anmutende Männer, die ihre Nasenspitze mit den Fühlern von Käfern geschmückt hatten. Fast alle Männer hatten Pfeil und Bogen bei sich. Einige trugen Penisköcher, andere einen schmalen Lendenschurz aus geflochtenen Buschfasern. Die Frauen waren nur mit einem zweilagigen Grasrock bekleidet, der Oberkörper war nackt. Sie hatten *bilums*, große Netze, die sie an einer langen, um die Stirn gewundenen Schlinge trugen und die voller Brennholz und *kaukau* waren und schwer aussahen. Die Kinder versteckten sich hinter den Beinen ihrer Mütter und schienen entsetzliche Angst vor mir zu haben.

Eine Gruppe von Erwachsenen begann sich über mich zu unterhalten. Da ich kein Wort verstand, konnte ich nur hoffen, daß sie sich nicht allzu kritisch über mich äußerten. Ich lauschte und lächelte ihnen dabei zu. Ihre Stimmen klangen hart und abgehackt, sie begannen die Sätze mit einem scharfen Gebrabbel und wurden zum Schluß langsamer und leiser. Man konnte glauben, daß sie wild und grimmig waren, aber ich wußte, daß es nur ihre Art zu reden war, und hatte deshalb keine Angst.

Nach ziemlich langer Zeit traten zwei Männer mit einem Nasenring aus den Hauern eines Keilers vor und erklärten, daß sie meine Führer sein würden: »*Yu-mi go long wokabaut.*« *(You me go long walk about* = du und ich gehen weit herumlaufen.) Das Pidgin-Englisch basiert hauptsächlich auf dem Englischen. Wer Englisch kann, wird meistens erraten können, um was es geht. Sie konnten genausowenig Pidgin wie ich, aber wir konnten uns miteinander verständigen und vereinbarten, daß sie mich am nächsten Morgen bei Tagesanbruch abholen sollten. Sie würden mich auf dem ersten Abschnitt meines Marsches begleiten und mich dann an neue Führer übergeben. Als Bezahlung würden sie den von der Regierung festgesetzten Trägerlohn bekommen, ungefähr zwei *kina* (etwa DM 5,–) pro Tag.

An diesem Tag legte ich mich um acht Uhr schlafen, um für den frühen Aufbruch gerüstet zu sein.

Eine gefährliche Flußüberquerung

Bei Tagesanbruch war es neblig, kalt und feucht. Ich blieb noch etwas in meinem Schlafsack liegen, da mich die Kälte draußen schreckte, bis mir schließlich einfiel, weshalb ich aufstehen mußte. Rasch erhob ich mich, denn die Zeit war knapp. Nachdem ich das Feuer wieder angefacht hatte, machte ich mir ein Frühstück mit Kaffee und begann zu packen.

Als meine Führer, Kom und Arak, erschienen, war ich mit allem fertig. Sie drängten zum Aufbruch, weil wir den ganzen Tag marschieren müßten: »Yu-mi go nau. Wokabaut bilong yu-mi stap long-wei tru.«

Kom schwang sich meinen Rucksack auf die Schultern, und nachdem beide Männer Pfeil und Bogen ergriffen hatten, machten wir uns in zügigem Tempo auf den Weg durch das Tal.

Wir gingen hintereinander, ich in der Mitte. Der feuchte, dichte Nebel hüllte das ganze Tal ein, so daß ich außer Kom, der vor mir ging, und dem matschigen Pfad nichts sehen konnte. Als der Matsch in Sumpf überging, hatte ich Schwierigkeiten, mit Kom mitzuhalten, der trotz des schweren Rucksacks leichtfüßig von einem Grasbüschel zum anderen sprang. Manchmal trat er daneben und sank bis zu den Knien ein, aber ich rutschte ständig ab. Ich hatte überhaupt nicht daran gedacht, Stiefel oder anderes geeignetes Schuhwerk mitzubringen, und trug Riemensandalen, die alles nur noch schlimmer machten. Durch den nassen Lehm wurden sie glitschig, und meine Füße glitten bei fast jedem Schritt seitwärts weg. Schließlich zog ich die Sandalen aus und stellte mich darauf ein, daß ich wahrscheinlich den ganzen Weg barfuß gehen mußte.

Jetzt war jeder Schritt ein Risiko. Ich spürte, wie der Matsch zwischen meinen Zehen hindurchquoll. Auf der anderen Seite konnte ich meine Füße jetzt mehr in der Art der Tiere benutzen und so leichter das Gleichgewicht halten und mich an den Grasbüscheln festkrallen. Während wir uns hüpfend vorwärts quälten, begann der Nebel sich aufzulösen, eine bleiche Sonne zeigte sich am Himmel, aber es war immer noch kalt.

Bei einigen Hütten im unteren Tal hielten wir kurz an, um drei Frauen mitzunehmen. Sie wollten einen Verwandten besuchen, der einen Tagesmarsch entfernt in nordwestlicher Richtung wohnte, so daß wir für ein paar Stunden den gleichen Weg hatten. Die Frauen waren noch nicht ganz fertig, sondern noch dabei, *kaukau* und andere Sachen in ihren *bilums* zu verstauen. Währenddessen betrachtete ich das Muster von Punkten und Linien, das auf ihrem Gesicht eintätowiert war. Die Linien auf der Stirn folgten der Wölbung ihrer Augenbrauen, in der Mitte befand sich eine aufgehende Sonne, ihre Schläfen waren mit Sternen dekoriert. Mehrere Männer hatten sich mit den Hauern von Schweinen geschmückt, und ein Mann trug den Kopf und die Fühler eines Nashornkäfers auf der Nasenspitze. Als die Frauen fertig waren, legten sie sich die Schlinge ihrer *bilums* um die Stirn und warfen die Netze nach hinten auf den Rücken. In einem der *bilums* lag obenauf ein friedlich schlafendes Baby, das von all dem Lärm und Hin und Her überhaupt nichts mitbekam.

Meine Expedition war wieder größer geworden. In rauhen Gutturallauten fröhlich schwatzend, setzte sich der Zug in Bewegung. Wir hatten den Sumpf hinter uns gelassen und gingen jetzt durch *Pitpit*-Gras, das wie Elefantengras aussieht – und das zu beiden Seiten des schmalen Pfades dichtgedrängt in die Höhe wuchs und sich über unseren Köpfen ineinander verflocht. Wir mußten uns regelrecht hindurchkämpfen und achtgeben, daß es uns nicht die Haut zerschnitt. Dies war auf keinen Fall eine Hauptstraße!

Der Pfad führte in nördlicher Richtung zu dem Fuß eines Berges, der steil in die Wolken aufragte und überwunden werden mußte. Meine Gefährten hörten auf zu plaudern und konzentrierten sich auf den Aufstieg. Der Wald nahm uns auf, Wasser tropfte von dem feuchten grünen Laub, Baumstümpfe waren von Moos und Flechten überwuchert, und zartes, dünnes Moos hing, langen Bärten gleich, von den Zweigen. Es war neblig und still. Ab und zu

Kom und Arak, meine beiden ersten Führer. In der Mitte ein Einheimischer, der sich uns angeschlossen hat

stieß einer der Männer einen langen, schrillen Pfiff aus, der den Nachzüglern wohl eine Vorstellung davon vermitteln sollte, wie weit die Führer voraus waren. Zu den Nachzüglern gehörte natürlich auch ich – einmal, weil ich von meiner Umgebung so in Anspruch genommen war, hauptsächlich aber, weil meine Lungen unter dem Mangel an Sauerstoff litten und weil ich keine Kondition hatte. In einer lang auseinandergezogenen Reihe suchten wir uns zwischen und unter riesigen Wurzelgeflechten unseren Weg durch den Wald.

Um die unzähligen Schluchten zu überqueren, folgten wir dem Pfad immer so lange, bis wir an eine Stelle kamen, wo ein umgestürzter Baum eine Art Brücke bildete. Die ersten »Baumbrücken« waren relativ waagerecht, und obwohl es kaum etwas gab, an dem man sich festhalten konnte, bereitete das Überqueren keine Schwierigkeiten. Als wir aber zu einer ziemlich steil nach oben führenden Brücke kamen, wo wir hoch über einem Sumpf von einem

Baumstamm zum anderen springen und uns unseren Weg durch Geäst nach oben bahnen mußten, verließ mich der Mut. Unfähig, auch nur einen Schritt zu tun, stand ich wie gelähmt da. Mich einfach auf meine vier Buchstaben zu setzen, kam überhaupt nicht in Frage, da ich dadurch das Gesicht verloren hätte und die Frauen mich wegen meiner Angst ausgelacht hätten. Die Frau vor mir merkte, daß ich ihr nicht mehr folgte, und kam wieder zurück, um mir noch mal den Weg zu zeigen. Sie legte dabei nicht ihr Baby ab, so sicher war sie ihrer Schritte. In aufrechter Haltung eilte sie den Zickzackweg noch einmal zurück.

Sie rief mir eine Frage zu, wahrscheinlich warum ich mich nicht von der Stelle rührte. Ich wußte nicht, wie ich reagieren sollte, wußte auf der anderen Seite aber, daß ich mich nicht weigern konnte, hinüberzugehen. So gab ich ihr zu verstehen, daß ich es wieder versuchen wollte. Ich folgte ihrer dunklen Silhouette, heftete meine Augen auf den schrägen Baumstamm unter mir und setzte mich in Bewegung. An den Stellen, wo sich die Rinde gelöst hatte, war das Holz naß vom Regen und deshalb äußerst glitschig, aber ich befahl mir streng: Geh weiter, denk nicht darüber nach. Und sieh nicht nach unten. Nach den ersten zitternden Schritten nahm ich den Stock zu Hilfe, den Kom mir gegeben hatte, und nach einigen schreckenserfüllten Augenblicken hatte ich es geschafft.

Die über den Pfad wachsenden Wurzeln boten guten Halt und halfen uns, durch den Matsch nach oben zu klettern. Dann hörte ich mit riesiger Erleichterung, wie Kom sagte: »*Taim bilong kisim wind*« – Zeit zum Atemholen. Wir setzten uns auf einige flache Steine, und Kom zeigte mir seinen Bogen und seine Pfeile. Jeder Pfeil hatte seine eigene Form und seine eigene Bestimmung. Ein vierzackiger Bambuspfeil war für die Vogeljagd, mit einem messerförmig gearbeiteten Bambuspfeil erlegte er Schweine, eine andere Pfeilspitze war aus einem Kasuarknochen gearbeitet, und an einem Pfeil waren auf einer Länge von fünfundzwanzig Zentimetern kunstvoll geschnitzte und mit Ocker bemalte Widerhaken angebracht. Der Bogen war aus festem Palmenholz, die Sehne aus Bambus gedreht.

Kom entfachte ein kleines Feuer und legte einige *kaukau* hinein, die schon vorgeröstet gewesen sein mußten, da sie innerhalb von zehn Minuten fertig waren. Das war das erste Mal, daß ich *kaukau* probierte, und sie schmeckten köstlich, genau wie Süßkartoffeln. An diesem Rastplatz trennten sich die Wege zwischen uns und den Frauen, die in Richtung Westen weitergingen. Noch lange nachdem wir sie aus den Augen verloren hatten, konnten wir sie reden hören – ihre schrillen, durchdringenden Stimmen erinnerten an das Gekreisch der Vögel, das durch den Wald schallte.

Je höher wir stiegen, desto heißer wurde es, und der Wald schwitzte. An den Bäumen blühten orangefarbene und gelbe Glockenblumen, hingen rote Beeren, Nüsse oder riesige Eicheln. Andere Früchte waren haarig, stachelig, glänzend und leuchtend bunt. Die auf dem Boden verfaulenden Früchte fermentierten. Auf dem in Jahrhunderten angewachsenen Kompost aus toten Blättern wucherten Giftpilze, während aus toten Baumstümpfen purpurfarbene Pilze wie Korallen sprossen. Andere Bäume warfen ihre dicke Rinde ab, dem jährlichen Kreislauf von Verfall und Erneuerung folgend.

Meine Füße ließen mich nicht im Stich, auch wenn es unmöglich war, mit Koms Tempo mitzuhalten. Der steile, beschwerliche Aufstieg schien kein Ende zu nehmen, aber am Nachmittag hatten wir schließlich den Gipfel erreicht. Während wir eine Pause einlegten und noch ein paar *kaukau* rösteten, kam eine Jagdgesellschaft vorbei. Nach der gegenseitigen Begrüßung setzten sich die Männer zu uns. Sie waren dünn, ungeschmückt und, abgesehen von ihrem langen, gewellten Penisköcher, nackt. Die beiden Gruppen unterhielten sich in rasender Geschwindigkeit. Die Jäger hatten gerade ein rötlich-goldenes Tier gefangen, ein merkwürdiges, pelziges Beuteltier mit großen Glotzaugen und einem langen, kahlen Greifschwanz. Es hatte Hände mit fünf krallenbewehrten Fingern. In seinem Beutel lag ein winziges, haarloses Baby. Bei diesem Tier handelte es sich wahrscheinlich um eine Art Beutelratte, aber ich hatte noch nie eine gesehen. Obwohl ich nun schon so viele

Jahre auf Reisen war, hatte ich nie das Gefühl der Wiederholung.

Während ich darüber nachdachte, warum das Tierleben in Papua-Neuguinea so anders war als in allen anderen Teilen der Welt, fiel mir ein – ich hatte mich früher mal kurz mit Geologie beschäftigt –, daß Neuguinea einst einen Teil der Landbrücke bildete, die Australien mit Asien verband. Diese Landbrücke war abgesunken und hatte die Insel Neuguinea isoliert, *bevor* die Evolution vieler verschiedener Tierarten begonnen hatte. Daher gibt es auf Neuguinea nur wenige der sonst auf der ganzen Welt verbreiteten Tierarten, dafür aber Reptilien, Nagetiere, Beuteltiere und Vögel in Hülle und Fülle: riesige Warane, Krokodile, Pythons, Taipane und Vipern, Flughunde, stachelige Ameisenfresser, Baumkänguruhs, Kasuare und über sechshundert andere Vogelarten.

Wir, die Jäger, meine Führer und ich, rauchten noch etwas von meinem Tabak, ehe wir uns dann wieder auf den Weg machten. Nachdem wir acht Stunden gelaufen waren, taten mir alle Muskeln weh, und ich konnte nicht mehr. Zweimal fragte ich Kom, wie weit wir noch gehen müßten. Beim ersten Mal antwortete er: *»Kong-wei liklik«*, also: Noch ziemlich weit, aber beim zweiten Mal, als wir oben auf dem Kamm eines Berges standen und auf den Ok-Om River hinunterblickten, sagte er endlich: *»Klos-tu. Haus i stap klos-tu.«* Unten im Tal, auf der anderen Seite des Flusses, sah ich zwei Hütten.

Als wir den matschigen Abhang hinunterrutschten, fingen Kom und Arak plötzlich an zu schreien und zu jodeln. Ihre Laute erinnerten mich an das Bellen von Jagdhunden, die einen Fuchs in die Enge getrieben hatten. Es war ein aufregendes Geräusch; es belebte mich und kündigte den Bewohnern der Hütte gleichzeitig an, daß sie Besuch bekommen würden.

Der Ok-Om war ein schmaler Fluß und auf einer Hängebrücke leicht zu überqueren. Irgendwo flußabwärts vereinigten sich der Ok-Om und der Lagaip zum Strickland River. Der Lagaip, der Hauptzufluß zum Strickland River, war der Fluß, den ich schwimmend durchqueren wollte.

Endlich bei den Hütten! Ich war so erschöpft, daß mir alles weh tat. Die Familie kam heraus, um uns zu begrüßen. Nebeneinander aufgereiht standen sie da und starrten mich mit einer Mischung aus Neugier und Verblüffung an.

Erst nachdem sie mich eine ganze Weile angestarrt hatten, wandte sich einer von ihnen an Kom und stellte ihm eine Frage. Seine Antwort machte sie nur noch neugieriger, und sie traten ein Stück vor, um mich genauer anzusehen. Kom sagte mir, daß sie ihn gefragt hätten, ob ich eine Frau sei. Offenbar überstieg eine alleinreisende Frau ihr Fassungsvermögen, und mein Anblick verwirrte sie. Um sie zu beruhigen, lächelte ich sie weiter an und begann jedem einzelnen die Hand zu schütteln. Sicherlich hatten sie noch nie jemandem die Hand geschüttelt, aber diese Geste war ein Zeichen des Kontakts und des guten Willens meinerseits, und ihre faltigen braunen Gesichter verzogen sich zu einem Lächeln. Die Mütter brachten ihre Babys heraus, damit auch sie mir die Hand schütteln konnten.

Die Frauen trugen Grasröcke und hatten von Bambusringen weit auseinandergezogene Ohrläppchen. Fast alle Männer trugen die Hauer eines Keilers als Nasenschmuck, und einer trug ein klobiges Halsband aus Zähnen und Kaurimuscheln und um die Taille an die dreißig Bambusreifen, die vorne zusammentrafen und mit ihren Spitzen nach oben ragten.

Das Abendessen bestand aus *kaukau*, die im Feuer geröstet und vor dem Essen mit der Hand geschält wurden. *Kaukau* schmeckt nicht nur wie eine Süßkartoffel, sondern sieht auch ungefähr so aus wie eine Kartoffel. Die *Kaukau*-Gärten waren am Flußhang angelegt. Die Leute gaben uns von ihren *kaukau* ab, und ich steuerte einen Eintopf aus der Dose bei, den wir in meinem Topf über dem Feuer erhitzten. Sie besaßen überhaupt keine Küchengeräte, auch keine Teller, Tassen oder Besteck, und aßen alles mit der Hand. Da ich nichts hatte, auf dem ich den Eintopf austeilen konnte, mußte ich, nachdem ich mir selbst etwas genommen hatte, meinen Kochtopf an die anderen weiterreichen. Dabei fiel mir auf, daß beim Essen eine bestimmte Reihenfolge eingehalten wurde: Zuerst nahmen sich die beiden Männer aus den Hütten, dann kam der männliche Nachwuchs dran. Nachdem Kom und Arak sich bedient hatten, ging der Topf an einige ältere Männer weiter, bis er schließlich ganz zum Schluß bei den Frauen landete.

Zum Essen wurde nichts getrunken. Nachdem ich meinen Topf am Fluß mit hartem Gras gereinigt hatte, füllte ich ihn mit Wasser, um Tee zu machen. Zuerst mochten die Leute den Tee nicht, aber nachdem ich mehrere Löffel Zucker hineingetan hatte, tranken sie ihn bis zum letzten Tropfen aus.

Später saßen die Männer um das Feuer herum und spielten auf ihren sanduhrförmigen Trommeln, die aus einem ausgehöhlten Holzklotz bestanden. Ich lauschte ihrem Reden und Trommeln, bis die Müdigkeit mich überwältigte. Zum Schlafen wurde mir eine Art Räucherkammer zugewiesen, deren Bambusboden und -wände schwarz von Ruß waren.

Ich legte meine Plastikplane und meinen Schlafsack auf den Boden und schlief beim Klang der Trommeln ein.

Wir ließen die Hütten hinter uns und beschrieben einen Bogen, um an die Nordseite der Schluchten zu gelangen. Es bestand kein Grund zur Eile, da es bis zu unserem nächsten Ziel, Sisimin, nur ein paar Stunden zu gehen war. Wir folgten einem Pfad an der Uferböschung und gingen dann, um den Weg abzukürzen, quer über einige Hügel, die die Ausläufer der Central Range waren, wo die sehr primitiven Hewas lebten. Ihr Gebiet war bisher noch kaum erforscht oder kartographiert worden, da es bis 1971 offizielles Sperrgebiet und Zugang nur mit bewaffnetem Geleitschutz der Regierung erlaubt war.

Als wir uns Sisimin näherten, begegneten wir einem Hewa. Er trat zur Seite, um uns vorbeizulassen. Er schien Angst vor mir zu haben und nicht zu wissen, ob er weglaufen oder stehenbleiben sollte. Er selbst bot mit seinem haarigen Kopfschmuck einen verblüffenden Anblick: Er trug einen hohen, spitz zulaufenden Dutt aus Haaren und Gras, der mit Grasfasern zusammengehalten wurde. Seine Ohrläppchen waren durchstochen und mit Bambusringen auseinandergezogen, und in seinen ebenfalls durchstochenen Nasenflügeln steckten gekreuzte Federn. Er setzte eilig seinen Weg fort, und wir trollten uns ebenfalls. Ich konnte nicht sehr schnell gehen, weil ich Muskelkater in den Beinen hatte. Außerdem zermarterte ich mir den Kopf, wie ich den Fluß überwinden sollte.

Kom hatte mir gesagt, daß es in der Nähe von Sisimin eine Stelle gab, wo ich ihn durchqueren konnte. Sie befand sich ungefähr sechs Kilometer oberhalb der Strickland-Schlucht. Ehe wir nach Sisimin gingen, machten wir einen Abstecher dorthin. Als ich am Ufer stand und sah, wie das reißende Wasser gurgelnd über die unter der Oberfläche liegenden Felsen schäumte, gerann mir das Blut in den Adern. Der Fluß war erschreckend breit, und obwohl dies die sicherste Stelle war, führte der Fluß immer noch Hochwasser und sah furchterregend aus.

Als wir Sisimin erreichten, wurde unsere Ankunft von einem Trompeter mit einer langen Kürbistrompete verkündet. Abgelegenen Hütten wurden auf diese Weise Nachrichten übermittelt. Die Kürbistrompete machte ein wieherndes Geräusch, und jemand erklärte mir auf Pidgin: »*Im sing-aut*« – Sie singt.

Meine Gastgeber in Sisimin waren Yagol-T, ein Prediger aus der Sepik-Region, und seine Frau Tocas. Ihre Hütte war sauber und geräumig, vor allem nachdem die Küken daraus vertrieben worden waren. Unter den Küken bemerkte ich einige langbeinige Kasuarküken mit ihren auffallenden schwarzen und hellbraunen Streifen und ihren kurzen Flügeln, die für Laufvögel so charakteristisch sind. Yagol-T erklärte, daß die Mutter der Küken bei der Jagd getötet worden war und daß die Küken einen hohen Wert hätten, sei es nun als Statussymbole, als Fleisch oder als Brautpreis. Wenn ein Kasuar geschlachtet wurde, landete nichts auf dem Abfall. Das Fleisch wurde gegessen, die Federn für Dekorationszwecke verwendet, aus den Flügeln machte man Nasenschmuck, aus den Schenkelknochen Dolche. Da man die Herstellung von Eisen nicht kannte, wurden Geräte gewöhnlich aus Knochen, Hartholz und Stein angefertigt.

Als wir an jenem Abend um das Feuer herumsaßen und uns über den Fluß unterhielten, bat mich Yagol-T mit eindringlichen Worten, den Fluß nicht zu durchschwimmen, solange er noch Hochwasser führte, sondern noch ein oder zwei Tage zu warten, bis es fiel. Er räumte allerdings ein, daß es genausogut flußabwärts weiterregnen und das Wasser noch steigen konnte.

Am nächsten Morgen ging ich als erstes zum Fluß hinunter, aber der Wasserstand war immer noch zu hoch, als daß ich einen Versuch hätte wagen können. Niedergeschlagen und ein wenig angespannt kehrte ich wieder ins Dorf zurück – das Warten war fast schlimmer als die Aussicht, den Fluß durchschwimmen zu müssen.

Zum Glück fand ich etwas Ablenkung in dem nicht abreißenden Strom von Besuchern, die kamen, um mich zu begrüßen, Neuigkeiten auszutauschen oder einfach nur, um mich anzusehen.

Jeder wußte etwas zu sagen, weshalb ich nicht versuchen sollte, den Fluß zu durchschwimmen. Ich ging noch mehrere Male hinunter, um nachzusehen, wie hoch der Wasserstand war, aber es war jedesmal dasselbe, wenn es bei all dem Gurgeln und Brausen auch schwer zu erkennen war. Inzwischen hatte ich erfahren, daß man den Fluß gewöhnlich mit Hilfe eines kleinen Floßes überquerte, welches man mit beiden Händen festhielt, während man mit den Beinen schwamm. Ohne Floß, wurde mir gesagt, würde ich von der Strömung in die dahinterliegenden Schluchten hinabgerissen werden. Der Gedanke erfüllte mich mit Grausen, und mir wurde klar, daß ich von Glück sagen konnte, wenn ich heil auf die andere Seite kam. Aber ich hielt auch nichts davon, umzukehren oder aufzugeben, ehe ich es versucht hatte. Das hatte nichts damit zu tun, daß ich mich einer Herausforderung stellen wollte – der Begriff Herausforderung hatte eigentlich keine Bedeutung für mich –, sondern einfach damit, daß bei einer Reise durch dieses abgelegene Land bestimmte Dinge zum täglichen Leben dazugehören. Diese Dinge mögen jetzt außergewöhnlich scheinen, waren es aber in der damaligen Situation nicht.

Im Verlauf des Tages wurde das Wetter schlechter, und

Sturmwolken brauten sich über uns zusammen. Ich hoffte, daß es flußaufwärts nicht regnen und mein Vorhaben sich damit wieder um einen Tag verschieben würde.

Yagol-T, dem meine Ungeduld nicht entging, rief am Abend seine Schäflein zu einem Gottesdienst zusammen, um Gottes Hilfe für meine Überquerung zu erflehen. Die aus Bambuslatten errichtete Kirche stand oben auf einem Hügel und blickte über den unermeßlichen Dschungel. Ich stand mitten unter den Gemeindemitgliedern, die Ketten aus Zähnen und haarigen, mit Blättern und Federn verzierten Kopfschmuck trugen. Sie sangen ein wunderschönes Lied in Pidgin mit dem Refrain: *Laik im yu, laik im mi, o god yu bigfela.* In die Schale für die Kollekte legten sie Maiskolben, Bananen und Zuckerrohrstücke. Yagol-T sprach die Gebete vor. Er bat um trockenes Wetter im Quellgebiet des Flusses, um Kraft und Stärke für mich und rief auch die Geister der drei Männer, die vor kurzem ertrunken waren, um Hilfe an.

Dann sollte ich ein Gebet in Englisch sprechen. Hemmungen brauchte ich nicht zu haben, und so betete ich zu ihrem Gott und bat ihn, sie für ihre Güte zu segnen.

Früh am nächsten Morgen rannte ich zum Fluß hinunter, aber das Wasser war noch genauso wild wie am Tage zuvor, und meine Stimmung sank. Während ich am Ufer stand, um festzustellen, ob das Wasser fiel oder stieg, erschienen vier Männer vom Stamm Hewa. Wie sich herausstellte, wollten auch sie den Fluß durchschwimmen. Sie waren ebenfalls der Meinung, daß ein Versuch im Moment nicht ratsam war, begannen aber, ihre Einmannflöße herzustellen. Sie fällten ein paar kleine Bäume und schnitten sie zu meterlangen Stämmen zurecht, dann banden sie jeweils drei davon mit Weinranken zusammen. Sie fertigten auch eines für mich an und sagten, ich könnte den Fluß zusammen mit ihnen durchqueren.

Ich wollte gerade zu Yagol-Ts Hütte zurückgehen, als die Hewas erklärten, daß sie nun doch nicht länger warten, sondern gleich starten wollten. Mir sei es recht, erwiderte ich.

Nachdem die Hewas mir auch angeboten hatten, mich

Zwei Hewas überqueren einen Fluß mit Hilfe eines selbstgebauten Floßes

nach der Flußdurchquerung ein paar Tage lang zu begleiten, bezahlte ich Kom und Arak und dankte ihnen für ihre Hilfe. Wir holten meinen Rucksack, wickelten ihn in meine Plastikplane und banden ihn an einem großen Floß fest. In meinem Kopf hatte nur ein Gedanke Platz: Wenn die Hewas bereit waren, mich den Versuch wagen zu lassen, war es immerhin möglich, daß er gelang.

Drei der Hewas versuchten es als erste. Sie nahmen meinen Rucksack mit. Nervös sah ich ihnen zu, wie sie die Flöße über den Sand in das Wasser schoben, ihre Hände durch die Schlaufen aus Weinranken, die an jedem Floß befestigt waren, gleiten ließen, die Stämme umklammerten und sich in die brodelnde Strömung abstießen. Mit aller Kraft schwimmend, ließen sie gleichzeitig ihren traditionellen Schlachtruf erschallen, der immer schwächer wurde, je weiter das tobende Wasser sie flußabwärts trug. Über den Felsen brach sich das Wasser in hohen, wütenden Wellen, und als die Männer die Stromschnellen erreichten, brach ein Floß auseinander. Entsetzt beobachteten wir, wie der Mann weggerissen wurde, und erhaschten nur einen flüchtigen Blick von ihm auf weitentfernten Wellenkämmen, als er verzweifelt versuchte, nach einem Stamm zu greifen. Schließlich sahen wir, daß er den Stamm erwischt hatte und ans Ufer zurücktrieb.

Dann war ich an der Reihe. Kom und Arak legten mein Floß neben das Floß des stärksten Mannes und hielten es in einem leichten, flußaufwärts gerichteten Winkel fest. Ich schob meine Hände durch die Schlaufen und rief Yagol-T, Tocas und den Freunden in Sisimin ein letztes Lebewohl zu. Kalte, lähmende Angst krampfte mir den Magen zusammen, kälter noch als das eisige Gebirgswasser, das meine Beine umspülte. Wir stießen die Flöße ins Wasser. Schreie der Ermutigung dröhnten an meine Ohren, als ich begann, um mein Leben zu schwimmen. Das jenseitige Ufer verschwamm in einem grünen Nebel hinter tobendem, schlammigbraunem Wasser. Mit verzweifelter Entschlossenheit stieß ich mich durch die Strömung. Wasser rauschte in meinen Ohren, und meine Knöchel waren weiß von der Anstrengung, das Floß zu umklammern.

Trotz meiner heftigen Schwimmstöße wurde ich gnadenlos flußabwärts gerissen und wußte, daß ich gegen die Kraft des Flusses nichts ausrichten konnte. Meine Muskeln schmerzten, aber ich durfte nicht nachgeben. Der Mann neben mir stieß immer noch ermunternde Rufe aus. Als wir uns der Mitte des Flusses näherten, schlug meine Angst plötzlich in das Gegenteil um: Ein Gefühl der Hochstimmung ergriff von mir Besitz. Wellen klatschten über uns zusammen, und wir wurden in die auf und ab wogende Strömung gezogen. Wohin mein Blick auch fiel, überall stießen Himmel und Wasser zusammen – doch ich ging nicht unter.

Das gegenüberliegende Ufer rückte langsam näher, aber wenn ich meine Augen auf einen Punkt fixierte, verschwand er flußaufwärts, und aufs neue wurde mir klar, wie schnell ich flußabwärts getrieben wurde. Als ich daran dachte, daß die Schlucht nicht mehr weit sein konnte, schwamm ich unter Aufbietung aller meiner Kräfte. Ich gelangte schließlich in die Nähe des Ufers, wo die Strömung nicht mehr so reißend war, und ich schleppte mich mühsam an Land. Vor Erschöpfung zitternd saß ich da. Ich war zu kaputt, um mich über den Erfolg freuen zu können.

Der Hewa, der es beim ersten Mal nicht geschafft hatte, versuchte es ein zweites Mal. Diesmal mit Erfolg. Inzwischen kamen die anderen beiden, die ein Stück flußaufwärts ans Ufer getrieben worden waren, mit meinem Rucksack zu uns. Er war ziemlich trocken, und zu meiner Freude stellte ich fest, daß meine Kamera nicht naß geworden war. Viel zu schnell gaben mir die Männer zu verstehen, daß wir weitergehen müßten. Meine Beine waren eigentlich zu schwach zum Gehen, aber irgendwie gelang es mir, mich vom Boden zu erheben und vorwärts zu taumeln, auch wenn ich mich lieber noch ein wenig länger ausgeruht hätte.

Da es vom Fluß aus keinen Pfad gab, mußten wir auf allen vieren durch das Unterholz kriechen, bis wir zu einem steil aufragenden, felsigen Hang kamen, wo wir uns wieder aufrichten konnten. Ich war so müde, daß ich gar nicht spürte, wie hart und scharf der Boden war. Die Hewas gingen sicheren Schrittes, fast im Trott. Hin und wieder blieben sie stehen, um Tierspuren auf ihr Alter hin zu untersuchen.

Der Wald wurde wieder niedriger und dorniger und war zwischendurch immer wieder von offenen Grasflächen unterbrochen, bis er steil anstieg zu einigen Schluchten, die wir auf dünnen, umgestürzten Bäumen überqueren mußten. Überrascht sahen meine Gefährten, daß ich über die Baumstämme balancieren konnte – das hatten sie offensichtlich nicht von mir erwartet, aber sie wußten ja auch nicht, daß ich die Feuertaufe schon hinter mir hatte.

An einer schlammigen Stelle erspähte einer die frischen Spuren eines Kasuars. Wir hielten an und begannen nach der Fährte zu suchen. Unser Pfad war vergessen, als die Männer nach allen Richtungen ausschwärmten. Sie blieben nur stehen, um das Unterholz nach frisch abgebrochenen Zweigen, Flaum oder Federn abzusuchen, die sich an den dornigen Sträuchern verfangen hatten. Leise schlichen wir durch den Wald. Es war dämmrig und still, sein dichter Baldachin aus Blättern hielt alle Geräusche fern, so daß sogar das Knacken eines Zweiges unnatürlich laut klang. Als ich auf einen Dorn trat und anhalten mußte, um ihn herauszuziehen, fragte ich den Hewa, der auf mich wartete, weshalb Kasuare als so gefährlich gelten, obwohl es doch nur Vögel sind. In Zeichensprache erklärte er mir, daß Kasuare nicht fliegen können und deshalb sehr starke Beine haben. Ihre Füße sind mit scharfen Krallen bewehrt. Beim Angriff schlagen sie mit der ganzen Kraft ihrer Beine und ihrer Krallen zu und sind imstande, einem Mann den Bauch aufzureißen.

Plötzlich machte der Mann eine Gebärde des Schweigens und wies auf einen ziemlich großen schwarzen Vogel in einem Baum in der Nähe. Er wählte einen seiner Pfeile, zielte ruhig und schoß. Der Pfeil zischte durch die Luft, und eine Sekunde später hörte ich, wie der Vogel zur Erde fiel und mein Begleiter darauf zustürzte. Als er den Vogel fand, gab er ihm rasch den Gnadenstoß und brachte ihn dann zu mir. Es war ein schwarzer Nashornvogel mit langen pechschwarzen Federn und einem Kamm auf dem Kopf. Während wir ihn noch begutachteten, krachte es wieder im Unterholz, dann hörten wir Rufe und Laute der Enttäuschung: Die anderen Männer hatten ihre Beute aus den Augen verloren. Wir trafen wieder alle zusammen und unterhielten uns über den schwarzen Nashornvogel. Wo einer von diesen Vögeln sei, müßte sich auch noch ein zweiter finden, meinten sie und begannen nach seinem Gefährten zu suchen. Ihre Blicke glitten blitzschnell durch die Zweige, ihre Hände packten Pfeil und Bogen, ihr ganzer Körper war auf dem Sprung. Mir tat der Vogel ein wenig leid, aber für diese Leute ging es nicht um Sport. Fleisch gab es nur selten, und es war eine wichtige Bereicherung ihres Speisezettels.

Das Zischen eines Pfeils und ein aufgeregter Schrei zeigten das Ende des zweiten Vogels an. Triumphierend ging meine Truppe wieder zu dem eigentlichen Weg zurück, der in südlicher Richtung verlief.

Die Dämmerung kam früh – in der Nähe des Äquators ist das normalerweise gegen sechs Uhr –, und schnell wurde es dunkel. Wir legten immer noch ein ziemliches Tempo vor, und es fiel mir immer schwerer mitzuhalten. Ich war erschöpft. Ohne Licht sah ich nicht, wo ich hintrat, und erst recht nicht, wo meine Führer hingegangen waren. Ich war vollkommen auf meinen Hewa-Freund angewiesen, der mir den Weg zeigte und mich vorwärts trieb. Zweimal rutschte ich aus und fiel hin, tat mir aber zum Glück nicht weh. Jetzt lag ich weit hinter den Führern zurück; mein ganzer Körper schmerzte vor Erschöpfung. Ich hatte kaum die Kraft weiterzugehen. Die Anstrengung, einen Fuß vor den anderen zu setzen, erforderte meine ganze Willenskraft. Aber ich wußte, daß wir irgendwo ankommen würden, wenn ich nur weiterging.

Irgendwo in der pechschwarzen Finsternis leuchtete ein Licht. Es war ein Mann mit einer schwelenden Buschlampe, der gekommen war, um uns zu begrüßen und uns zu seiner nahegelegenen Familienhütte zu führen.

Von Kakerlaken, Paradiesvögeln
und einem Dorffest

Zum Schutz vor Überfällen stand die auf einem Bergab-
hang errichtete Hütte auf Pfählen, wobei nach traditioneller Bauweise die hinteren Pfähle – dort, wo sich der
Ausguck befand – sechs Meter hoch waren, während an der
niedrigsten Ecke eine Planke als eine Art Aufgang zur
Hütte diente.

Als ich eintrat, wandten sich mir viele dunkle Gesichter
in dem vom Feuer erhellten und rauchgeschwängerten
Raum zu. Das Feuer brannte in einem langen Erdofen und
war somit selbst für eine Holzhütte ungefährlich. Nachdem
meine Augen sich an das Licht gewöhnt hatten, zählte ich
von den Großeltern bis zu den Enkelkindern zwölf Fa-
milienmitglieder, denen ich allen nacheinander die Hand
schüttelte. Ein Onkel, der Perlenschnüre um die Stirn, einen Dutt aus Schnur und Gras und eine Halskette aus den
Zähnen eines Beuteltiers trug, erhob sich, um mir Platz zu
machen. Es war eine Wohltat, sich endlich hinsetzen zu
können.

Die Männer rupften die beiden Nashornvögel und legten die Federn vorsichtig zur Seite, um Körperschmuck
daraus zu machen. Dann schnitten sie die Vögel auf. Das
Fleisch, *kaukau* und grüne Blätter wurden in einen großen
Tontopf mit Wasser gelegt und zum Kochen aufs Feuer ge-
stellt.

Während wir auf das Essen warteten, »unterhielten« wir
uns. Die Kommunikation klappte, ohne daß wir die einzelnen Worte verstanden. Ich zeigte ihnen einige Fotos von
dem Land, aus dem ich kam, von meinen Eltern – und vom
Schnee. Entzückt beäugten sie die Fotos, während ich versuchte, ihnen zu erklären, woher der Schnee kam und was
er war, und ihre lebendigen Gesichter im Schein des Feuers betrachtete.

Die Hewas unterscheiden sich von ihren Nachbarstäm-
men hauptsächlich dadurch, daß sie eine künstlerische Kultur entwickelt haben und Halbnomaden sind. Sie sind mit

dem Sepik-Bergvolk verwandt. Sie bemalen mit verschiedenfarbigem Ocker Baumrindenstücke, um Macht über die Tiere oder die Ideen, die darauf symbolisiert sind, zu gewinnen. Sie geben ihre Malereien nie weg, sondern bewahren sie in Stapeln unter strohgedeckten Hütten auf. Ich verstand, daß sie hauptsächlich vor der Jagd benutzt werden, verstand aber nicht, ob dieser Stapel eine Art Kraftfeld war oder ob diese Kraft nur für die Dauer der Jagd anhielt.

Nachdem ich die schmackhafte Mahlzeit eingenommen hatte und mich nicht länger wach halten konnte, packte ich meinen Schlafsack aus und sah mich nach einem Schlafplatz um. Die Männer gaben mir zu verstehen, daß ich am Feuer schlafen sollte, weil es dort am wärmsten sei. Ich kroch in den Schlafsack und schlief tief und fest.

Als ich am nächsten Morgen meinen Rucksack aufmachte, entdeckte ich ein Nest von kleinen Kakerlaken, die in alle Richtungen davonrannten. Ich hatte fast alles in Plastiktüten verpackt, aber die Kakerlaken waren überall hineingekrochen, sogar in mein Tagebuch. Aufregen lohnte sich nicht, weil ich doch nichts dagegen tun konnte. Ich sagte auch nichts zu meinen Gastgebern, weil sie nicht denken sollten, daß ich unzufrieden sei. Ich war gerne bei ihnen gewesen, und es tat mir leid, sie verlassen zu müssen.

Meine nächsten beiden Führer waren ein einäugiger Mann mit Namen Napat und sein Bruder, die mich auf eine leichte zweitägige Wanderung am Ufer des Strickland River entlang mitnahmen. Am ersten Tag stießen ein weiterer Hewa mit einem Dutt und einem Lendenschurz aus Blättern, eine Frau in einem Grasrock, die ein großes *bilum* mit ihrem schlafenden Kind trug, und ein Jugendlicher zu uns. Er bildete die Vorhut und schlug mit einem Stock den Tau von dem hohen Gras. Trotzdem war der Saum meines Rockes bald klatschnaß, und ich mußte oft stehenbleiben, um ihn auszuwringen.

Nachdem wir einen Berg umwandert hatten, bot sich uns ein überwältigender Anblick. Am Rand weiter Grasflächen ragten hohe Felsen empor, deren Spitzen von dichten Wolken verhüllt waren, während die unteren Hänge in die Tiefe einer Schlucht abstürzten. Nach zwei Tagen in morastigem Wald war der Anblick solch einer gewaltigen, zerklüfteten und erhabenen Landschaft ein richtiges Erlebnis.

Gegen Mittag hatten wir das Ziel des Tages erreicht, eine abgeschiedene Hütte, auf einem Vorsprung zwischen Schlucht und Felsen gelegen. Es war eine einfache Hütte mit Wänden aus Baumrinde, die mit Hilfe von dünnen Bambusstreifen zusammengehalten wurden, und einem Dach aus *Kunai*-Gras. In der Nähe hüteten einige Kinder, angetan mit Blättern, Perlen und Samenkörnern, eine Herde von halbwilden Ferkeln. Am Nachmittag ging ich ein kurzes Stück am Bach entlang, bis er in kleine, tiefe Felstrichter mündete, wo ich ein herrliches Bad nahm. Das Wasser war erfrischend kühl, und nachdem ich mich von der Sonne hatte trocknen lassen, sprang ich aufs neue hinein.

Als ich mich rundherum sauber fühlte, behandelte ich meine Wunden mit Antiseptikum und zog mir die restlichen Splitter aus den Füßen. Später kümmerte ich mich auch um die Wunden und Schnitte der Hüttenbewohner. Ihre Haut fühlte sich ledern an, und ich wußte auch warum – nur so konnten sie in dem rauhen Klima und der undurchdringlichen Vegetation überleben.

Wir aßen gebackene *kaukau*, die jeder für sich selbst im Feuer zubereitet hatte, dazu Corned beef, das ich beisteuerte. Beim Einschlafen hörte ich, wie die Schweine unter der Hütte grunzten und quiekten und der Regen auf das Dach trommelte. Als ich aufwachte, war alles still, und ich wußte einen Moment lang nicht, wo ich mich befand. Erst nachdem ich die Ereignisse der vergangenen Tage bis zum jetzigen Augenblick vor meinem inneren Auge hatte vorbeiziehen lassen, wurde mir langsam klar, daß ich mich in Papua-Neuguinea befand. In meinem halbwachen Zustand kam mir das recht eigenartig vor.

In der frühen Morgensonne schlenderte ich durch die nähere Umgebung, betrachtete den in Nebel gehüllten, zerklüfteten Steilhang und sah, wie der Dunst vom Dach unserer Hütte hochstieg. Als die Sonne heißer wurde, verwandelte sich die Feuchtigkeit in Dampf und vermischte sich mit dem Rauch, der durch das grasgedeckte Dach entwich. Zum Frühstück gab es Zuckerrohr, das mit lauten, schlürfenden Geräuschen gekaut und ausgespuckt wurde, und *kaukau* mit Makrelen aus der Dose von meinen Vorräten.

Dann war es Zeit für den Aufbruch. Es herrschte immer noch dichter Nebel, und das hohe Gras war so schwer vom Tau, daß mein Rucksack nasser aussah als nach der Flußdurchquerung. Wir gingen unterhalb des Steilhangs. Als die Sonne langsam durch den Nebel brach, sah ich den schwachen Umriß von Berggipfeln hinter dem aufsteigenden Dunst. In der Ferne hörte ich das Wasser in der Schlucht rauschen. Der Pfad paßte sich den Konturen der Landschaft an, führte über grasbewachsene Vorsprünge und schmiegte sich an bewaldete Schluchten. Manchmal kamen ferne Punkte ziemlich rasch näher, manchmal erschreckend langsam. Napat erklärte mir, daß sie demnächst einen richtigen Pfad anlegen würden.

Durch den täglichen Marsch wurde meine Kondition besser, und ich akklimatisierte mich an die Höhe. Vor weniger als einer Woche war ich von Oksapmin aufgebrochen, aber aufgrund der vielen neuen Eindrücke schien es viel länger her zu sein. Auch die anfangs so ungewohnte Lebensweise wurde mir langsam vertrauter. Die Freundlichkeit der Leute und ihre Bereitschaft, mich als Frau zu respektieren, waren positive Erfahrungen; meine einzige Sorge galt den Kakerlaken in meinem Rucksack und der beängstigenden Vorstellung, was passieren würde, wenn meine Füße nicht mehr mitmachten. Hinzu kam, daß ich niemanden hatte, mit dem ich meine Erfahrungen und Erlebnisse teilen oder mit dem ich wenigstens Englisch sprechen konnte. Ich machte nur langsame Fortschritte in Pidgin, weil nur wenige Leute hier zur Schule gegangen waren oder mehr als nur ein paar Brocken gelernt hatten. Wir verständigten uns jedoch mit Lauten, Gesten und Zeichen. Man kann ziemlich viel verstehen, ohne die Worte zu kennen, denn wenn jemand spricht, weiß ich sofort, ob er mich grüßt, mich warnt, eine Drohung ausstößt oder einen Kommentar abgibt. Wenn ich den Kontext kenne, prüfe ich den Inhalt. Wenn ich über eine lange Zeit hinweg meine Muttersprache nicht gehört habe, achte ich viel mehr auf die Körpersprache und werde viel sensibler gegenüber Gesichtsausdrücken, Handbewegungen und dem Tonfall der Stimme. Oft mußte ich nach der Bedeutung bestimmter Schlüsselworte fragen; die betreffenden Gegenstände wurden mir dann entweder gezeigt, in die feuchte Erde gezeichnet oder pantomimisch dargestellt.

Nach sechs Stunden Marsch sahen wir vor uns einige Hütten liegen. An einem kleinen Fluß hielten wir an, um den Dreck an uns abzuwaschen, und die Männer pflückten frische Blätter für ihr Taillenband. Die Hütten gehörten einem einflußreichen Mann mit zwei Ehefrauen. Er bot uns Zuckerrohr an – eine herrliche Erfrischung nach der langen Wanderung – und wies mir eine unbenutzte Hütte zu, in der nur ein Haufen trockenes Gras lag, aus dem ich mir ein weiches Bett bereitete. Die eine Frau brachte mir etwas Brennholz und die andere ein paar *kaukau*, und dann setzten wir uns zu einem Schwatz über das tägliche Leben zusammen.

Die Familien sind im allgemeinen klein, im Durchschnitt haben sie nicht mehr als zwei oder drei Kinder, denn die Kindersterblichkeit ist hoch. In einem Gebiet, in dem trotz des üppig wuchernden Waldes die Erde nicht genug hergibt, um eine größere Bevölkerung zu ernähren, ist das eine natürliche und effektive Methode der Geburtenkontrolle.

Die Tatsache, daß der Mann zwei Ehefrauen hatte, war ein Zeichen seines Reichtums, denn nur ein wohlhabender Mann kann sich mehr als eine Frau leisten. Diese beiden Frauen vertrugen sich offensichtlich nicht, da der Ehemann jeder von ihnen eine eigene Hütte bauen mußte.

Manchmal sind die Ehefrauen eines Mannes gute Freundinnen und teilen eine Hütte. Im allgemeinen scheinen die Ehemänner ihre Frauen nur als Lasttiere und Gebärerinnen zu schätzen, und Männer, die sich mit ihren Frauen unterhalten, werden ausgelacht. Die Ehefrauen leben von ihren Männern getrennt, gewöhnlich in einer Gemeinschaftshütte zusammen mit anderen Frauen, und dürfen die Hütte der Männer nicht betreten oder auch nur einen Blick hineinwerfen.

Es war ein ziemlicher Luxus, eine Hütte ganz für mich allein zu haben, und so nahm ich die Gelegenheit wahr, mein Gepäck von den Kakerlaken zu befreien, was ich im Beisein anderer Leute nicht tun konnte. Es wäre nämlich unklug gewesen, alle meine irdischen Besitztümer vor Leuten auszupacken und auszubreiten, die selbst so wenig besaßen. Die Erfahrung hatte mich gelehrt, daß dies nur ihre Neugier reizte und zu Fragen nach dem Zweck der einzelnen Dinge und Forderungen wie: »Ich möchte das« oder: »Gib mir jenes« führte. Aus diesem Grunde packte ich meinen Rucksack also allein aus und ließ die Küken die Kakerlaken aufpicken, die herausfielen. Es waren aber mehr Kakerlaken, als die Küken bewältigen konnten, und um zu verhindern, daß die Kakerlaken mir die Beine hochrannten, mußte ich von einem Bein aufs andere hüpfen.

Am nächsten Morgen mußte ich jedoch feststellen, daß ein Übel das andere abgelöst hatte. In dem trockenen Grasbett hatten sich Flöhe verborgen gehalten und mich während der Nacht von oben bis unten zerbissen.

Napat, sein Bruder und ich wandten uns jetzt ostwärts und kamen in ein Gebiet mit wild aufgetürmten Bergen, die mit dornigem, dichtem Wald bewachsen waren. Schwarze Fliegen umschwirrten mich, und meine Beine wurden von stacheligen Kriechpflanzen zerschnitten. Weich aussehender Farn war mit Dornen übersät, und scheinbar harmlose Blätter hatten auf der Unterseite stechende Haare. Der Schnitte, Stiche und Abschürfungen nicht genug, juckte es mich auch noch am ganzen Körper von den Flohbissen. Aber es gab auch Schönes. Der Wald war von den rauhen Schreien der Vögel erfüllt, und zum erstenmal sah ich einen Paradiesvogel – es war ein kleiner Vogel mit einem wunderbaren langen orange- und rosafarbenen Federkleid.

Von den achtundvierzig Paradiesvogelarten leben acht-unddreißig auf Papua-Neuguinea. Die Papuas nennen sie »Vögel der Götter«. Im 16. Jahrhundert berichtete zum er-stenmal der holländische Forscher Linschoten von diesen ungewöhnlichen Vögeln und nannte sie »... Paradies-Vö-gel wegen der Schönheit ihres Federkleids, das von keinem anderen Vogel übertroffen wird; diese Vögel sieht kein Mensch lebend. Wenn sie tot sind, fallen sie auf die Insel; sie besitzen weder Füße noch Flügel, nur Kopf und Körper und Schwanz.«

Die Vorstellung, daß Paradiesvögel weder Füße noch Flügel haben, ging darauf zurück, daß die Jäger sie ab-schnitten und nur Kopf, Körper und Schwanz verkauften. Manche gelangten sogar bis nach Europa, wo die Federn von den Frauen als Modeschmuck getragen wurden, nicht viel anders als bei den Stammesangehörigen in Papua-Neuguinea, die sie für ihren Körperschmuck verwenden.

Paradiesvögel waren weit verbreitet, bis Schrotflinte und Büchse ihren Einzug auf Papua-Neuguinea hielten. Heutzutage haben sie Seltenheitswert und dürfen nur noch aus traditionellen Gründen gejagt werden.

Der Pfad führte bergauf, bergab, durch Höhlen, an riesi-gen Bäumen vorbei und über, unter und entlang der enor-men Baumwurzeln. Inzwischen hatte ich etwas Übung dar-in, über umgestürzte Bäume zu klettern, und war deshalb nicht mehr so nervös, wenn ich auch noch immer meinen Spazierstock zum Balancieren verwendete. Dieser Stock tat auch gute Dienste, um die Tiefe des Morasts zu messen, und als Stütze bei rutschigen Abhängen. Ohne ihn wäre ich ständig gestürzt, da es sich nicht empfahl, an den stachligen und dornigen Zweigen Halt zu suchen.

Napats Bruder mußte seine Schritte verlangsamen, als er auf einen Dorn trat und die Spitze so weit eindrang, daß er sie nicht mehr herausziehen konnte. Am späten Nachmit-tag erreichten wir einen kleinen Weiler, wo wir nur eine ältere Frau antrafen, die erst auf langes Zureden hin aus ihrer Hütte trat und sich mit uns unterhielt. Sie wandte sich mit schriller Stimme an Napat und erklärte ihm, daß ihre Söhne auf der Jagd waren. Dann zeigte sie auf eine Hütte, in der wir schlafen konnten, und verschwand wieder in dem dunklen Raum ihrer Hütte. Wir aßen *kaukau* und verbrachten einen geruhsamen Abend. Gegen den Splitter konnte ich wenig machen, ich behandelte ihn mit Antiseptikum und hoffte, daß er dadurch herausgetrieben wurde.

Über meine Füße konnte ich mich nicht beklagen. Obwohl sie zerschnitten und zerkratzt waren und ich mir ein paar kleine Dornen eingetreten hatte, taten sie mir nicht allzu weh. Die Flöhe waren da schon unangenehmer, hatten sie doch den Weg in meinen Rucksack gefunden und von meinem Schlafsack und meinen Kleidern Besitz ergriffen. Die einzige Möglichkeit, ihnen den Garaus zu machen, bestand darin, sie Stück für Stück zu fangen und zwischen den Fingernägeln zu zerquetschen. Bis jetzt hatte ich um die zwanzig Stück erlegt.

Der nächste Tag begann nicht sehr verheißungsvoll – Napats Bruder erklärte, er könne nicht mehr gehen, und außerdem regnete es –, was meiner guten Stimmung einen kleinen Dämpfer versetzte. Aber wir frühstückten gemütlich, und kurz danach hörte es auch auf zu regnen. Dann kamen zwei Männer, die unterwegs nach Kaugona waren, dem nächsten Dorf in Richtung Lake Kopiago. Napat bat sie, mich dorthin mitzunehmen.

Wegen des anhaltenden Regens waren die Pfade morastig und glatt, in den Bächen war das Wasser angestiegen und schoß gurgelnd dahin. Wir erklommen einen Höhenzug und folgten ihm. Der Boden war weich und mit Moos gepolstert; rote Blumen und rötlichbrauner Adlerfarn bildeten einen scharfen Kontrast zu dem Grün um uns herum. Die Sonne fiel schräg durch die Bäume und den Nebel, Tauben gurrten, und Wasser tropfte von den Blättern. Unterholz gab es kaum, aber viele umgestürzte Bäume und dornige Büsche. Von einer kleinen Lichtung aus blickten wir auf ein riesiges Gebirgsmassiv mit zackigen Graten und tiefen Tälern. Es überraschte mich nicht, daß in verschiedenen Teilen dieses Hochlandgebietes, das zwischen offenbar unpassierbaren Bergen eingebettet war, »verborgene Täler« gefunden worden waren. Das letzte »verborgene Tal« war 1977 entdeckt worden, und als ich die zerklüftete, felsige und mit Dschungel bedeckte Landschaft betrachtete, zweifelte ich nicht daran, daß noch weitere auf ihre Entdeckung warteten.

Das Gebiet, in dem wir uns befanden, war bis 1965 wegen seiner Unzugänglichkeit und der Feindseligkeit seiner Stämme »gesperrt« und für Fremde geschlossen gewesen. In solch einem Land ist es schwierig, Recht und Ordnung durchzusetzen, wie die Regierung feststellen mußte. Die Stämme hatten sich seit Jahrhunderten an die Traditionen ihrer Vorfahren gehalten und waren natürlich dagegen, daß sich Männer, die das sogenannte *guvmen (government = Regierung)* repräsentierten, in ihre Angelegenheiten mischten, zumal wenn das *guvmen* versuchte, ihnen seine Gesetze aufzuzwingen. Bei den Hewas betraf das vor allem den Kannibalismus. Der Regierung zufolge war er illegal, aber für die Hewas bildete er einen Teil ihrer Tradition. Wie kamen also Fremde dazu, ihn plötzlich für illegal zu erklären? Soweit ich es verstanden habe, hatte Kannibalismus nichts mit Mord zu tun, sondern im allgemeinen damit, daß die Stämme die Mitglieder aßen, die an Krankheiten oder aus natürlichen Gründen gestorben waren, und sie taten das deswegen, weil sie glaubten, damit vor Krankheit geschützt zu sein. Ihre Traditionen waren ihr Erbe, und bei all meinen früheren Reisen durch Kannibalengebiete habe ich mich nie bedroht gefühlt. Zum Teil hing das wohl damit zusammen, daß ich eine Frau bin, und eine Frau erweckt wohl eher nur Neugier, während ein Mann als Bedrohung empfunden werden kann.

Während wir unseren Weg fortsetzten, erklärten mir meine Führer, daß wir uns nun im Grenzgebiet dreier verschiedener Stämme befanden: der Hewa, der Min und der Duna. Wir seien jetzt unterwegs ins Gebiet der Duna. Ich wollte gern wissen, worin sie sich unterschieden. Wie einer der Männer mir sagte, begraben die Duna ihre Toten nicht, sondern lassen sie auf einer hohen Bambusplattform so lange liegen, bis nur noch die Knochen übrig sind und sie diese mit dem Bogen des Toten und einigen *kaukau* in einem Baum unterbringen können.

Bevor wir uns an den Abstieg machten, wies mir einer

meiner Führer die Richtung, die wir einschlagen würden. Vor uns lagen parallel nebeneinander mindestens drei steile Bergketten, durchschnitten von tiefen Tälern, die wir durchqueren mußten. Der heftige, aber nicht lang anhaltende Regen erschwerte den Abstieg. Ich war inzwischen schon so verdreckt und naß, daß es sich nicht lohnte, den Regenschutz auszupacken. Da wir uns mitten in der Regenzeit befanden, konnte ich im Grunde noch von Glück sagen, daß ich nicht öfter in Regen gekommen war, zumal Papua-Neuguinea für seine beiden Jahreszeiten berühmt ist: naß und sehr naß.

Zwei Stunden später erreichten wir das erste Tal und legten eine Ruhepause ein. Wir saßen in dem angeschwollenen, grauschlammigen Fluß auf grauen Felssteinen, den grauen, stürmischen Himmel über uns. Ich hatte mich gewundert, daß ich niemanden hatte fischen oder Fisch essen sehen. Wie meine Führer mir sagten, war zwar ein Versuch gemacht worden, Fische im Fluß auszusetzen, aber sie waren nach kurzer Zeit verschwunden. Beim Anblick dieser tosenden Wasserfluten wurde mir allerdings klar, daß die Fische einfach flußabwärts gerissen worden waren. Flutartige Überschwemmungen waren keine Seltenheit, und wenn es im Quellgebiet heftig regnete, konnte sich ein kleiner Bach plötzlich in einen reißenden Strom verwandeln.

Als wir im Laufe des Nachmittags in dem kleinen Dorf ankamen, war gerade ein Fest im Gange. Die Leute hießen uns willkommen, stellten uns eine Hütte zur Verfügung und zeigten uns die Stelle in ihrem Fluß, wo sie sich wuschen. Nachdem wir uns gewaschen hatten, hockten sich meine Führer zu den Männern, während ich mich ein wenig abseits setzte – ich wußte nicht genau, ob sie mich aufgefordert hatten, mitzuessen, und wollte mich lieber zurückhalten. Die Frauen waren nicht zu dem Fest eingeladen, weil es nicht üblich war, daß Frauen zusammen mit Männern essen. Sie blieben daher bei ihren Hütten und fuhren in ihrer Arbeit fort – sie stellten *bilums* her und schnitten Grünzeug klein, das sie mit *kaukau* kochen und später essen würden.

Viele Männer halfen, den Lehm-*mumu* – einen Erdofen

Dunas aus dem westlichen Hochland beim Festschmaus: Pandanus-Früchte auf geräucherten Bananenblättern

– abzudecken, die heißen Steine wegzurollen und die Lage Bananenblätter zu entfernen, die den Rauch am Entweichen hinderte. Ungeduldig zogen sie Fleischstücke und lange, saftige Farnwedel heraus und stopften sie sich hungrig in den Mund. Als mir ein köstliches Stück Fleisch gereicht wurde, rückte ich näher heran und bekam auch noch von anderen Männern etwas ab. Offensichtlich betrachteten sie mich nicht als Frau – welche Frau packte schon ihre Siebensachen und ging auf Reisen – und behandelten mich daher als eine Art Ehrenmitglied ihrer Runde. Im allgemeinen begegneten mir sowohl Männer als auch Frauen mit Höflichkeit, und ich hatte immer noch keine Veranlassung, mich bedroht zu fühlen. Ich war bisher noch nicht sexuell belästigt worden und hatte nur einen Mann getroffen, der mich lüstern angesehen hatte. Und in dem Fall hatte ich einfach dafür gesorgt, daß wir nie alleine waren.

In dem Erdofen lag unter dem Adlerfarn eine Schicht mit *kaukau* und scharlachroten knubbeligen Früchten – *pandanus*. Die Männer legten die roten *pandanus* auf geräucherte Bananenblätter und zerquetschten sie zu Brei. Diesen drückten sie mit der Hand zusammen, bis dicker, scharlachroter Saft zwischen ihren Fingern herausquoll. Dann schoben sie sich den Brei in den Mund, aßen ihn und spuckten die Samenkerne aus. Ihre Gesichter waren über und über mit dem roten Saft beschmiert, der ihre Haut noch tagelang rot färbte.

Der Stammeshäuptling reichte mir ein Bananenblatt und legte mir von allem reichlich auf. Zum erstenmal probierte ich jetzt *Pandanus*-Brei, der dick, warm und überraschend wohlschmeckend war. Er erinnerte an aromatisiertes Tomatenketchup. Wir saßen draußen vor der Hütte der Männer in der Sonne auf einer kahlen Bergschulter. Die in einer Waldrodung angelegten *Kaukau*-Gärten überblickten unwirtliche, enge Täler von beeindruckender Tiefe. Im Hintergrund erstreckte sich die üppige Vegetation des Waldes, während im Vordergrund rotbeschmierte Männer vor dem Erdofen hockten und sich aufs neue bedienten.

Zwei Männer hatten sich Wildschweinhauer durch die Nase gezogen, andere trugen Ketten aus perlmutterfarbenen *Kina*-Muscheln um den Hals. Die flachen, halbmondförmigen *Kina*-Muscheln waren vor der Einführung des Geldes ein Zahlungsmittel gewesen, und heute ist die Landeswährung danach benannt. Die von der Küste stammenden Muscheln waren durch den weiten Weg ins Hochland wertvoll geworden. In der Vergangenheit bekamen die Muscheln Namen, und eine verknotete Schnur, die durch zwei Löcher in der Muschel gezogen war, zeigte, wie viele Besitzer sie gehabt hatte.

In den Armbinden aus geflochtenem Gras steckten Dolche aus den Knochen des Kasuars. Um die Hüften trugen die Männer aus Pflanzenfasern gedrehte Schnüre mit Reifen aus Zuckerrohr oder *arse-grass* (Büschel von den brei-

Muschelgeschmückter Duna

ten, zum Teil farbigen Blättern der Keulenlilie – eine Art
Yucca-Palme) über dem Po und einen Schurz vor dem
Bauch.

Nach dem Essen rieben sich die Männer zufrieden den Bauch, denn der stärkste Hunger war gestillt worden. Jetzt schoben sie sich nur noch hin und wieder genüßlich ein paar Brocken in den Mund und lehnten sich dann zurück, um sich ihre Bambuspfeifen anzustecken.

Ich saß auf einer sonnenbeschienenen Bank neben einem Mann, der Krka hieß. Er zeigte auf verschiedene Bäume und Pflanzen und erklärte mir, welche Kräfte sie besaßen oder wozu sie gebraucht würden. Unter den eßbaren Pflanzen, die in der Nähe der Hütten angebaut wurden, gab es vier verschiedene Arten *kaukau*, Mais, Maniok, Chili, Tomatenfrüchte, Kochbananen, *Pandanus*-Palmen, deren rote Früchte wir gerade gegessen hatten, und Brotfruchtbäume, deren Früchte gekocht werden müssen. Andere Pflanzen wurden als Kräuter verwendet oder hatten magische Kräfte. Eine dieser magischen Pflanzen diente dazu, *Kina*-Muscheln anzulocken; unverheiratete Mädchen rieben sich die Haut mit den Blättern ein, damit sie den gleichen tiefen Glanz bekam wie die Muschel.

Zauberkraft wurde im allgemeinen durch die Kombination bestimmter Pflanzen mit rituellen Zaubersprüchen beschworen. Manche Zauberei diente den Dingen des Alltags; so wurden z. B. Rituale durchgeführt, wenn ein Gemüsegarten vorbereitet, wenn er bestellt und wenn er abgeerntet wurde. Andere Zaubereien, z. B. mit Wurzelpflanzen, sollten dem Betreffenden Gutes bringen.

Es war eine dunkle, regnerische Nacht. In der Hütte der Männer flackerte das Feuer und beleuchtete ihre Gesichter. Einer von ihnen begann zu singen. Er schien alles um sich herum zu vergessen und nur noch in der Melodie seines Liedes zu existieren. Er sang, als ich einschlief, und sang auch noch, als ich in der Nacht erwachte.

Bei Tagesanbruch regnete es immer noch. Da meine Führer ihr Ziel erreicht hatten, mußte ich Ersatz für sie finden. Krka bot mir an, mich zu begleiten, und nachdem er mir versichert hatte, daß er keine Angst habe, allein zurückzukehren, nahm ich sein Angebot an. An diesem Tag wurden wir mehrmals von Regenschauern überrascht.

Nasse Kleider sind kälter als bloße Haut, und ich vermutete, daß Krka mit seinem Blätterbüschel und seinem mehrreihigen Gürtel passender angezogen war als ich. Er hatte sich Federn ins Haar gesteckt, und als er schnaufend hügelaufwärts ging, entwich sein Atem pfeifend durch den Schweinezahn in seiner Nase. Manchmal antworteten ihm die Vögel und brachen in einen durchdringenden Gesang aus. Durch Krka lernte ich, drei Arten von Paradiesvögeln voneinander zu unterscheiden. Seine scharfen Augen nahmen die Dinge viel schneller wahr als ich: die Bewegung einer Schlange oder schwarzer Waldkrebse.

Beim Überqueren der steilen Hügelketten, der jäh abfallenden Hänge und der Felsvorsprünge wechselte Krka ständig die Gangart: Manchmal lief er, manchmal ging er. Als der Regenwald sich lichtete und in den Nebelwald überging, bedeckte ein weicher Moosteppich den Boden, was das Barfußlaufen zu einem Genuß machte. In dem dichten Nebel waren die Umrisse der Bäume nur schattenhaft zu erkennen. Manche wuchsen bis zu einer Höhe von sechzig Metern senkrecht nach oben, während andere, knorrig und verkrümmt, mit Orchideen, Flechten und silbernen Farnranken behangen waren. Schweres orangefarbenes Moos hing vollgesogenen Schwämmen gleich von den Zweigen. Schriller Vogelsang durchbrach das trübe Dämmerlicht.

Als die Berge allmählich an Höhe verloren und wir langsam zum Lake Kopiago, den wir allerdings noch nicht sehen konnten, abstiegen, war der Pfad deutlicher auszumachen, und die menschlichen Behausungen nahmen zu. Die Leute schrien bei unserem Anblick erregt, und als Krka ihnen erzählte, daß ich von Oksapmin aus zu Fuß gegangen war, gaben sie die Neuigkeit lautstark weiter. Ihre geräuschvolle Reaktion überraschte mich, weil ich sicher war, daß sie schon andere weiße Frauen gesehen hatten, z. B. Nonnen oder Missionarsfrauen, die die Straße nach Lake Kopiago, das jetzt nur noch acht Kilometer entfernt war, benutzt hatten. Aber offensichtlich ging ihre Überraschung nicht darauf zurück, daß ich weiß war, sondern daß ich von Oksapmin aus zu Fuß gegangen war.

Ihr Schreien und Rufen stand in scharfem Gegensatz zu den verblüfften Brummlauten, die die Leute sonst bei meinem Anblick ausgestoßen hatten, woran ich mich gewöhnt hatte. Aber vielleicht waren die Berg-Clans mehr vom Instinkt geleitet und schweigsamer als die Bewohner der größeren Siedlungen. Bei diesen Leuten handelte es sich ausnahmslos um Duna, einen ziemlich großen und farbenfrohen Clan. Die Männer, die zu meiner Begrüßung aus ihren Hütten traten, sahen prächtig aus mit ihren Stirnbändern aus Opossumpelz und den Zuckerrohrstücken, die sie sich durch die Nase gezogen hatten. Einer trug die ausgebreiteten Flügel eines Paradiesvogels auf dem Kopf.

Die letzten Kilometer wollten kein Ende nehmen. Krka zeigte auf einen Berg am Lake Kopiago, aber wir mußten so viele Höhenzüge hinauf- und hinuntersteigen, daß er überhaupt nicht näher zu kommen schien. Schließlich taten mir die Füße so weh, daß ich immer öfter stehenbleiben und mich ausruhen mußte. Ich war fertig.

Als der Pfad sich zu einem Weg verbreiterte – vermutlich war es der, den ich in Vanimo auf der Karte gesehen hatte –, wußte ich, daß wir endlich am Lake Kopiago waren. Der See lag, eingefaßt von sumpfigem Ufer, in einem breiten Becken, das mit Gras und Schilf in üppiger Fülle bewachsen war. Das Wasser kräuselte sich im Wind, der einen weiteren Sturm ankündigte. Ich war unheimlich froh, aber wie betäubt vor Erschöpfung. Krka und ich gingen zu einer Gruppe von Gebäuden, in denen, wie sich herausstellte, die katholische Mission untergebracht war. Pater Hans bereitete uns einen herzlichen Empfang. Krka blieb nur kurz, weil er einen Verwandten besuchen wollte, der in dem Dorf am See wohnte. Ich dankte ihm und bezahlte ihn für seine Begleitung, und dann schüttelten wir uns zum Abschied die Hände.

Pater Hans bat mich in sein kleines Missionshaus, und nachdem ein Zimmer für mich hergerichtet worden war, duschte ich heiß und zog mich um. Es war ein herrliches Gefühl, wieder sauber zu sein. Meine Lebensgeister erwachten aufs neue, und ich verbrachte einen gemütlichen Abend mit dem Pater. Wir unterhielten uns auf englisch, und ich erhielt eine richtige Mahlzeit mit köstlichem, selbstgebackenem Brot. Die ganze Nacht hindurch regnete es in Strömen, aber das spielte keine Rolle mehr. Ich hatte es geschafft. Ich hatte tatsächlich mein erstes Ziel in Papua-Neuguinea erreicht und schlief in einem Bett mit frischen weißen Laken.

Eine *Gumi*-Expedition

Für mich war Lake Kopiago der Anfang einer neuen, für Papua-Neuguinea dagegen das Ende einer Straße: Ich hatte nämlich die Verkehrsverbindung erreicht, die am weitesten zu dem abgelegensten Teil des Landes vordrang. Selbst die Bezeichnung Straße war irreführend, wenn man sich nicht darüber im klaren war, daß es sich um einen holprigen Weg in einem bewaldeten und gebirgigen Gelände handelte.

Lake Kopiago war eine kleine Stadt mit einigen Regierungsgebäuden, einem Warenhaus und drei verschiedenen Missionen. Am Sonntag besuchte ich die katholische Messe, die ziemlich still vonstatten ging, denn es wurde kaum gesungen, und die Gemeinde bestand nur aus wenigen Dunas. Da die Dunas die Angewohnheit haben, ihren Körper mit Schweinefett einzuschmieren – sie glauben, es ist gut für die Haut –, das nach einigen Tagen ranzig riecht, wurde die kleine Kapelle von einem ausgesprochen intensiven Geruch durchzogen.

Ich blieb zwei Tage in Lake Kopiago. Jetzt, nachdem ich mein erstes Ziel erreicht hatte, legte sich meine Anspannung, und ich überlegte, wo ich als nächstes hingehen sollte. Vielleicht war es gar keine schlechte Idee, meine Landeskenntnisse dadurch zu erweitern, daß ich der Straße folgte. Ich wußte zwar nicht genau, welches Ziel ich mir vornehmen sollte, aber da es hier nur die eine Straße gab, die auf einer Strecke von über einhundertsechzig Kilometern von keiner anderen Straße gekreuzt wurde, brauchte ich mir gar keine andere Route zu überlegen. Der nächste »Ort« war die katholische Mission von Koroba, die etwa fünfundvierzig Kilometer, also einen ausgedehnten Tagesmarsch, entfernt lag.

Kurz nachdem ich aufgebrochen war, hielt ein Landrover neben mir, um mich mitzunehmen. Das war zwar eine angenehme Abwechslung, aber bei der holprigen Fahrt über Steine und Schlaglöcher wurden mir sämtliche Knochen durcheinandergerüttelt, so daß ich mich fast die ganze

Zeit mit beiden Händen festhalten mußte, um nicht mit dem Kopf gegen das Dach zu fliegen. Wir mußten mehrere Brücken überqueren, die sich in einem sehr schlechten Zustand befanden, und bei zweien riet mir der Fahrer, auszusteigen und zu Fuß darüber zu gehen. Die drei Stämme, die über die Schluchten führten, waren angefault, und oft waren die Querstämme nicht befestigt oder gebrochen. Der Landrover war mit Hammer und Nägeln ausgestattet – lebensnotwendige Utensilien für eine solche Fahrt –, und wir reparierten die Brücken so weit, daß wir darüber fahren konnten. Eine Brücke brach genau in dem Augenblick auseinander, als die Hinterräder des Landrover die andere Seite erreichten.

Die katholischen Schwestern in Koroba strahlten Wärme und Herzlichkeit aus. Ihre Arbeit bestand darin, die Frauen über Hygiene und Ernährung aufzuklären. Was die Ernährung anbetraf, so hatten sie Hühner, Rinder und verschiedene Gemüsesorten mitgebracht, um den Leuten zu zeigen, wie sie ihre Nahrung abwechslungsreicher gestalten und verbessern konnten. Aber im allgemeinen waren die Leute diesen »ausländischen« Methoden gegenüber wenig aufgeschlossen und blieben lieber bei ihrer traditionellen Ernährung, die aus *kaukau* und hin und wieder einer Suppe aus Grüngemüse bestand. Alle paar Wochen, erzählte mir eine Schwester, tat sich das ganze Dorf an einem Schwein gütlich, und dann kam es immer wieder vor, daß ein Mann so viel in sich hineinschlang, daß er eine Darmverstopfung, *pig-bel* genannt, erlitt, die gewöhnlich tödlich endet.

Aufgrund der Unterernährung sind die Leute teilnahmslos und depressiv. Selbstmord, der oft als eine typisch westliche »Krankheit« gilt, ist – besonders bei Frauen – weit verbreitet. Eine der Schwestern nannte als Gründe Eifersucht und Bösartigkeit. Sie erzählte mir auch, daß man oft Frauen mit verstümmelten Händen sieht, deren Finger bis zum Knöchel abgehackt sind. Es handelt sich dabei um einen Brauch, mit dem Wut – vielleicht über den Ehemann, der sich eine zweite Frau nimmt – oder Trauer über den Tod eines *big-man* ausgedrückt werden soll. Selbst klcinc

Mädchen müssen diese Prozedur manchmal über sich ergehen lassen, wenn ein Clan-Ältester stirbt.

Eine der Schwestern zeigte mir den Gemüsegarten. Sie hatte mit natürlicher Düngung begonnen und konnte den Dorfbewohnern anhand behandelter und unbehandelter Pflanzen zeigen, wie sich ihre Ernteerträge dadurch verbessern konnten: Neben dem unbehandelten, gedrungenen Strauch einer Passionsblume wuchs ein natürlich gedüngter, der sich auf fünfundvierzig Meter ausgedehnt hatte. Bei unserem Rundgang sahen wir einige Schulkinder, die vor den Kühen der Mission entsetzt die Flucht ergriffen; die Kühe waren im Grunde nur verspielt, aber die Kinder fürchteten sich vor ihnen, weil sie noch nie so große Tiere gesehen hatten.

Ich bewunderte die Arbeit der Katholiken und die Art und Weise, in der sie sich in die Dorfgemeinschaft integrierten. Sie machten allem Anschein nach nicht den Versuch, den Dorfbewohnern ihren Willen oder ihre Lebensweise aufzuzwingen, sondern gaben sich damit zufrieden, ihnen zu zeigen, daß es bessere Möglichkeiten gab. Durch die Beharrlichkeit, mit der die Menschen am Althergebrachten festhielten, ließen sich nur langsam Fortschritte erzielen, aber die Katholiken gingen so in ihrer Arbeit auf, daß sie oft bis zu zwanzig Jahre in ein und derselben Mission blieben. Sie sicherten ihre Station nicht durch hohe Drahtzäune ab, sondern schüttelten nur traurig den Kopf, wenn irgend etwas gestohlen worden war. Sie machten sich nichts vor, denn sie wußten, daß es in der Welt Gutes und Böses gab. Aber sie erlebten bei ihrer Arbeit nicht nur Enttäuschungen, sondern auch Erfolge. Vielen Familien ging es gesundheitlich besser, Kinder erhielten durch ihren Unterricht eine gewisse Ausbildung und bessere Arbeitsplätze, und manche Männer betrieben ein eigenes Geschäft oder kleine Rinderfarmen.

Ich verließ die katholische Mission in Koroba und wanderte in östlicher Richtung die Straße entlang. Es war das erste Mal, daß ich in Papua-Neuguinea ganz allein unterwegs war, aber ich empfand deswegen keine Nervosität.

Ich begegnete Frauen in Grasröcken und mit prallen *bilums*, die sie an der Stirn befestigt hatten, und einmal einer Witwe mit schwarzbemalter Stirn und einem leuchtendgelben Querstreifen, der auch die Nase hinunter verlief. Ihre Schultern waren unter Hunderten von Ketten aus *pitpit*-Samen begraben, auch als »Tränen der Arbeit« bezeichnet.

Auf einem kleinen Dorfmarkt legte ich eine Pause ein. Ich saß da und beobachtete die Menschen, und die wiederum saßen da und beobachteten mich. Die meisten Männer hatten weiß-ockerfarbene Gesichter, trugen Hauer in der Nase und Stirnbänder aus Perlen und Muscheln. Einer hatte sich mit einer Perlmuschelscheibe geschmückt, die ihm vom Stirnband bis zur Nasenspitze herunterhing. Mehrere Männer trugen Kopfschmuck aus den Federn von Papageien und Paradiesvögeln. Ich muß ihnen einen ebenso merkwürdigen Anblick geboten haben: eine weiße Frau, die zu Fuß unterwegs und mit einem Rucksack bepackt war und eine Bluse und einen langen Rock trug. Mit ihren eindringlichen, gutturalen Stimmen unterhielten sie sich über mich, nickten mir aber respektvoll zu, wenn unsere Blicke sich trafen.

Weiter wand sich der Weg, gesäumt von gelbblühenden Büschen und Kiefern. Ich sah einen Mann, der Kaffeebohnen sortierte, vier Kühe, die auf einer eingezäunten Weide grasten, und eine Frau, die ihr Schwein an einer Leine führte, die an dessen Vorderbein befestigt war. Ein Mann mit einer kleinen Ukulele blieb stehen, um eine Melodie zu klimpern. Hin und wieder spannten sich hölzerne Bögen über die Straße, die zum Schmuck und zur Verteidigung in Spitzen ausliefen. Aber Verkehr gab es nicht. Es war heiß, und aus den Tälern grollte Donner, während ich meinen Weg ohne jede Eile fortsetzte. Ich fühlte mich frei und aller Sorgen ledig. Die Zukunft lag vor mir und wartete nur darauf, von mir gestaltet zu werden.

Als es regnete, suchte ich Schutz in einem Dorf, das ich durch ein kleines Kampftor betrat. Es war dreieckig und bestand aus spitz zulaufenden Pfosten, die mit *Kunai*-Stroh behängt waren. Genau wie die Bögen auf der Straße diente es der Verteidigung. Alte, gebeugte Dunas leisteten mir mit ihren Frauen und Kindern Gesellschaft. Ich hielt es zunächst für einen Nachteil, daß ich ohne eingeborenen Führer zu ihnen kam, der mich mit ihnen bekannt machen und ihre Furcht vor mir zerstreuen konnte, aber ich merkte bald, daß sie mich nicht als Bedrohung empfanden. Sie hörten mir aufmerksam zu, als ich ihnen die Namen der Orte nannte, von denen ich kam, und gaben Laute des Mitgefühls von sich. Wahrscheinlich tat ich ihnen leid, weil ich kein Fahrzeug hatte und keinen Mann, der sich um mich kümmerte.

Während ich darauf wartete, daß der Regen aufhörte, suchte ich in einer Seitentasche meines Rucksacks nach Schreibpapier und fand einen Zettel, auf den eine Karte gekritzelt war. Gezeichnet hatte sie ein Engländer namens Jo Harvey-Jones, den ich in Malaysia getroffen hatte. Es war nur eine Bleistiftskizze, die, abgesehen von Papua-Neuguineas Küstenlinie, nur drei Markierungen aufwies: Ein Kreuz stellte den Strickland River dar (Jo hatte mir von einer britischen Expedition erzählt, die vor kurzem dorthin unternommen worden war), ein anderes Mount Hagen, eine Stadt in den Highlands, während das dritte Kreuz in südlicher Richtung lag und mit Ialibu bezeichnet war. Dort wohnte er, und dort war ich, wie er mir gesagt hatte, jederzeit willkommen. Ich war sicher, daß eine Art Straße nach Ialibu führte, und so wurde dieser Ort mein nächstes Ziel. Als ich den Dunas den Namen Ialibu nannte, kannten sie ihn nicht, aber sie sahen, daß ich mich über irgend etwas freute, und sie lächelten mir mit ihren dunklen Gesichtern glücklich zu.

Als nach einer Weile ein Jeep kam, hielten die Duna ihn an. Ich verstand nicht, was der Fahrer sagte, aber da er nach Osten fuhr, mußte es die richtige Richtung sein. Wir brauchten drei Stunden bis zu einem Vorposten namens Tari. Die Straße war grauenvoll. Einmal sprang die vordere Aufhängung des Jeeps vollkommen heraus, und erst ein kräftiger Schlag mit dem Brecheisen beförderte sie wieder an Ort und Stelle. Nach einem kurzen Stopp in Tari fuhren wir die Straße in östlicher Richtung weiter.

Die schwarzen Umrisse der Berge rückten näher, als wir

*Witwen, die sich zum Zeichen der Trauer mit Ketten aus Pitpit-Samen –
auch »Tränen der Arbeit« genannt – behängt haben*

in den Hochwald hinauf und an Farnbäumen, Bambushai-
nen und hohen, dünnen, mit dunkelrotem Moos besetzten
Bäumen vorbeifuhren. Die Straße wurde besser, verwan-

delte sich dann aber in unpassierbaren Schlamm, wo wir für anderthalb Kilometer zwei Stunden brauchten. Mir machte das nichts aus, ich fand es aufregend, wenn wir steckenblieben, zurücksetzten und mit Volldampf wieder in den Schlamm fuhren, auch wenn wir nur zentimeterweise vorwärts kamen. Eine Zeitlang schafften wir es auf diese Weise, bis wir an einer Kurve zu weit nach außen gerieten und der Jeep von der Straße herunterschlitterte. Während sich das Fahrzeug dem Abhang zuneigte und wieder zu rutschen begann, saß ich mit angehaltenem Atem da und wagte nicht, mich zu rühren. Es rutschte noch ein Stück weiter, bis es von einem verwachsenen Baum aufgehalten wurde. Da ich auf der Seite saß, wo sich der Baum befand, und in einem Winkel von siebzig Grad eingekeilt war, konnte ich nicht raus, aber der Fahrer stieg aus, und einige Männer kamen aus der Hütte in der Nähe der Straße, um Hilfe zu leisten. Einige fällten junge Bäume, andere befestigten ein Abschleppseil, und unter Aufbietung aller ihrer Kräfte zogen sie den Jeep wieder auf die Straße. Gleich danach steckte er bis zu den Achsen im Schlamm. Wir setzten mehrmals zurück und braust en wieder los, sanken aber jedesmal nur noch tiefer ein. Von meinem Vorschlag, auszusteigen und damit das Gewicht zu verringern, wollte der Fahrer nichts wissen. Es begann, dunkel zu werden und zu nieseln. Der Schlamm spritzte von allen vier Rädern hoch auf die Männer, die uns beim Anschieben halfen. Wenn sie sich nach jedem fehlgeschlagenen Versuch wieder gegen die Kühlerhaube stemmten, bot sich mir durch die Windschutzscheibe ein erschreckender Anblick von verzerrten, bärtigen Gesichtern: eines mit einer rotbemalten Nase und dicken roten Kreisen um die Augen, ein anderes gekrönt von vor Schlamm starrendem Haar mit einem Kranz von Farnblättern.

Inzwischen war der Regen stärker geworden. Neue Männer kamen hinzu, und ich hörte sie »Oya« und »Agh« schreien, als die Räder sich im Leerlauf drehten, und ihr aufgeregtes, gutturales Geschwatz, während sie mit Hilfe von Spaten, Händen oder Füßen den weicheren Schlamm wegzuschaffen begannen. Andere sammelten Zweige und

Das Weiterkommen auf den »Straßen« ist oftmals recht problematisch

Pitpit-Gras, um damit die schlimmsten Löcher aufzufüllen. Der Regen ließ nach, und die Leuchtkäfer kamen heraus. Bei einem erneuten Versuch rutschte der Jeep wieder die Böschung hinunter, und die Männer konnten nur mit Hilfe eines Seiles ein weiteres Abgleiten verhindern.

Um zehn Uhr hatten wir die Kurve schließlich geschafft, und als wir wieder steckenblieben, beschlossen wir, heute keinen weiteren Versuch mehr zu machen. Wir begaben uns zu den Hütten der Männer, die mich aber nicht hereinlassen wollten, weil ich eine Frau war. Im Jeep zu schlafen, machte mir nichts aus, als aber der Fahrer beschloß, die Nacht mit mir im Jeep zu verbringen, erklärte ich, draußen schlafen zu wollen. Es war das erste Mal, daß ich solch eine unerquickliche Auseinandersetzung erlebte, und ich bekam eine Wut auf den Fahrer. Schließlich boten mir die Männer einen Platz in ihrer Hütte an. Aus Gründen der Wärme war sie niedrig gebaut, und um ins Innere zu gelangen, krochen wir auf Händen und Füßen durch ein kleines Loch in einen warmen, raucherfüllten Raum. Da es keine Betten gab, legten wir uns einfach ans Feuer, das die ganze Nacht über in Gang gehalten wurde.

Früh am nächsten Morgen packten wieder alle Männer mit an. In einem quälend langsamen Tempo kamen wir voran. Laut heulte der Motor auf, während die Räder sich nutzlos zu drehen schienen, da sie trotz Vierradantrieb den weichen Schlamm nicht greifen konnten.

Zu meiner Überraschung hörte ich, daß diese Straße ein Teilstück des Highlands Highway sei, der wichtigsten Straße in Papua-Neuguinea. Es ist die einzige Straße von der Küste in das Innere des Hochlandes. 1970 ist sie gebaut worden. Ihr ist die wirtschaftliche Entwicklung des Hochlandes zu verdanken, das vorher zu isoliert und abgelegen war. 1974 hatte die Straße Mendi erreicht und 1977 Tari. Wir saßen jetzt auf dem letzten Stück, ungefähr zehn Kilometer vor dem Dorf Nipa, fest.

Bei trockenem Wetter könne man Mendi erreichen, sagte der Fahrer, aber für diesesmal wollte er den Versuch aufgeben, da ein Kanalisationsrohr gebrochen und die Straße überschwemmt sei. Er startete ein schwieriges Wendemanöver, um wieder nach Hause fahren zu können.

Ich beschloß, zu Fuß nach Nipa zu gehen, bedankte mich bei dem Fahrer für alles und setzte mich in Bewegung. Schwer und klebrig legte sich der glitschige Lehm um meine Füße. Ich mußte meine Füße mühsam herausziehen, und bei jedem Schritt sank ich bis zu den Knien ein. Mein Rucksack behinderte mich, und ich fiel zweimal hin. Schlamm, phantastischer Schlamm! Ein junger Mann nahm mir für ein paar Kilometer den Rucksack ab, aber als ich ihm den staatlich festgesetzten Trägerlohn anbot, entgegnete er, daß Freunde von ihm einmal hundert *kina* von Touristen bekommen hätten und er mehr haben wolle. Er hielt alle Ausländer für reich. Seine Einstellung und seine Gesellschaft machten mir angst. Er zog eine saure Miene, als ich bei dem staatlichen Trägerlohn blieb und alleine weiterging.

Viele Stunden später ging ich erschöpft in das Dorf Nipa hinunter.

Als erstes sah ich die Schule, die aus mehreren Gebäuden bestand. Drinnen traf ich ein reizendes Ehepaar aus Neuseeland, das mir – so wie ich aussah – eine heiße Dusche anbot und mir hinterher Kaffee und selbstgebackene Plätzchen servierte.

Ungefähr eine Stunde später schaute ein Bekannter von ihnen herein und bot mir an, mich nach Mount Hagen mitzunehmen. Er leitete ein Entwicklungsprojekt und befand sich auf einer Rundreise zu seinen Mitarbeitern. Seinen knappen Zeitplan konnte er nur aufgrund seines schnellen Wagens einhalten. Die bisher so schlammige, in den Wald gehauene Straße führte nun durch offenes, felsiges Gelände und war mit Schottersteinen bedeckt. Zeit ist Geld, erklärte er, als der Wagen die Straße entlangraste, so daß die Steine in hohem Bogen nach hinten flogen. Anfangs war mir das Tempo unheimlich, aber er fuhr gut, und die Fahrt begann mir Spaß zu machen.

Er hatte eine Karte im Auto, die ich mir interessiert ansah; es war angenehm zu wissen, wo ich mich befand – mich als einen Punkt auf einem Stück Papier einzusetzen. Daß ich ohne Karte reiste, geschah keineswegs aus Absicht, sondern lag einfach daran, daß ich bisher noch keine Karte hatte auftreiben können. Die zerknitterte Kartenskizze in meiner Tasche hatte genügt, mich hierherzubringen, und ich freute mich jetzt schon auf Jo in Ialibu.

Kurz vor Mount Hagen zweigt von dem Highway eine Straße zu dem etwa fünfzig Kilometer entfernten Ialibu ab. Dort stieg ich aus und setzte meinen Weg zu Fuß fort, bis ein Kleintransporter anhielt und mich bis nach Ialibu mitnahm.

Ialibu erwies sich als ein florierender kleiner Ort unterhalb des Mount Ialibu. Jo Harvey-Jones betrieb eine Kaffeeplantage. Er war ein Mann voller Energie und Lebensfreude, und zur Feier meiner Ankunft lud er das Haus voller Gäste und nahm uns alle mit auf eine *Gumi*-Expedition. Ein *gumi* ist ein aufgepumpter Traktor- oder Lastwagenschlauch. In den setzt man sich hinein und rast damit die Stromschnellen hinunter, was als exzellenter Sport gilt. Jo hatte am Yorlo River einen noch nicht erprobten Abschnitt von ungefähr neun Kilometern Länge entdeckt, zu dem acht von uns aufbrachen. Um zum Yorlo River zu gelangen, mußten wir erst einige Kilometer mit dem Auto fahren und dann einige Kilometer zu Fuß gehen. Zwei der Gesellschaft gaben bereits beim Anblick des schmalen, felsumrahmten Flusses mit dem reißenden Wasser auf. Mir selbst war auch nicht ganz wohl in meiner Haut, aber ich beschloß, einen Versuch zu wagen. Die Experten unter uns fanden, daß das Wasser gut aussah. So ließ ich mein *gumi* zusammen mit ihnen zu Wasser und hoffte das Beste. Das Wasser war eiskalt, aber das war schnell vergessen, als wir uns in die weißschäumenden Fluten abstießen und von ihnen mitgerissen wurden.

Der erste Abschnitt wies einige große Stromschnellen auf. Für Angstgefühle blieb mir gar keine Zeit; es war viel wichtiger, sich darauf zu konzentrieren, daß man in Fahrtrichtung blickte und nicht unkontrolliert herumwirbelte. Wir sausten Kalksteinschluchten hinunter, vorbei an tückischen Felsen, die zum Teil aus dem tobenden Wasser herausragten, zum Teil darunterlagen. Um den unter Wasser verborgenen Felsen auszuweichen, mußte ich, wie ich rasch begriff, meine Füße und meinen Hintern hochziehen und mich mit aller Kraft festhalten. Das Wasser gurgelte um uns herum und verbarg die Felsen, bis wir fast auf ihnen draufsaßen, und wenn wir sie zu spät entdeckten, wurden wir in wildem Tempo die Stromschnellen hinuntergeschleudert. Einmal wurden drei aus unserer Gruppe von ihren *gumis* heruntergerissen. Ich wurde in eine schnelle Strömung hineingesogen, so daß ich die Führung übernahm. Besorgt überlegte ich, ob weiter unten wohl ein Wasserfall lag und ob ich ihn rechtzeitig sehen würde. Plötzlich fragte ich mich, wieso ich eigentlich durch dieses unbekannte Wildwasser raste. Das eiskalte Wasser spritzte mir ins Gesicht, und die eiskalten Wellen ergossen sich über mich. In dieser Höhe war es trotz des blauen Himmels und der Sonne kalt.

Die Schnellen wurden manchmal durch kleine Felswannen gebremst, wo ich mich ausruhen konnte. Einmal ging ich an Land und machte mir ein Feuer aus Treibholz, um meinen durchfrorenen Körper zu wärmen. Der Rest der Gruppe kam nach, bis auf zwei, die lieber zu Fuß durch den Busch zurückgehen wollten, als diese Fahrt zu beenden.

Wir brauchten vier Stunden, ehe wir an eine Brücke kamen, und dort gingen wir an Land. Es war eine Wohltat, nach Hause zu kommen und am Feuer Kaffee mit einem Schuß Branntwein zu trinken.

Jo zeigte mir seine Kaffeeplantage und Mount Hagen, das ich als Adresse für postlagernde Briefe angegeben hatte. Es war wundervoll, Post zu bekommen. Auch wenn manche Briefe drei Monate alt waren, enthielten sie Neuigkeiten für mich. Meine Mutter machte sich Sorgen, daß wegen Afghanistan ein dritter Weltkrieg ausbrechen könnte und ich nichts davon erführe.

In einem Laden erstand ich ein Paar Dschungelstiefel. Vom Barfußgehen hatte ich genug, meine Füße taten weh und brauchten Schutz. Leider gab es die Stiefel nur in Größe neun, aber ich kaufte sie trotzdem.

Meine Expedition durch die Geschäfte fand ihren Abschluß, als ich in einer Drogerie eine Karte von Papua-Neuguinea entdeckte. Ich sah zwar auf den ersten Blick, daß sie nicht genau war, weil zwischen Oksapmin und Lake Kopiago rote Linien eingetragen waren, die Straßen markieren sollten, während ich ja aus Erfahrung wußte, daß es sich nur um Fußwege handelte. Trotzdem, es war eine Karte.

Am Abend war ich wieder in Ialibu, glücklich, unter Freunden zu sein, und zufrieden, den zweiten Abschnitt meiner Reise hinter mir zu haben.

Mein Freund, das Pferd

Malibu war ein Ziel gewesen und wurde ein Ort, wo ich mich erholte, das Leben und angenehme Gesellschaft genoß, ehe er wieder das Sprungbrett für meine nächste Reise bildete. Ich hatte mich entschlossen, meinen Weg zu Pferd fortzusetzen. Sich zu Fuß fortzubewegen, war anstrengend, besonders mit einem schweren Rucksack auf dem Rücken. Da ich bereits an die zehntausend Kilometer durch Afrika geritten war, hatte ich auch keine Angst davor. Hinzu kam, daß es im Hochland so gut wie keine Straßen gab. Ein Pferd kam aber dort weiter, wo ein Fahrzeug aufgeben mußte, und man konnte ihm Gepäck aufladen. Ein Pferd stellte also die beste Transportmöglichkeit dar, wenn man ein Land durchqueren wollte.

Bisher hatte ich in Papua-Neuguinea jedoch noch kein einziges Pferd gesehen, und als ich mich erkundigte, stellte ich fest, daß die meisten Hochlandbewohner noch nicht einmal wußten, wie ein Pferd aussah. Meine größte Chance bestand darin, es bei einigen abgelegenen Ranchen zu versuchen und darauf zu hoffen, dort ein Pferd kaufen zu können. Jo fand die Idee auch gut und erzählte einem australischen Rancherpaar bei einem geschäftlichen Besuch von meinem Vorhaben.

Zufälligerweise waren die Rancher – Bill und Lorna Bell – gezwungen, sehr bald wegzuziehen, da die Gesellschaft, der die Ranch gehörte, sie gerade verkauft hatte. In den Umzug eingeschlossen waren auch ihre fünfzehn Hunde und Katzen, neun Pferde, darunter ein Hengst. Ein Freund von den Bells hatte sich erboten, die Tiere aufzunehmen, konnte aber den Hengst nicht brauchen, da er bereits einen hatte und zwei Hengste sich nicht miteinander vertragen. Daher schlugen die Bells vor, daß ich ihn mir ansehen sollte.

Der Hengst befand sich mit seinen Stuten auf der Weide. Er war in letzter Zeit nicht viel geritten worden, aber als ich ihn ausprobierte, benahm er sich sehr gut. Er war ein reinrassiger Araber, aber kein Angeber. Er gehörte zu dem harten, robusten Typ, war ungefähr anderthalb Meter hoch und weiß mit ein paar braunen Flecken. Die Bells wollten kein Geld für ihn und gaben ihn mir unter der Bedingung, daß ich ihn nie verkaufen würde. Wenn ich ihn nicht mehr brauchte, sollte ich ihn Pater Albert, einem katholischen Farmer und Missionar, überlassen, der in der Mission Kagua lebte. Ich hatte ihn bereits kennengelernt und mochte ihn. Diese Vereinbarung war mir recht, weil damit gleichzeitig das Problem gelöst war, ein gutes Zuhause für das Pferd zu finden, wenn unsere gemeinsame Zeit zu Ende ging.

Die Hufe des Hengstes waren unbeschlagen. Bill bot mir an, ihn zu beschlagen, denn er hatte alle Gerätschaften, die dazu nötig waren. Ich war etwas unschlüssig, wer weiß, ob ich später einen Hufschmied auftreiben würde, und die Hufe mußten jeden Monat nachgesehen werden. Wegen des harten, felsigen Geländes ließ ich ihn dann schließlich doch beschlagen. Im Notfall mußte ich es selbst versuchen und sah deshalb Bill genau zu. Das Tier ließ die Prozedur einigermaßen geduldig über sich ergehen, ohne zu schnappen oder auszuschlagen, und ich war erleichtert, daß es sanfter Natur zu sein schien.

Aber auf dem Heimweg nach Ialibu wurde es schwierig mit ihm: Dreißig Kilometer lang scheute und bockte es, brach aus und blieb stehen. Ständig versuchte der Hengst den Weg nach Hause einzuschlagen. Als wir bei Jo ankamen, war es bereits dunkel. Ich hielt nach jemandem Ausschau, der ihn unterstellen konnte, als ich zu meiner Erleichterung sah, daß Jo das Problem bereits gelöst hatte – er hatte aus seinem ganzen Brennholz einen behelfsmäßigen Korral errichtet. Wir führten das Pferd hinein, das friedlich zu grasen begann. Jo hatte mir auch noch einen anderen riesigen Dienst erwiesen, indem er einen uralten Sattel und Zaumzeug besorgt hatte, die einem *kiap* – einem Regierungsbeamten – gehört hatten. Zu unserer großen Freude stellten wir fest, daß beides noch brauchbar war, wenn auch das Leder steif und brüchig geworden war. Später am Abend säuberte und fettete ich Sattel und Zaumzeug ein, bis alles geschmeidig wurde.

Ich blieb noch ein paar Tage bei Jo, um mich an das Pferd zu gewöhnen und mir ein Paar Satteltaschen für

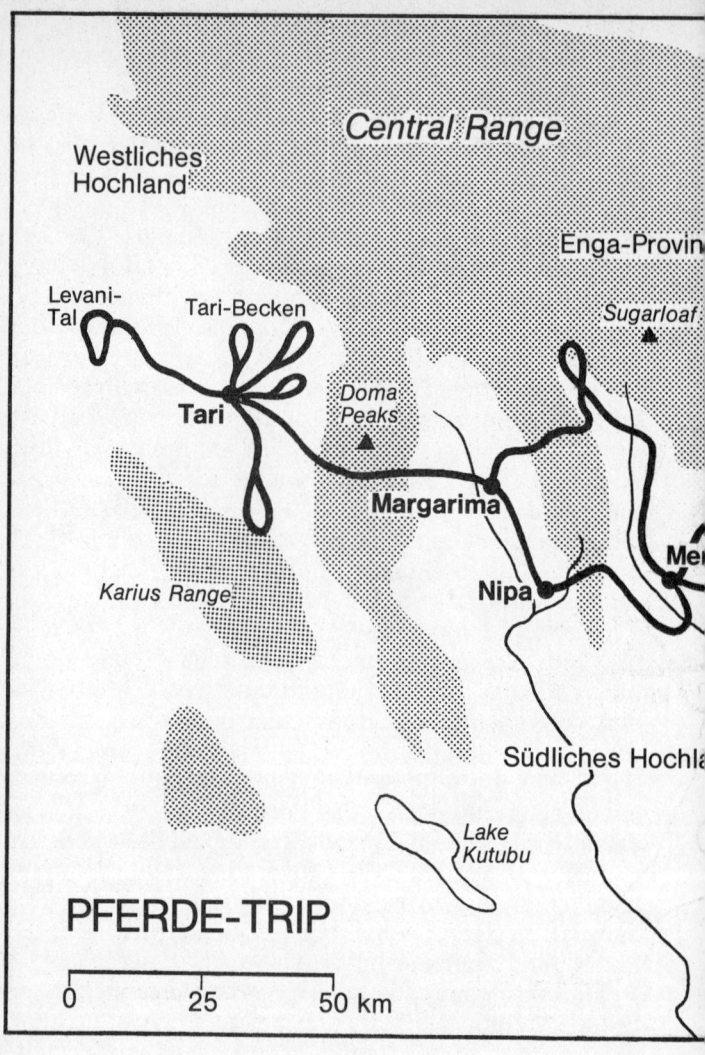

Westliches
Hochland

Central Range

Enga-Provin

Levani-
Tal

Tari-Becken

Sugarloaf ▲

Tari

*Doma
Peaks* ▲

Margarima

Me

Karius Range

Nipa

Südliches Hochla

*Lake
Kutubu*

PFERDE-TRIP

| 0 | 25 | 50 km |

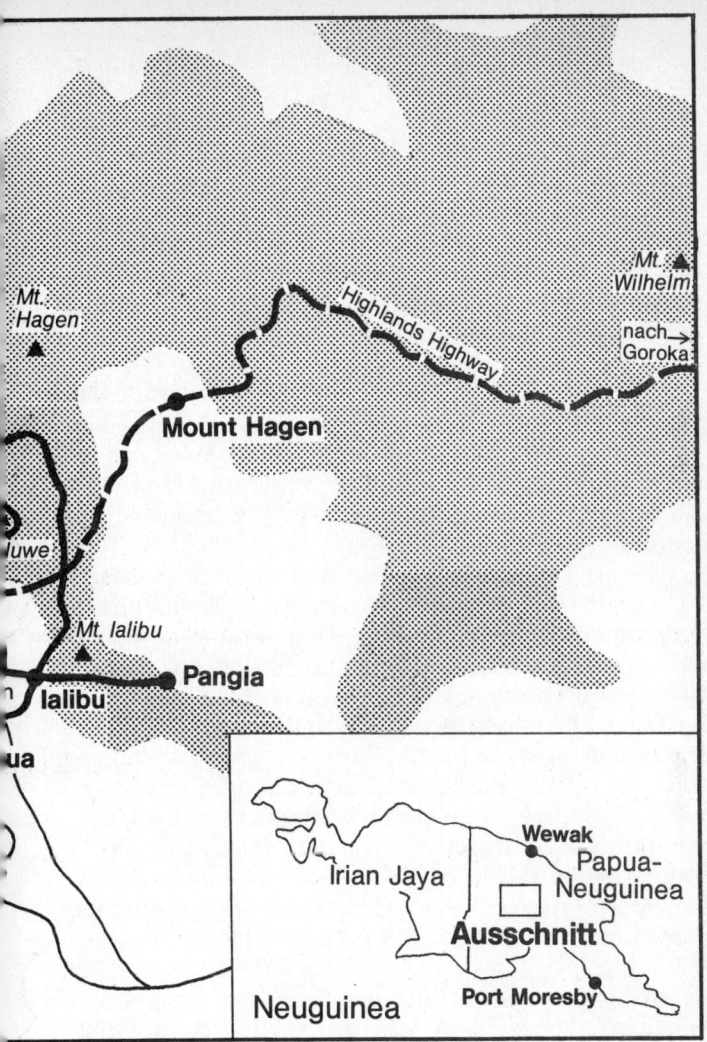

mein Gepäck zu machen. Aus einem Nylonüberzelt nähte ich zwei große Beutel mit Seitentaschen, in denen ich Dinge unterbringen wollte, die ich ständig brauchte, wie Feldflasche, Kamera, Karte und Kompaß. Die Beutel verband ich mit Gurten, die über den Sattel paßten. Außerdem fertigte ich noch einen Sattelgurt an, damit die Taschen nicht herumrutschten, wenn ich in langsamem Galopp ritt. Glücklicherweise fiel mir diese Arbeit nicht schwer, da ich früher schon Satteltaschen angefertigt hatte. Zum Schluß packte ich alles ein, und meinem Aufbruch am nächsten Morgen stand nichts mehr im Wege.

Und so geschah es, daß ich Ialibu hoch zu Roß verließ. Ich hatte keine Ahnung, wie viele Monate unsere Reise dauern oder wohin sie führen würde, abgesehen davon, daß ich einen Clan im Hochland besuchen wollte, die Huli Wigmen, die im Tari-Becken leben, etwa zweihundertvierzig Kilometer nordwestlich von Ialibu.

Der Hengst ließ sich gut reiten und sträubte sich auch nicht gegen die Satteltaschen. Wir ritten in leichtem Galopp über die Landebahn des Flugplatzes und wandten uns dann Richtung Westen, wo das Ialibu-Becken, ein riesiges, von Hügeln durchzogenes Tal, lag. Im Norden grüßte der Mount Giluwe, der zweithöchste Berg Papua-Neuguineas, und hinter uns ragte der Mount Ialibu auf. Plötzlich fiel mir ein, daß mein Pferd gar keinen Namen hatte. Bells hatten ihn mir bestimmt genannt, aber ich konnte mich nicht daran erinnern. Das machte jedoch nichts, mir würde sicher ein neuer einfallen. Und bis dahin hieß es einfach »Pferd« bei mir. Ich freute mich, daß wir unsere Reise zusammen angetreten hatten, und fand das Leben schön.

Nach einigen Kilometern wurde der Sandweg unebener und schmaler, bis er schließlich nur noch ein Pfad war, der durch ein wogendes Meer von silbergefiedertem *Pitpit*-Gras führte. Einem Pfad konnte man getrost folgen, denn er mußte ja irgendwo enden, und hier verbanden Pfade die Ortschaften miteinander, da es keine Straßen gab. Allerdings rechnete ich nicht damit, auf große Dörfer zu stoßen, weil die Clans im Hochland im allgemeinen kleine Garten-

»Pferd« und ich auf dem Weg ins Hochland

siedlungen bauen. Mehr als zwanzig Hütten auf einem
Fleck bezeichnete ich allerdings schon als Dorf.

Am Vormittag hielten wir bei einer Gruppe von zehn
strohgedeckten Hütten, wo einige Frauen ihre *Kaukau*-
Gärten bestellten. Ihre Babys schliefen in *bilums*, die sie an
Zweigen aufgehängt hatten, während die Männer entweder nur dasaßen, spielten oder sich über Lokalpolitik unterhielten. Die Provinzwahlen standen bevor. Alle starrten
»Pferd« verwundert an.

Bei unserem Aufbruch wurden wir von mehreren Männern einige Kilometer lang begleitet. Ich wäre lieber allein
gewesen, war dann aber doch dankbar für ihre Hilfe, als
der Pfad schwieriger wurde und wir, um niedergestürzte
Bäume zu umgehen, Schneisen in das undurchdringliche
Buschwerk schlagen mußten. Nachdem wir eine Hügelkette erklommen hatten, ruhten wir uns oben aus, ehe wir uns
an den Abstieg ins Tal wagten.

Der Abstieg war alles andere als einfach. Der Pfad verlief innerhalb einer felsigen Schlucht, die so schmal war,
daß wir »Pferd« das Gepäck abnehmen mußten, um ihn
hindurchzuzwängen. Einmal in der Schlucht drin, blieb ihm

gar nichts anderes übrig, als vorwärts zu gehen. Ich führte ihn an einer langen Leine und verließ mich darauf, daß er schon allein zurechtkommen würde. Unten im Tal erwartete uns ein schnell dahinströmender Fluß. »Pferd« weigerte sich, ihn mit mir auf dem Rücken zu durchqueren, ließ sich aber willig führen. Da die Männer noch bei uns waren, konnte ich meine Kleidung nicht ablegen, so daß meine Jeans und die Stiefel klitschnaß wurden und mich zu frösteln begann. Der Aufstieg auf der anderen Seite war die Hölle. Die Pfade waren für Menschen gemacht, die mit Händen und Füßen hochkletterten und dabei an dem Wurzelwerk der Bäume oder in Felsspalten Halt fanden. Das konnte »Pferd« nicht, doch trotz der Hindernisse schafften wir es, vorwärts zu kommen.

Wenn es bergauf schwierig war, so war es bergab geradezu furchterregend. Der Boden war felsig, steil und glitschig. Als ich »Pferd« einmal einen Hang hinunterführte, rutschte er aus und kam so schnell nach unten gesaust, daß ich zur Seite springen mußte, um nicht von ihm niedergetrampelt zu werden. Von da an stützte ich ihn mit meinem Körper an der Schulter ab, um ihn abzubremsen, wenn wir durch morastige Stellen mußten. Diese Position machte es mir auch möglich, rasch einen Schritt zur Seite zu tun, wenn er den Halt verlor.

Ich hatte nicht damit gerechnet, daß das Gelände so schwierig sein würde. Bald hatte ich vom ständigen Gebrauch des Buschmessers Blasen an den Händen, und »Pferd« und ich waren über und über mit Dreck bespritzt. Ich wußte nicht, daß es noch schlimmer kommen sollte. Als es immer schwieriger wurde, blieb mir nichts anderes übrig, als voranzugehen und dafür zu sorgen, daß »Pferd« mir folgte. Als der Pfad über felsigen Untergrund bergauf führte, suchte er sich ein kurzes Stück vorsichtig seinen Weg, aber es war ein unmögliches Unterfangen, und wieder mußten wir durch den nassen Wald mit seinen ineinander verschlungenen Wurzeln eine Schneise schlagen. Als wir uns auf halber Höhe eines Abhangs befanden, kam »Pferd« mir in die Quere, so daß wir beide das Gleichgewicht verloren und wieder nach unten sausten. Da packte mich die Verzweiflung. Ich wollte aufgeben, wußte aber nicht wie. Helfer bahnten uns einen Weg, indem sie die Wurzeln abschnitten, in denen »Pferds« Beine sich verfangen konnten. Trotz vieler gefährlicher Situationen stürzte Pferd zum Glück kein einziges Mal. Wenn er sich etwas getan hätte, hätte ich ihm nämlich nicht helfen können, da ich keine Arzneimittel bei mir hatte. Ich glaube, er war über seine Geschicklichkeit genauso erstaunt wie ich.

Es begann zu regnen, und die Dämmerung brach früh herein. Der Mann, der uns immer noch begleitete, sagte, daß nicht weit von hier ein Dorf liege, und so quälten wir uns in der Dunkelheit und in dem Regen weiter. Es war ein Alptraum. In dem schwachen Licht meiner Taschenlampe machten wir die gefährlichen Stellen des Weges aus. Als wir schließlich oben auf einem Hügel angekommen waren, graute mir vor dem erneuten Abstieg. Ich hielt an, um ein Lager aufzuschlagen.

Wir befanden uns auf einer Höhe von 2100 Metern. Es war kalt und regnete immer noch. Meine Kleider waren durch und durch naß, das Brennholz war feucht, meine Feldflasche war leer, und ich war hungrig. Es war nicht klug, in der Gesellschaft eines Mannes zu übernachten, den ich nicht kannte. Daher versuchte ich ihn wegzuschicken, aber er machte sich Sorgen um mein Wohlergehen und wollte mich nicht allein lassen. Er sagte, ich brauche keine Angst vor ihm zu haben, und begann mir beim Errichten des Lagers und beim Sammeln von Brennholz zu helfen.

Es war ein schlimmer erster Tag gewesen. Ich hatte fast den ganzen Nachmittag hindurch panische Angst ausgestanden und war Strecken gegangen, durch die ich mich normalerweise nie mit einem Pferd hindurchgewagt hätte. Nie hätte ich gedacht, daß so etwas mit einem Pferd überhaupt zu schaffen sei. Das einzig Positive bestand darin, daß »Pferd« und ich gelernt hatten, einander zu vertrauen. Nach einer warmen Mahlzeit stiegen meine Lebensgeister wieder etwas. Wir rollten uns jeder in ein Stück Plastik und schliefen tief und fest bis zum nächsten Morgen. Die Idee mit der Plastikplane stammte von Jo, der sie mir in letzter Minute in die Hand gedruckt hatte. Ich hatte »Pferd« nicht festgebunden – auf der Ranch hatte er gelernt, in der Nähe zu bleiben –, und gelegentlich weckte er mich in dieser Nacht, wenn er zu nahe kam.

Als wir erwachten, hatte die Morgendämmerung rote Tupfer in den Himmel gesetzt, während die Täler unter einer Wolkendecke verborgen waren. Mein Gefährte fachte das Feuer wieder an, um Tee zu machen, und dann nahmen wir den Steilhang in Angriff, an den ich mich am Abend zuvor nicht gewagt hatte. Der Pfad war steil und rutschig; der Tag versprach, genauso schlimm zu werden wie der gestrige.

Aber es gab nicht nur schreckliche Stunden. Als der Sattelgurt riß und wir in dem Heimatdörfchen meines Gefährten anhielten, um ihn zu flicken, bereiteten die Leute mir einen überwältigenden Empfang. Die Alten schüttelten mir nicht nur die Hand, sie umarmten mich, faßten mich um die Taille, die Beine oder Arme – außer sich vor Freude. Die alten Leute waren klein, verhutzelt und krumm. Die Männer trugen Bänder aus Bambus um die Hüften. Die Brüste der Frauen hingen lang und ausgelaugt herunter, ihre Gesichter waren mit Linien und Punkten tätowiert und ihre Zähne vom Kauen der Betelnuß rot gefärbt. Sie lächelten breit, von einem Ohr zum anderen. Mein Gefährte stellte mich einem Mann vor, der sehr wichtig zu sein schien, da sein *omak* – ein Kranz aus Bambusstöcken, den man um den Hals trägt – ihm bis zur Taille reichte. Im Verlauf unserer Unterhaltung erklärte er mir, daß jeder Stock zehn Schweine symbolisierte, die er verschenkt hatte. Schweine repräsentierten Reichtum, und Schweine zu verschenken war Ausdruck noch größeren Reichtums. Im Hochland gründete sich Reichtum und Prestige auf dem, was man weggab, nicht auf dem, was man besaß.

Die Männer hatten sich über die bevorstehenden Wahlen unterhalten und zeigten mir ein zerfleddertes Plakat mit dem Aufdruck »Die Zeit der Wahlen«. Es zeigte die Kandidaten, die irgend jemand mit Kommentaren versehen hatte, wie: »Trinkt zu gerne Bier« und »Kein feiner Kerl«.

Während ich mir das Plakat betrachtete, begannen die Frauen meinen Sattelgurt zu reparieren. Sie verwendeten

Schnüre aus Baumrinde und führten die Stiche so sicher aus, daß er garantiert nicht wieder reißen würde. Einige Frauen legten »Pferd« einen Haufen *Kaukau*-Blätter zum Fressen vor; obwohl sie von ihm fasziniert waren, nahmen sie sich vor ihm in acht. Als er vor Freude über das Futter zu schnauben begann, sprangen sie kreischend vor Angst zurück.

»Pferd« und ich verabschiedeten uns von unserem Freund und machten uns mit einer neuen Truppe Helfer wieder auf den Weg. Das Dörfchen war von *barats* – breiten, ungefähr zwei Meter tiefen Gräben – umgeben, die verhindern sollten, daß die Schweine sich verliefen, und bei Stammesfehden der Verteidigung dienten. Wir waren über eine breite Brücke in das Dörfchen hineingekommen, als wir es aber am anderen Ende wieder verlassen wollten, stellte ich fest, daß der *barat* von einer Brücke aus Baumstämmen überspannt wurde, die für »Pferd« zu schwach war. So mußten wir durch den *barat* hindurch, um auf die andere Seite zu gelangen. An diesem Morgen kreuzten noch einige *barats* unseren Weg, und an einem etwas schmaleren beschloß ich, mit »Pferd« im Sprung darüberzusetzen. Ohne Schwierigkeiten sprang er über den Graben und setzte sicher wieder auf, was unter unseren Begleitern große Aufregung hervorrief.

Die Nachmittagssonne schien auf das *Pitpit*-Gras, Gruppen von Bambus, Kasuarinen und stelzbeinige *Pandanus*-Palmen. Wir waren sehr erleichtert, als wir zu einer Jeepspur kamen, und folgten ihr in westlicher Richtung. Der Boden war steinig, aber eben. Über die Flüsse spannten sich Holzbrücken. Mitten auf einer Brücke brachen einige morsche Querbalken unter »Pferd« zusammen. Bei dem Versuch, Halt zu finden, schlug er nach allen Seiten aus. Unter ihm zersplitterte Holz, die morschen Teile zerrissen wie Papier, und als »Pferd« sich vorwärts kämpfte, traf mich ein Huf, so daß ich in hohem Bogen von der Brücke flog. Zitternd vor Angst kletterte ich die Böschung hinauf. Zum Glück hatten weder ich noch »Pferd« schwere Verletzungen davongetragen.

An diesem Tag machten wir früh am Abend in der Nähe

eines Dorfes Station. Wieder kamen die Leute auf mich zu, um mir die Hand zu schütteln oder mich zu umarmen, brachten geröstete *kaukau* für mich und *Kaukau*-Blätter für »Pferd«. Ihm stand eine üppige Weide zur Verfügung, da es hier keine großen grasfressenden Tiere gab. Daher legte ich ihm ein Halfter um und ließ ihn fressen. Nach diesem Tag, der Körper und Geist so viel abverlangt hatte, schlief ich tief und fest.

Kurz nachdem wir am nächsten Morgen aufgebrochen waren, kamen wir zu einem Fluß, wo die Brücke weggerissen worden war und es keine Möglichkeit gab, »Pferd« auf die andere Seite zu bringen. Während ich noch überlegte, ob ich es mit Schwimmen versuchen sollte, kam ein Mann vorbei und erzählte mir, daß noch weitere Brücken weggespült worden waren. Um den vor uns liegenden Erave River zu überqueren – er lag in einer tiefen Schlucht –, müsse man eine Art Flaschenzug zu Hilfe nehmen. Das war natürlich nichts für »Pferd«, und so beschloß ich, mich geschlagen zu geben, mich ostwärts zu wenden und um das Ialibu-Becken einen Bogen zu schlagen.

Wir kamen an den Pfad, den wir am Tag zuvor verlassen hatten, und setzten unseren Weg auf der steinigen, sandigen Straße fort, die von hohem *Kunai*-Gras gesäumt war und durch leicht hügeliges Gelände führte. Bei einer kleinen, von Einheimischen betriebenen Kaffeeplantage – die zu Jos Projekt gehörte –, machten wir kurz halt, erfuhren aber, daß der Leiter mit seinen Verwandten sich aus Angst vor Blutrache versteckt hielt. Blutrache war das traditionelle System der Vergeltung und Wiedervergeltung. Ein Wahlkandidat war bei einem Verkehrsunfall, den ein betrunkener Busfahrer verursacht hatte, ums Leben gekommen. Nun hatte ein Mitglied vom Clan des Kandidaten die Pflicht, einen vom Clan des Busfahrers zu töten. Zu diesem Clan gehörte der Leiter der Kaffeeplantage, der so lange in seinem Versteck bleiben würde, bis die Angelegenheit bereinigt war – in Form einer Entschädigung, wie zu hoffen war.

Ein Stück weiter kamen wir an einer Dorfschule vorbei,

und alle Kinder rannten aus den Klassenräumen, um »Pferd« anzusehen. Sie stellten mir Fragen wie: »Warum bist du auf Patrouille?« und: »Wozu?« Eine gute Frage. Die letzten beiden Tage waren so deprimierend gewesen, daß mir kein einziger Grund einfiel, weshalb ich mich auf solche Reisen begab.

Aber neue Eindrücke trugen dazu bei, daß sich meine schlechte Stimmung im Laufe des Vormittags allmählich legte. Am Wegrand wuchsen gelbe und purpurfarbene Blumen, und über mir waren Sonne und dunkle Wolken. Eine Frau ging mit ihrem Schwein auf Futtersuche; sie führte es an einer Leine, die sie ihm um den Fuß geschlungen hatte – nach ihren Worten die einzige Methode, ein im Freien herumlaufendes Schwein unter Kontrolle zu halten. Als nächstes begegneten wir einem Wahlkandidaten, der mit einer Flüstertüte bewaffnet um Stimmen warb. Wir blieben zu einem Schwatz stehen, aber der Mann setzte die Flüstertüte nicht ab, und seine Stimme war ohrenbetäubend. Das Interesse an der Wahl war groß, weil es sich um die ersten Provinzwahlen in Papua-Neuguinea handelte. Die letzte größere Wahl hatte vor der Unabhängigkeit 1975 stattgefunden.

Die Straße führte auf einen Feldweg, wo wir in nördlicher Richtung abbogen, um das Ialibu-Becken zu umrunden. Im Laufe des Nachmittags erreichten wir das Dorf Muli, und da es genau in diesem Augenblick zu regnen begann, machten wir für den Tag Schluß. Ich war nicht hundertprozentig davon überzeugt, daß »Pferd« nicht doch auf Wanderschaft gehen würde, und band ihn deshalb an einer langen Leine fest, damit er sich an dem saftigen Gras gütlich tun konnte, während ich meine dreckverkrusteten Kleider wusch. Ich hatte zwar eine Hütte für mich bekommen, aber sie war voll von Leuten, die im Schneidersitz auf dem Boden saßen und mich keinen Augenblick aus den Augen ließen. Als noch mehr Leute in die Hütte hineinwollten, verbarrikadierte eine Frau die Tür und ließ nur gewisse Freunde herein.

Die Frauen hatten Babys im Arm, und die Kinder hatten noch mehr Babys im Arm. Die Männer trugen fußballähnliche Perücken aus trockenen Kletten und Haaren, zusammengehalten durch Netze, die mit Blättern, Gras oder dem Fell des Beuteltiers besetzt und mit Büscheln aus Papageienfedern gekrönt waren. Den Leuten, die nicht in die Hütte hinein durften, wurde jedes Wort, das ich sagte, durchs Fenster mitgeteilt. Später besserte ich im Licht einer Kerosinlampe die Risse in meinen Satteltaschen aus. Die Leute, die sich immer noch in der Hütte befanden, sprachen jetzt über die Wahl. Sie unterhielten sich auf Pidgin, das ich nun leidlich verstand.

Während ich ihnen zuhörte, fiel mir ein Artikel ein, den ich über die Wahl vor der Unabhängigkeit gelesen hatte. Bei dieser Wahl hatten sich auf einer der Inseln Papua-Neuguineas, auf New Hanover, Hunderte von Leuten geweigert, für irgend jemand anders zu stimmen als für Präsident Johnson in den Vereinigten Staaten. Alle Bemühungen, die Inselbewohner davon zu überzeugen, daß sie nicht für Johnson stimmen konnten, schlugen fehl. Seit dem Zweiten Weltkrieg, als amerikanische Truppen und Frachtgüter mit dem Flugzeug auf ihrer Insel gelandet waren, bewunderten sie die Amerikaner. Verstört durch die Sturheit der Inselbewohner, hatte der Bezirkskommissar sie zu einer Versammlung einberufen, um ihnen zu erklären, daß der amerikanische Präsident bereits ausgelastet sei. Daraufhin sammelten die Leute vierhundertfünfzig *kina* (etwa DM 1100,–), um »Präsident Johnson zu kaufen«. Sie gaben dem Distriktskommissar das Geld und baten ihn, die Transaktion vorzunehmen.

Inzwischen hatte das Johnson-Fieber auch auf andere Inseln übergegriffen. Niemand konnte die Leute eines Besseren belehren. Ein Prophet verkündete, daß am 10. April ein Schiff, ausgeschickt von Präsident Johnson, auf den Inseln anlegen und Frachtgüter bringen werde. Am 9. April erhielt der Distriktskommissar zu seiner Verblüffung einen Funkspruch von einem amerikanischen Schiff, das sich auf einer Inspektionsfahrt befand und die Absicht hatte, auf New Hanover einen Zwischenstopp einzulegen. Telegramme und Erklärungen folgten, und das Schiff machte einen Bogen um die Insel.

Aber das Fieber breitete sich weiter aus, und weitere eintausend *kina* (etwa 2500,– DM) wurden gespendet. Die Angelegenheit erreichte ihren Höhepunkt, als einige Leute dabei gesehen wurden, wie sie einen Außenbordmotor an ein Boot montierten, das von einer Firma mit Namen Johnson hergestellt worden war. Die Einheimischen beschuldigten die Leute, Johnsons Geschenk an die Inselbewohner stehlen zu wollen, und es kam zu Gewalttätigkeiten. Polizei wurde eingesetzt, es brachen schwere Krawalle aus, bei denen viele verletzt wurden.

»Pferd« und ich ritten von Muli aus an der Ostseite des Ialibu-Beckens entlang, und nachdem wir wieder Ialibu erreicht hatten, wandten wir uns nach Norden, wo der Mount Giluwe lag. Auf meiner Karte waren sogenannte *Kiap*-Straßen eingezeichnet, die ersten Straßen im Hochland. Sie waren entstanden, als Kolonialbeamte (*kiaps*) und Eingeborene Wege für Jeeps geschlagen hatten. Eine *Kiap*-Straße führte auf der Rückseite des Mount Giluwe nach Mendi. Sie war gute hundert Kilometer lang und schien eine gute Route zu sein. Ich steckte die Karte ein, und »Pferd« fiel in einen leichten Galopp, bei dem seine Hufe eine rosa Staubwolke aufwirbelten. Wir legten Schrittempo ein, als wir an einer Gruppe Frauen vorbeikamen, die ihre Schweine auf Futtersuche führten, und eine Gruppe von Männern passierten, die Perücken aus Papageienfedern trugen. Gegen Mittag machten wir eine Pause in einem Dörfchen, wo ich einer Frau zusah, die das Gesicht eines Mädchens mit einer Nadel und Holzkohle tätowierte. Die anderen Frauen hatten auf Stirn und Nase gepunktete Linien eintätowiert, die Sonne und Sterne darstellten, unter den Wangenknochen verliefen parallele Linien und von den Augen aus Pfeile. Viele trugen enge Halsreifen aus Perlen und Schals und Umhänge in leuchtenden Farben über ihren Grasröcken.

Ich verließ das Grasland und die sanften Hügel des Ialibu-Beckens und ritt auf die Berge zu, die immer weiter zurückzuweichen schienen, je näher wir kamen. Auf der Rückseite eines nicht sehr hohen Berges lag ein kleiner See in der Nähe der Straße. Wir begegneten einem Mann, der behauptete, wenn man an einer bestimmten Stelle des Sees einen Stock ins Wasser hielte, könne man anhand der Tiefe, die er erreiche, feststellen, wie alt man würde.

Wir überquerten den Highlands Highway und wandten uns auf der alten und vernachlässigten *Kiap*-Straße in Richtung Norden. Der Himmel bezog sich und wurde grau, aber ich kümmerte mich nicht darum. Als dann der Regen herunterstürzte, wurden wir beide bis auf die Knochen durchweicht. Innerhalb weniger Minuten waren meine Kleider so naß, daß ich sie auswringen konnte; bei der Kälte in dieser Höhe eine geradezu unverantwortliche Verhaltensweise. Die eingeborenen Frauen hasteten die Straße entlang und hielten sich zum Schutz gegen den Regen große Bananenblätter über den Kopf. Bei einer Hütte neben dem *haus-sik* – der Krankenstation – hielten wir an, und nachdem ich »Pferd« zu einigen Kühen auf die Weide geführt hatte, damit er Gesellschaft hatte, suchte ich Schutz in der Hütte.

Die Hüttenbewohner entfachten ein prasselndes Feuer für mich, damit ich wieder trocken wurde, und dann aßen wir gemeinsam eine Mahlzeit, bestehend aus *Pitpit*-Keimen, die wie knackiger Spargel schmecken, *kaukau*, Grüngemüse und Fisch aus der Dose. Eine Frau machte für ihre kleine Tochter einen Grasrock mit Quasten aus Borkenstreifen. Ihr Mann war der *dokta-boi* im *haus-sik* und war in Erster Hilfe und Hygiene ausgebildet. Er erzählte mir von seiner Arbeit und den hier verbreiteten Krankheiten: Lepra, Lungenentzündung, Malaria, Erkältungen und Geschwüren. Wir sprachen auch über eine Krankheit, die *kuru* genannt wird – lachender Tod. Sie greift das menschliche Nervensystem an und führt innerhalb von sechs Monaten zum Tode. Sie wird deshalb der »lachende Tod« genannt, weil ihre Opfer ihr Gesicht auf hysterische Weise verzerren. Im Fore-Clan sterben schätzungsweise fünfzig Prozent der Frauen und zehn Prozent der Männer an *kuru*. Die Fores behaupten, daß *kuru* durch Hexerei hervorgerufen wird.

Eine Mission hat jedoch Untersuchungen durchgeführt

und festgestellt, daß *kuru* nur durch den Genuß von vergiftetem Fleisch zum Ausbruch kommen kann und daß die Krankheit bei Tieren unbekannt zu sein scheint. Die Fores sind von ihrer Tradition her Kannibalen. Sie verzehren das verwesende Fleisch der Toten, um den Geist vom Körper zu befreien. Sie glauben, daß der Geist ohne dieses Ritual zu ewiger Vorhölle verdammt sei. Sie wissen zwar, daß Kannibalismus jetzt verboten ist, lassen sich aber nicht davon überzeugen, daß ihre Traditionen schädlich sind. Das Vorkommen von *kuru* weist darauf hin, daß sie ihre alten Sitten und Gebräuche nicht aufgegeben haben.

Die Nacht war kalt. Ich schlief in dem *haus-sik* und mußte ohne Feuer auskommen. Meine Weltraum-Decke, eine moderne Erfindung zum Warmhalten, funktionierte nicht. Innen drin bildete sich Schwitzwasser, und im Verlauf der Nacht wurde sie immer nasser und eisiger. Am frühen Morgen wurde ich von einem Mann mit einer Kopfverletzung geweckt, der bei einem Streit in betrunkenem Zustand einen Hieb mit der Axt abbekommen hatte und Erste Hilfe haben wollte. Der *dokta-boi* versorgte ihn, während ich frühstückte und anschließend »Pferd« holen ging. Er stand grasend auf der Weide, doch als ich ihn rief, hob er den Kopf und wieherte leise. Jemand versuchte mir zehn *kina* (etwa 25,– DM) dafür abzuknöpfen, daß »Pferd« die Nacht auf der Weide verbracht hatte. Es war klar, daß er mich schröpfen wollte, weil ich eine weiße Ausländerin war, daher bot ich ihm einen *kina* (etwa 2,50 DM), was er mit einem Lächeln akzeptierte.

Die *Kiap*-Straße folgte dem Fuß des Mount Giluwe und führte uns an Kiefern, Farnbäumen und stelzbeinigen *Pandanus*-Palmen vorbei. Nachdem wir ein paar Stunden geritten waren, machten wir kurz Rast. Ich befreite »Pferd« von den Satteltaschen, weil sie um die zwanzig Kilo wogen und das Tier seine Rückenmuskeln unbedingt mehrmals am Tage entspannen mußte. Ohne diese Vorsichtsmaßnahme wäre der Rücken wund geworden, zumal es vor unserem Start nicht oft geritten worden war. Während »Pferd« sich ausruhte, ging ich zu einem Bach hinunter, um mich zu waschen. Das eisige Wasser erfrischte mich.

Als wir später gemächlich die Straße entlangritten, begegnete ich einem Mann, der mich etwas fragte. Es dauerte eine Weile, bis ich begriff, daß er wissen wollte, ob ich das mobile Wahllokal war. Die Wahl sollte nämlich am nächsten Tag in einem nahegelegenen Dorf stattfinden. Wir beendeten unsere Tagestour bei einigen Hütten vor dem Dorf, damit wir am nächsten Morgen gleichzeitig mit den Wählern dort ankamen.

Der frühe Morgennebel verhüllte die Gipfel des Mount Giluwe, Nebelwolken stiegen vom Tal hoch und verschluckten die Straße. Alles war verschwommen, die Umrisse der Landschaft zeichneten sich nur undeutlich ab und verschwanden wieder, als der Nebel dichter wurde. Gesang und die Musik von Ukulelen drangen schon an mein Ohr, ehe ich die Männer erkennen konnte, die mit weiß angemalten Gesichtern die Straße entlangtanzten. Als sie näher kamen, sah ich, daß ihre Oberkörper und ihre Schultern vor Öl glänzten. Ihr Kopfschmuck bestand aus Farn- und Laubblättern, langen Federn oder ausgebreiteten Vogelflügeln. Sie trugen breite Gürtel aus Baumrinde mit einem vorn herunterhängenden Schurz und frisch gepflückten Keulenlilienblättern als *arse-grass*. Ihre Beine waren mit weißen Punkten bemalt, und sie stampften mit den Füßen den Takt zu einem wilden Tanzrhythmus. Sie bereiteten sich auf die Wahl vor, indem sie sich in die richtige Stimmung tanzten. Mehrere Männer schwenkten Transparente mit den lebensgroßen Fotos ihrer bevorzugten Kandidaten und stimmten Sprechgesänge über ihre Größe an.

»Pferd« war kurz davor, in Panik auszubrechen. Er reckte den Kopf hoch in die Luft und zuckte mit den Ohren, während er die Augen vor Überraschung weit aufriß. Die gleiche Überraschung spiegelte sich auf den Gesichtern der Männer, als sie uns erblickten.

Den größten Teil des Vormittags verbrachten wir bei der »Wahlkabine«, einem mit Seilen abgetrennten Gelände auf einem Hügel in der Nähe verlassener Hütten. Um uns herum drängten sich buntgeschmückte Menschen, deren Kostüme in dem dichten Nebel kaum zu erkennen waren.

Festliche Musik erklang, während ernst blickende Beamte versuchten, in all dem Lärm das Wahlverfahren zu erklären. Ständig kamen neue Gesangsgruppen hinzu, in deren Kopfschmuck Federn des Paradiesvogels steckten.

Die Wahl begann. Einer nach dem anderen gaben die führenden Dorfbewohner feierlich ihre Stimme ab. Hinter ihnen wurde die Schlange immer länger, bis zahllose Leute vor Ungeduld mit den Füßen zu stampfen begannen. Die Wahlzettel wurden in rote tragbare Kästen gesteckt, die auf dem abgesperrten Gelände standen. Jeder Wähler bekam wasserunlösliche grüne Tinte auf einen Finger geschmiert, damit er nicht zweimal stimmen konnte. Hinterher waren viele Leute so überdreht, daß sie neue Gruppen bildeten und weitere Sprechgesänge anstimmten. »Pferd« und ich machten uns auf den Weg.

Gestohlen!

Sanfter Nieselregen setzte ein. Hinter den Wolken verbargen sich die gewaltigen Hänge des Mount Giluwe. Bei einem Camp machten wir halt und begrüßten die Männer, die am Kagul River nach Plätzen suchten, die sich für Wasserkraftwerke eigneten. Es waren zwei Australier und eine Gruppe Eingeborener, ein rauhbeiniger, aber herzlicher Haufen.

Die Straße kletterte auf eine Höhe von 2300 Meter hinauf, durch sumpfigen Wald mit weißem Heidekraut und Wasserfällen. Mit zunehmender Höhe veränderte sich die Vegetation, und statt der dichten Rankengewächse und Palmen wuchsen hier jetzt Farnbäume, Buchen, Bäume mit breiten Blättern und *klinki* – spinnenähnliche Kiefern. An einer Seite der Straße ging es fast senkrecht ins Tal hinunter.

Im Dorf Kiripia fanden wir eine katholische Mission. Die Schwester und ihre zu Besuch weilende Mutter nahmen uns freundlich auf. »Pferd« kam zu den Kühen auf die Weide. Ich duschte warm, zog mir trockene Kleidung an und trank ein Glas Sherry, ehe wir uns zum Essen hinsetzten. Mir fiel noch rechtzeitig ein, nicht zu beginnen, bevor die Schwester das Tischgebet gesprochen hatte. Während der köstlichen Mahlzeit erzählte die Schwester von ihrer jahrelangen Arbeit in der Mission und wie traurig sie über das Resultat sei. Neue Vorschriften verlangten, daß Schulen und Krankenstationen von Einheimischen geführt werden müßten. Die Krankenstation hatte geschlossen werden müssen, da keiner kam, um sie zu übernehmen, das Niveau in der Schule war gesunken, und das Farmprojekt war ebenfalls gescheitert. Und nun hatte die einzige Schwester, die noch hier war, nur noch ein paar Rinder und einen Gemüsegarten zu betreuen. Die Entwicklung, die die Dinge genommen hatten, erfüllte die Schwester mit Bitterkeit, aber das hatte keinen Einfluß auf ihre Liebe zu den Menschen und ihre christliche Gesinnung.

Sie wußte über Land und Leute enorm gut Bescheid,

und ich hörte interessiert zu, als sie über verschiedene Festlichkeiten, die sogenannten *sing-sings*, und besonders über das *pig-kill* sprach. Beim letzten *pig-kill* waren zweihundert Schweine geschlachtet worden, aber es war auch schon vorgekommen, daß drei-, vier- oder gar fünfhundert Schweine ihr Leben lassen mußten. Da die hiesige Tradition keine Metallwaffen kannte, war es immer noch Brauch, die Schweine mit dicken Holzstöcken totzuschlagen. Die Borsten wurden im Feuer abgesengt, das Fleisch wurde in Portionen geschnitten und an viele Leute verteilt. Die Eingeweide bekamen gewöhnlich die Frauen zum Dank dafür, daß sie die Schweine gehütet hatten.

Nachdem wir die Mission Kiripia am nächsten Morgen verlassen hatten, kamen wir zu einem Abschnitt der Straße, der zwar eben, aber immer noch zu steinig war, um ein schnelleres Tempo vorzulegen. Der steinige Boden paßte mir gar nicht, denn er zwang mich, die ganze Zeit zu gehen, und »Pferd« wurde dabei schläfrig und träge. Es war besser für seine Beinmuskeln, wenn er hin und wieder die Gangart wechselte, und ich war deshalb erleichtert, als ich ein Stück vor uns einen ebenen, mit Gras bewachsenen Seitenstreifen erblickte.

Ein Vorteil bei diesem holprigen Weg war, daß er nur von wenigen Fahrzeugen benutzt wurde, die dann auch noch sehr langsam fuhren. Am Ende des geraden Stückes hörte ich ein Fahrzeug näher kommen und lenkte »Pferd« zur Seite, um es vorbeizulassen. Aber der Fahrer hielt an und stieg aus, um sich ein wenig mit mir zu unterhalten. Es war ein australischer *kiap*, der von einer Dienstreise als Friedensrichter zurückkehrte. Wir kamen so ins Reden, daß ich »Pferd« absattelte und ihm eine Ruhepause gönnte. Der *kiap* hatte einige abgelegene Dörfer besucht, um sich Klagen anzuhören, deren Lösung über die Kompetenz des jeweiligen Stammesoberhauptes hinausging. Über die einzelnen Fälle wurde in einer Art Gerichtsverhandlung, bei der der Friedensrichter den Vorsitz führte, entschieden. Manchmal ging es dabei um Hexerei, die gewöhnlich Frauen zur Last gelegt wurde, da man den Frauen die Macht über die bösen Geister oder *sanguma*, wie sie genannt werden, zuschrieb. *Sanguma* kamen in der Nacht heraus, und aus diesem Grund hatten die meisten Männer Angst, nach Einbruch der Dunkelheit draußen zu sein.

In einem *Sanguma*-Fall bekannte sich eine Frau schuldig, mittels Hexerei einen Mord begangen zu haben. Es ist bestimmt nicht einfach, über solche Fälle zu verhandeln, da es oft kein Beweismaterial gibt und die Aussagen sich nicht auf Fakten, sondern auf Aberglauben gründen. Ich hatte bereits Männer getroffen, die behaupteten, *sanguma* gesehen zu haben oder von ihnen angegriffen worden zu sein. Ein Mann hatte mir erzählt, daß er in seiner Hütte von einem gestaltlosen schwarzen Schatten angegriffen und verschlungen worden war. Er war in furchtbare Atemnot geraten. Der Schmerz in seiner Brust war entsetzlich gewesen. Am nächsten Morgen hatte die Hütte eigenartig gerochen, und draußen hatte er Fußabdrücke entdeckt, die weder von einem Menschen noch von einem Tier stammten. Er hatte einen *kiap* und einen Missionar als Zeugen herbeigeholt.

Andere Morde wurden angeblich dadurch begangen, daß dem Opfer entweder im Schlaf oder im Gehen ein Bambussplitter in den Körper gestochen wurde. Der Splitter erzeugt einen blauen Fleck, der immer schwächer wird, je weiter das Bambusstück in den Körper hineinwandert, und normalerweise verschwunden ist, wenn der Betreffende ungefähr zwei Wochen später ohne äußerlich erkennbare Todesursache stirbt.

Am Nachmittag wurde es neblig, die Straße war steinig, und wir kamen nur langsam voran. Ich stieg ab und ging neben »Pferd« her, da ich vom langen Sitzen im Sattel steif und wund wurde und mir gern die Beine vertrat. Wir gewöhnten uns aneinander und an diese Art des Reisens. »Pferd« und ich waren schon eine ganze Woche unterwegs, aber es lag noch ein langer Weg vor uns.

Wenn ich eine Strecke rasch zurücklegte, bedeutete sie mir wenig. Ich hatte für Eile nichts übrig, sondern zog es vor, mich im Rhythmus des Landes zu bewegen und unser Tempo der Beschaffenheit des Bodens anzupassen. Wann immer ich stehenblieb, um zu überlegen oder mich umzusehen, kam »Pferd« zu mir und schmiegte sich an mich, was ich als sehr angenehm empfand.

Wir übernachteten in einer abgelegenen Hütte, die aus Gründen der Wärme niedrig gebaut war und in die man durch eine kleine Öffnung hineinkriechen mußte. Sie wurde von einer Frau meines Alters mit Namen Yambo, der dritten Ehefrau eines Regierungsbeamten, bewohnt. Mit ihr teilte sich auch dessen zweite Frau die Hütte. Da keine Männer anwesend waren, löste ich mein Haar und begann es zu bürsten. In Anwesenheit von Männern tat ich das nie, weil es mir provozierend vorkam. Staunend betrachteten die Frauen mein seidiges, langes, blondes Haar und streckten spontan die Hand aus, um es zu berühren. Sie bezeichneten es als *grass,* was auf Pidgin Haar bedeutete und keine Beleidigung ist.

Zum Abendessen brieten wir *kaukau* im Feuer, und da ich im Besitz eines Kochtopfes war, kochten wir etwas Gemüse und getrocknetes Fleisch. Das Gemüse – Kartoffeln und Kohl – wurde von den Frauen auf einem Stück Land angepflanzt, das ihr Ehemann für sie gerodet hatte. Sie hatten die Aufgabe, sich um diesen Garten zu kümmern. Zur Erntezeit kam ihr Ehemann, um das Gemüse für den Markt abzuholen. Ihre einzigen Gartengeräte waren primitive Grabstöcke, ihre einzige Kleidung die Röcke und die Umhängetücher, die sie trugen. Sie besaßen keine Decken zum Schlafen, denn das Feuer spendete genügend Wärme, und Brennholz gab es in Hülle und Fülle. Ich machte Tee für uns, aber wie gewöhnlich gab es keine Tassen, so daß sie meine benutzen mußten. Sie revanchierten sich mit einer Frucht, die wie eine Banane aussah, aber mit ihrem weichen, köstlich schmeckenden Fleisch an eine Passionsfrucht erinnerte.

Aus Angst, daß »Pferd« in der Nacht die *Kaukau*-Beete heimsuchen könnte – er wußte, wie man nach *kaukau* graben mußte und tat es nur zu gerne –, band ich ihn in der Nähe der Straße auf einer üppigen Weidefläche an einem Pfahl fest.

Wann er gestohlen wurde, war beim besten Willen nicht

festzustellen, aber als ich kurz nach Tagesanbruch aus der Hütte kroch, war er verschwunden. Mir klopfte das Herz vor Angst bis zum Hals, als ich zur Hütte zurückstürzte, um es Yambo zu sagen. Sie packte mich bei der Hand und rannte mit mir zur Straße, um nach seinen Spuren zu suchen. Seine Hufabdrücke waren auf dem Weg leicht auszumachen und führten in die Richtung, aus der wir gekommen waren; er war gegangen und nicht galoppiert. Yambo zeigte auf die Fußabdrücke eines Mannes und meinte, die müßten von dem Dieb stammen. Auf meine Frage, warum er das Pferd gestohlen haben könnte, erwiderte sie, daß der Mann Geld haben wolle.

Auf einem besonders steinigen Wegabschnitt verloren wir »Pferds« Spur und kletterten auf eine höher gelegene Rodung, um von dort aus nach ihm Ausschau zu halten. Ich wünschte mir so sehr, seinen weißen Rücken zwischen den Büschen zu sehen, aber vergebens. Niedergeschlagen kehrten wir zu Yambos Hütte zurück und schickten Boten aus, die fragen sollten, ob jemand »Pferd« an diesem Morgen gesehen hätte. Das Warten war kaum zu ertragen, obwohl wir durch das Frühstück etwas abgelenkt wurden. Als ich es danach nicht mehr aushielt, müßig herumzusitzen, ging ich wieder los, um seinen Spuren noch einmal zu folgen. Nach ein paar Meilen kam ein Junge auf mich zugerannt, um mir zu erzählen, daß er »Pferd« gesehen hätte. Er führte mich zu einer Hütte, vor der »Pferd« angebunden stand. Kaum hatte der Hengst mich gesehen, als er zu wiehern begann, was den Dieb aus der Hütte heraustrieb. Er war böse und behauptete, er habe mein Pferd beim Herumstreunen erwischt. Wenn ich es wiederhaben wollte, müßte ich fünfzig *kina* (etwa DM 130,–) bezahlen, mit anderen Worten also ein Lösegeld.

Ich begann mit dem Mann zu handeln, und wir einigten uns schließlich auf zwölf *kina* (etwa DM 30,–). Ich hatte nicht damit gerechnet, »Pferd« auslösen zu müssen, und hatte deshalb kein Geld bei mir, aber ich durfte »Pferd« mitnehmen. Der Junge begleitete uns, um das Geld abzuholen. Den Dieb um sein Geld zu prellen, kam überhaupt nicht in Frage, denn bei diesen Leuten ist ein einmal gege-

Festlich herausgeputztes junges Mädchen

benes Wort verbindlich, und ich hatte mich bereit erklärt, das Lösegeld zu bezahlen. Außerdem war ich der Überzeugung, daß es ein Wechselspiel zwischen Betrügen und Betrogenwerden gibt.

Es war schön, wieder mit »Pferd« zusammenzusein, und sobald ich das Geld überreicht hatte, dankte ich Yambo für ihre Hilfe und brach auf. Auf der Rückseite des Mount Giluwe, wo die Straße eine Höhe von 2750 Metern erreichte, entdeckte ich einen Weg, der über den mit Moospolstern bedeckten Waldboden zu den gewölbten Gipfeln des Berges hinaufführte. Die nervliche Belastung, mit der der Tag angefangen hatte, wirkte noch in mir nach, so daß ich beschloß, zum Gipfel hinaufzugehen, wo ich allein und aus der Reichweite anderer Menschen sein konnte.

Nach dem weichen, moosigen Waldboden wurde der Weg jetzt sehr holprig. Aber der Aufstieg lohnte die Anstrengung. Die Gipfel des Mount Giluwe lagen in einer weiten erfrischenden alpinen Tundra, wo wir meilenweit wie auf dem Dach der Welt entlangwanderten. Der Mount Giluwe ist ein längst erloschener Vulkan und weist einige Moränen auf, aus welchen ich schließen konnte, daß die jetzt mit Gras bewachsene Ebene einst von einer Eisschicht bedeckt war. Die klare Luft, der tiefblaue Himmel und der herrliche dunkelblaue Enzian um mich herum gaben meinen Lebensgeistern wieder Auftrieb. Am späten Nachmittag gab es ein Schneegestöber, das aber nur kurz war. Mein Hauptproblem war der Sauerstoffmangel auf dieser Höhe von 4400 Metern, der uns beide viel Kraft kostete.

Während des Abstiegs vom Mount Giluwe kamen wir an einem merkwürdig geformten Gipfel, Clancy's Knob, vorbei. In der Nähe befand sich ein *dream-haus* (Traumhaus), in das sich Männer zurückzogen, um zu meditieren und von ihren Ahnen zu erfahren, weshalb ein Angehöriger gestorben war, ein männlicher Angehöriger wohlgemerkt; Frauen waren ihnen gleichgültig.

Heutzutage sehen viele Leute ein, daß Krankheit und Tod natürliche Ursachen haben können, aber sie bleiben dabei, daß viele Menschen durch Hexerei zu Tode kommen. *Sanguma* werden durch eine Person beschworen, die über die Macht des Bösen verfügt, und im *dream-haus* können männliche Verwandte den Namen des Übeltäters herausbekommen.

Von der Hütte aus führte ein aus Gras gedrehtes Seil auf den Gipfel von Clancy's Knob, um von dort die Nachricht weiterzuvermitteln. Normalerweise klettert ein Mann auf den Gipfel und macht die Ahnen auf sich aufmerksam, während andere in der Hütte auf dem Feuer Schweinefleisch braten. Ein Teil des Fleisches dient als Köder für die Geister, der andere Teil wird von den Männern aufgegessen. Sich mit dem Bauch voll fetten Schweinefleischs schlafen zu legen, bietet geradezu eine Garantie für – schwere – Träume. Ein Mann bleibt die ganze Nacht wach und beobachtet die Schläfer. Sobald sie eine zuckende Bewegung machen, weckt er sie und fragt, was sie träumen.

Wenn der Name des Übeltäters bekannt ist, greift man oft zu dem Mittel der Hexerei, um Blutrache zu vollziehen. Manchmal werden aus Ton Puppen in Gestalt des auserwählten Opfers hergestellt und mit Streifen aus weicher Borke umwickelt, was ihm den Tod bringen soll.

Als wir – parallel zu einem tief in den Fels eingeschnittenen Fluß – müde einem Weg nach unten folgten, kamen wir durch immer mehr Dörfer. Über die Hügel zogen unheilverkündende Regenwolken, die näher und näher trieben, bis sie die ganze Landschaft eingehüllt hatten. Als ich noch nicht einmal mehr den Hügel vor mir sehen konnte, bat ich in einer Hütte um Obdach. Das war ein Fehler. Eine riesige Kinderschar rannte aufgeregt schreiend auf mich zu, während die Erwachsenen alle durcheinanderriefen. Ich war wie erschlagen. Die Besitzerin der Hütte versuchte die Kinder dadurch zu vertreiben, daß sie Wasser und Asche nach ihnen schleuderte, aber das half nichts, und die meiste Asche bekam dabei ich ab.

Es regnete jetzt in Strömen, aber die Kinder störte das nicht weiter. Sie rannten um die Hütte, schrien »Pferd« an und bewarfen ihn mit Steinen, um ihn zum Aufbäumen zu bringen. Ich beruhigte ihn und erklärte den Kindern, daß sie sich nicht nett verhielten, aber sie waren so aufgeregt, daß sie nur noch mehr Steine nach ihm warfen. Ich glaube nicht, daß sie es aus Böswilligkeit taten, aber es tat mir weh, das mit anzusehen. Als ich weder im Guten noch im

Bösen etwas bei ihnen erreichen konnte, beschloß ich weiterzureiten. Ich war durchnäßt bis auf die Knochen.

Zu meiner Bestürzung folgten mir die Kinder, viele warfen immer noch Steine nach seinen Beinen und riefen: »Tempo sechzig!« Da die Straße so steinig war, konnten wir ihnen nicht davonlaufen, und als ich es doch versuchte, rannten sie kreischend hinterher. Da drehte ich um und ging ihnen mit »Pferd« entgegen, aber das brachte sie nur für kurze Zeit auseinander; bald hatten sie sich wieder neu formiert. Ich wurde ernstlich böse. Der Regen strömte herab, und die Nacht brach herein. Bald würden wir anhalten müssen, und ich machte mir Sorgen, daß die Gören nicht aufhören würden, »Pferd« zu ärgern. In meiner Verzweiflung hatte ich einen Geistesblitz. Es handelte sich fast nur um Kinder, die gerade aus der Schule gekommen waren. Ihr Direktor müßte wohl imstande sein, ein Machtwort zu sprechen. Ich stellte also fest, wo die Schule war, und ritt hin. Der Direktor war ein hilfsbereiter und freundlicher Enga; nachdem ich ihm die Situation erklärt hatte, half er mir, eine Grasfläche zwischen den Schulgebäuden provisorisch einzuzäunen, und lud mich ein, die Nacht bei ihm und seiner Familie zu verbringen. Sie schlachteten ein Huhn zum Abendessen, und ich mußte sie schließlich daran hindern, ihre ganzen *kaukaus* an »Pferd« zu verfüttern.

Am nächsten Tag setzten wir unseren Weg fort. Die Berge wurden niedriger, und dazwischen breitete sich flaches, sumpfiges Gelände aus. An einem kleinen See legten wir eine kurze Pause ein, um mit einem Mädchen Zuckerrohr zu essen, dessen Gesicht mit weißen Streifen und Kreisen kunstvoll bemalt war.

Der Wind seufzte durch die hohen, schattenspendenden Kasuarinenbäume, als wir immer weiter abwärts zogen, was auf dem nassen roten Untergrund manchmal in eine Rutschpartie ausartete. Ich begegnete einer Frau, die sich Gesicht und Körper als Zeichen ihres Witwenstandes mit bläulich-weißem Lehm beschmiert hatte. Diese Lehmschicht wird ungefähr neun Monate lang am Körper behalten und – falls es sich als nötig erweist – zwischendurch erneuert. Um Hals und Schultern trug sie massenweise Ketten aus *Pitpit*-Samen, die sicherlich über zwanzig Kilo wogen. Während der Trauerzeit, so erzählte sie mir, würde eine Kette nach der anderen entfernt. Zwei ihrer Finger waren verstümmelt, an den Knöcheln abgehackt, ebenfalls ein Ausdruck der Trauer.

Nachdem ich um ein Vorgebirge herumgewandert war, eröffnete sich mir der Blick auf das Mendi-Tal. Aus dieser Höhe und Entfernung konnte ich erkennen, wie sich die Stadt Mendi um das flache Stück Land ausgebreitet hatte, das als Start- und Landebahn für Flugzeuge diente, und wie klein sich der Ort in seiner hügeligen Umgebung ausnahm.

Aus den Büchern, die ich in der Mission Kiripia gelesen hatte, wußte ich, daß vor der Gründung der Stadt Mendi sechshundert kriegerische Bauern des Mendi-Clans in dem Tal gelebt hatten. Als sie in den dreißiger Jahren entdeckt wurden, standen sie kulturell auf der Stufe der Steinzeitmenschen. Ihre Geräte und Waffen waren aus Knochen und Stein, denn sie kannten kein Metall. Ihre Entdeckung, die einigen Goldsuchern zu verdanken war, überraschte die ganze Welt, denn bis dahin hatte man angenommen, daß das Innere des Hochlandes kaum besiedelt war.

Gegen Mittag kamen wir in der heißen, staubigen Stadt an. Ich band »Pferd« vor der Post an, schickte einige Briefe nach Hause und ritt dann zu dem kleinen Informationsbüro. Als ich mich nach Karten erkundigte, zeigte man mir alle amtlichen topographischen Karten, die je von dem Gebiet angefertigt worden waren, darunter auch einige unvollständige. Eine war nichts weiter als eine Luftaufnahme, auf der verschiedene Gebiete den Vermerk trugen »unter Wolken«. Die Angestellten waren sehr hilfsbereit, besonders eine junge australische Frau mit Namen Heather Dean, die mir einen Tip gab, wo ich Hufeisen bekommen könnte. Ich durfte die Karten nachzeichnen, die noch nicht veröffentlicht worden waren, und einen ganzen Satz bereits veröffentlichter mitnehmen. Die Suche nach Hufeisen führte »Pferd« und mich zehn Kilometer außerhalb der Stadt zu einer Ranch, wo es Pferde und einen Mann geben sollte, der sich aufs Beschlagen verstand.

Als wir durch das Tor auf die Ranch ritten, erspähte uns von Ferne eine Herde wilder Pferde und kam über die Hügel auf uns zugaloppiert. Ich trieb »Pferd« zu einem leichten Galopp an, denn die Gebäude der Ranch lagen noch etwa zwei Kilometer entfernt, und ich machte mir Sorgen, daß ich meinen Hengst inmitten der wilden Pferde nur schwer würde bändigen können. Er hatte sie bereits bemerkt, und ich spürte seine Anspannung und Wachsamkeit. Als die Herde näher kam, sah ich, daß sie von einem Hengst angeführt wurde, und erkannte, daß wir die Ranchstation nicht mehr rechtzeitig erreichen würden. Deshalb zog ich die Zügel an und wechselte zum Schrittempo über. Noch bevor ich abspringen konnte, war der wilde Hengst heran und ging in Angriffsposition. Beide Hengste bäumten sich auf, wobei »Pferd« mich fast abgeworfen hätte. Ausschlagend und wilde Laute ausstoßend, stürzten sie aufeinander los und gruben ihre Zähne in den Hals des Gegners. Als sie zu einer neuen Attacke ausholten, sprang ich ab und rettete mich aus der Gefahrenzone. Ich konnte nichts weiter tun, als den wilden Hengst mit kleinen Steinen zu bewerfen, um ihn in Schach zu halten, während ich »Pferd« zu beruhigen versuchte. Er sprang aufgeregt herum, erfüllt von der Lust, zu kämpfen und die Zuchtstuten zu gewinnen. Mit weiteren Steinen bewaffnet, gelang es mir jedoch, ihn zu überreden, dem Weg zur Ranchstation zu folgen. Dort wurde ich von dem Hufschmied freundlich begrüßt. Leider hatte er aber weder Hufeisen noch Nägel, so daß wir »Pferds« Eisen nicht ausbessern, geschweige denn ihn neu beschlagen konnten. Seine »Schuhe« waren zwar noch in Ordnung, würden aber bestimmt nicht mehr lange halten. Die ganze Anstrengung schien also umsonst gewesen zu sein. Aber nicht ganz, denn der Schmied machte mich mit dem Verwalter bekannt, der mich zum Bleiben einlud. Ich bekam einen leerstehenden Bungalow, wo ich als allererstes den Holzofen anmachte, um warmes Wasser für eine Dusche zu haben. Die »Dusche« bestand zwar nur aus einem Eimer mit durchlöchertem Boden, den ich mir über den Kopf hängte, aber es war herrlich, wieder warmes Wasser auf dem Körper zu spüren.

Am nächsten Morgen sattelte ich »Pferd« und ritt nach Mendi zurück. Ich war nicht gerne in einer Stadt, in der ich niemanden kannte; es vermittelte mir ein Gefühl der Einsamkeit und Leere, wogegen mich in den Bergen und im Dschungel ein Gefühl der Zufriedenheit erfüllte. Ich war froh, daß »Pferd« bei mir war. Nun mußte ich aber erst einmal eine Unterkunft für ihn finden. Da Heather mir schon den Tip mit den Hufeisen gegeben hatte, machte es ihr vielleicht nichts aus, mir noch einmal behilflich zu sein. Sie tat noch mehr: Sie lud »Pferd« und mich zu sich ein.

Wir waren dort sehr glücklich: »Pferd« hatte den Garten zur Verfügung, doch die meiste Zeit stand er vor dem Hintereingang des Hauses und verlangte, daß der Koch sich um ihn kümmerte oder die Kinder ihn streichelten. »Pferd« liebte sie und wieherte leise, sobald jemand die Tür öffnete.

Bei den Huli-Perückenmännern

Ich war nicht der einzige Gast der Deans. Ursula Savill, eine englische Malerin, die den Auftrag hatte, in Mendis Hotel ein Wandgemälde zu malen, wohnte auch dort, und wir wurden bald gute Freunde.

Nach vier Tagen machten wir uns zum Aufbruch bereit. Wir waren ausgeruht und frisch. Nun wurde es an der Zeit, die nächste Etappe zum Tari-Becken und den Huli-Perückenmännern in Angriff zu nehmen. Die Huli-Porträts in Ursulas Kollektion hatten mein Interesse wieder aufs neue entfacht, schienen sie doch den Ruf der Hulis zu bestätigen, der am wildesten aussehende Clan des Hochlands zu sein.

Das Tari-Becken befand sich nordwestlich von uns in einer Entfernung von etwa hundert Kilometern Luftlinie, wenn auch das gebirgige Gelände den direkten Weg dorthin nicht zuließ. Von Mendi aus gab es, wie ich auf meiner Karte sah, verschiedene Wege, einer davon eine etwa sechzig Kilometer lange alte *Kiap*-Straße, die über Nipa in Richtung Tari ging, und für diese entschied ich mich.

Ich sattelte »Pferd« am Vormittag und verabschiedete mich von allen. In leichtem Galopp ritten wir zum Warenhaus, versorgten uns mit Vorräten und verließen Mendi. Die alte *Kiap*-Straße führte durch das weite Tal zum Mendi River hinunter, ging über eine Eisenbrücke, die wahrscheinlich von der australischen Armee errichtet worden war, und kletterte dann einen steilen Gebirgshang hinauf. Ein starker Wind peitschte den Staub, den »Pferds« Hufe aufwirbelten, zu Staubwolken hoch. Schwarze Wolken trieben über den Himmel und drohten mit Regen. Ich brauchte etwas Zeit, mich wieder an das Alleinsein zu gewöhnen, nachdem ich die Gesellschaft von Heather und ihren Freunden genossen hatte.

Auf einer Anhöhe hatte die Organisation »Wildlife« eine Kasuar-Farm errichtet, wo ich am Nachmittag haltmachte und für die Nacht eingeladen wurde.

Die wilden Kasuar-Vögel ganz aus der Nähe betrachten

zu können, faszinierte mich. Sobald sie mich erblickt hatten, eilten sie aggressiv auf den Maschendrahtzaun zu, stießen mit den Schnäbeln dagegen und zischten böse. Einer stieß einen merkwürdigen, kollernden Schrei der Wut aus. Es war ein riesiges, über einen Meter hohes Exemplar mit glänzenden schwarzen Federn, einem kahlen Kopf in einem Dunkelblau, das in Türkis changierte, gekrönt von einem großen grünen helmartigen Gebilde. Vom langen, kahlen, dunkelroten Hals baumelten blaue Säcke herunter. Kein Wunder, daß die Leute Angst vor den Tieren hatten. Die Farm hielt ungefähr neun Kasuare, die vom Hochland und vom Flachland stammten. Bisher war es noch nicht gelungen, aus den Eiern Küken aufzuziehen. Andrew, einer der Mitarbeiter von »Wildlife«, erzählte mir, daß die jungen, wilden Küken mit Netzen eingefangen werden, damit sie noch gezähmt werden können, ehe sie zu groß und aggressiv werden.

Die Einheimischen jagen die Vögel mit Pfeil und Bogen oder fangen sie mit Hilfe von Schlingen. Bei der »Macho«-Methode springt der Mann von hinten auf den Rücken des Kasuars und drückt den Vogel mit den Beinen nach unten auf die Erde. Das ist ein ziemlich gefährlicher Sport.

Am nächsten Morgen stand ich früh auf und sah zu, wie die Kasuare mit *kaukau* gefüttert wurden. Nach meinem eigenen Frühstück, bestehend aus *kaukau* und Dosenfisch, bekam ich von Andrews Frau ein kleines *bilum* geschenkt, das sie selbst angefertigt und mit Samen und Federn verziert hatte. Es hatte genau die richtige Größe für meine Karten, meinen Kompaß, Tabak und Messer.

In langsamem Trott arbeiteten »Pferd« und ich uns den Steilhang oberhalb des Mendi-Tals hinauf. Es war ein schwüler, verhangener Tag, aber es hatte seit vier Tagen nicht geregnet, eine angenehme Abwechslung von der ständigen Nässe.

Als wir im Bogen auf ein Dorf namens Was zuritten, stieg mir ein furchtbarer Gestank in die Nase. Ich hatte diesen ekligen Geruch schon einmal erlebt, konnte mich aber nicht mehr erinnern, was es gewesen war. Als mir zwei

Leute begegneten, fragte ich sie danach, und sie erklärten mir, daß im nächsten Dorf zwei Männer, die seit zehn Tagen tot waren, an einer waagerechten, auf zwei Pfosten ruhenden Stange festgebunden waren. Sie würden erst beerdigt werden, wenn das Problem der Entschädigung gelöst sei.

Der eine Tote war ein junger, unverheirateter Mann. Sein Dorf verlangte um die zwölftausend *kina* (etwa 31 000,– DM) von dem Clan, der ihn getötet hatte. Die andere Leiche, ein alter Mann, wurde mit viertausend *kina* (etwa 10 000,– DM) bewertet. Zusammen ergab das, wie ich fand, eine horrende Summe, die von den armen Dorfbewohnern aufgebracht werden sollte; besaßen sie doch so wenig zum Leben und noch weniger für solcherlei Handel. Die Männer versicherten mir, daß es sich ja nur um Geld handele, das man ohne Schwierigkeiten von Freunden und Verwandten leihen könne. Allmählich wurde mir klar, daß die Menschen in Papua-Neuguinea eine andere Einstellung zum Geld haben als wir. Geld hatte keinen Bezug zu den Lebenshaltungskosten, da sie für ihre selbsterrichteten Hütten und die selbstangebaute Nahrung nichts bezahlen. Alles Geld, was sie verdienen, können sie für Nebensächlichkeiten ausgeben, wie für Glücksspiele, Schweine, die einen Prestigewert haben und bis zu sechshundert *kina* (etwa 1500,– DM) kosten, oder zur Zahlung von Entschädigungen. Auch sind nicht alle Menschen dort arm. Die wirtschaftliche Entwicklung des Hochlandes zahlt sich finanziell durchaus für diejenigen aus, die bereit sind, Neues auszuprobieren, wie Kaffeeanbau, Landwirtschaft usw. Und die natürlichen Reichtümer des Landes, Gold, Silber, Kupfer, Öl und Holz, sind gerade erst erschlossen worden. Mir war das lockere Verhältnis zum Geld schon mehrmals aufgefallen, und ich kam zu dem Schluß, daß das Land wirklich reich war.

Wenn für die Toten keine Entschädigung gezahlt wurde, war Blutrache die unausweichliche Folge. In dieser Gesellschaft ist der Gedanke der Vergeltung und Wiedervergeltung eine logische Konsequenz. Viele Clans leben dicht aufeinander, und es muß eine Möglichkeit geben, schlechtes Benehmen und Mord zu verhindern. Aufgrund dieser Tradition ist jeder Clan in seiner Gesamtheit für die Handlungen seiner einzelnen Mitglieder verantwortlich; auf diese Weise werden Frieden und innere Ordnung aufrechterhalten. Sogar die Rechtsprechung akzeptiert dieses System. Ein Gericht hatte vor kurzem erst eine Entschädigungsforderung von dreihundert Schweinen bestätigt.

Der Gestank von verwesendem menschlichem Fleisch wurde immer schlimmer, je näher wir dem Dorf kamen. Ich hielt es nicht mehr aus und schlug einen anderen Weg ein. Auf einem Pfad, der sich dicht unter einem Felsvorsprung entlangzog, ritten wir in das Lai-Tal hinunter. Regen peitschte mir wieder einmal ins Gesicht, so daß wir in einem Dickicht Schutz suchen mußten. Nach einem sintflutartigen Wolkenbruch, der aber rasch vorüberging, ritten wir ins Tal hinunter und folgten dann dem Lai River.

In mehreren Dörfern waren Holz- und Steinhaufen errichtet, ein Zeichen dafür, daß ein *moka* bevorstand. *Moka* oder *tee*, wie der Brauch auch genannt wird, ist der zeremonielle Austausch von Besitztümern zwischen zwei benachbarten Clans. Bei dieser Zeremonie stellt der gastgebende Clan seine Stärke und seinen angehäuften Reichtum (Schweine, Kasuare und *Kina*-Muscheln) zur Schau und verschenkt seine Besitztümer am Schluß an den Clan, der zu Gast ist. Die Clans rivalisieren um den aufwendigsten *moka*. Wer die üppigsten Geschenke zu bieten hat, ist der Überlegene. Das Verschenken hat mit Großzügigkeit nichts zu tun, es stellt nur einen Teil ihres wirtschaftlichen Systems dar. Ein nach unseren Begriffen auf den Kopf gestelltes System: Wir messen Reichtum an dem, was wir besitzen – sie messen Reichtum an dem, was sie weggeben. Oftmals borgen die Clans von anderen, nur um reichlicher weggeben zu können. Schulden zu haben gilt als gesund, und Bankrott erhöht Status und Prestige – auf eine wunderbare Weise, die sogar Sinn macht. Wer viel borgt, erweitert seine Beziehungen, schafft sich neue Verbindungen und festigt alte Freundschaften. Jeder ist bei jedem verschuldet, was ihnen ein Gefühl der Zusammengehörigkeit und sozialen Einheit vermittelt. Jedes Geschenk bedeutet wieder eine Schuld, die beim nächsten *moka* mit Zins getilgt werden muß. Eine geniale Investitionspolitik.

Soweit ich verstanden habe, findet ein *moka* alle sieben Jahre statt und bewegt sich wie in einer Kettenreaktion durch die Berge und Täler, da jeder Clan dem einen Nachbarn gibt und von dem anderen bekommt. Wenn der *Moka*-Kreis geschlossen ist und wieder von vorn beginnt, werden die Rollen des Gebers und des Nehmers vertauscht.

Auf unserem Weg durch die Dörfer sah ich immer mehr Steine für Feuerstellen und Pfosten zum Anbinden der Schweine, und ich begegnete mehreren Männern, die unterwegs waren, um ihre Schulden einzutreiben oder neue Schulden zu machen. Parallel zum Fluß lagen sorgfältig ausgerichtete *Kaukau*-Gärten, unterteilt durch Reihen von Keulenlilien in den Farben Rot, Purpur, Grün und Gelb. Ihre langen Blätter werden besonders als *arse-grass* verwendet.

In mehreren Dörfern wurden *long-hauses* (Langhäuser) von ungefähr 90 Metern Länge errichtet, in welchen der auswärtige Clan untergebracht werden sollte. Außerhalb eines Dorfes sah ich einige verfallene *long-hauses*, die parallel zueinander standen und einen verlassenen Eindruck machten. Auf den verrutschten Strohdächern wuchsen Kletterpflanzen und Blumen, um die Häuser herum stand hohes, saftiges Gras. »Pferd« wollte stehenbleiben und fressen. Ich nahm ihm die Satteltaschen ab und ließ ihn grasen. Als ich mich in der Sonne ausruhte und den Frieden um mich herum genoß, setzte sich ein Mann zu mir. Er erzählte mir von dem bevorstehenden *moka* und daß er Schwierigkeiten hätte, die erforderliche Anzahl von Schweinen zu beschaffen. Die Verwandtschaft seiner Frau sei faul und keine große Hilfe, sein Vater rechne jedoch auf ihn, weil er dem Nachbar-Clan damit imponieren wolle, mehr Schweine als je zuvor in seinem Leben verschenkt zu haben.

Als ich von einem Dorf hörte, in dem das *moka* gerade abgehalten wurde, ritt ich dorthin. Bei meiner Ankunft war die Luft vom Quieken der Schweine und vom Reden, Lachen und Streiten der Menschen erfüllt. Ich schob mich langsam durch die Menge. Mehrere hundert Menschen hatten sich auf der freien Fläche zwischen den Hütten versammelt, und vor den Hütten waren reihenweise Holzpfosten aufgestellt, an denen empört quiekende Schweine festgebunden waren. Einige Schweine waren mit Ocker beschmiert. Die Männer trugen herrlichen Kopfschmuck aus farbenprächtigen Federn, die bei jedem Schritt vor- und zurückwippten. Um die Taille hatten sie sich breite Gürtel aus Rinde geschlungen, von denen vorn ein Lendenschurz und hinten ein Büschel Yucca-Blätter herabhingen. Einige hatten ihre Gesichter mit Holzkohle geschwärzt und die Augen rot und weiß umrandet. Andere hatten ihre Nasen mit roten und gelben Streifen verschönt.

Zum Glück galt ihre ganze Aufmerksamkeit den Schweinen, so daß sie kaum von mir Notiz nahmen. Es war sehr wohltuend, einmal nicht im Mittelpunkt zu stehen und zuschauen zu können, ohne selbst angestarrt zu werden.

Schweine spielen im Leben dieser Menschen eine wichtige Rolle, auch wenn es darum geht, Streitigkeiten beizulegen oder eine neue Frau zu kaufen. Sie werden geschätzt und geliebt, oft leben sie mit im Haus und werden gehegt und gepflegt wie Haustiere. Manchmal werden die Ferkel sogar von den Frauen an die Brust gelegt und gestillt. In der Ernährung ist Schweinefleisch dabei von untergeordneter Bedeutung, außer bei Festlichkeiten.

Nach der Inspektion der Schweine bewegte sich das *moka* langsam auf einen Höhepunkt zu. Kräftig gebaute Männer stellten sich im Halbrund gegenüber dem zu Besuch weilenden Clan auf. Mit gesetzten Bewegungen tanzten sie zu dem Schlag der Trommeln und dem kraftvollen Rhythmus ihrer Sprechgesänge. Einige Männer hielten zeremonielle Äxte oder Speere in der Hand und richteten sie auf ihre Gäste. Dann wichen sie, mit gebeugten Knien tanzend, wieder zurück und demonstrierten dabei ihre Stärke und die Geschmeidigkeit ihrer Körper. Sie marschierten in Reihen und im Gleichschritt, ein Bild der Zusammengehörigkeit ihres Clans.

Manche Frauen hatten sich mit Ocker bemalt und zeigten damit an, daß ihnen die erfolgreiche Aufzucht der Schweine zu verdanken war. Verschenkt wurden die Schweine einzeln. Die Männer gingen an ihren Tieren entlang und erklärten, laut und rasch sprechend, warum sie solche Geschenke machten. Bei jedem Schwein blieben sie stehen und riefen den Namen des neuen Besitzers, der sofort herbeistürzte, das Schwein losband und rasch damit verschwand, um noch vor Einbruch der Dunkelheit zu Hause zu sein.

Nachdem alle Schweine verschenkt waren, befanden sich nur noch wenige Gäste auf dem Platz, und schließlich ging ein jeder seines Weges.

Ich verließ das Lai-Tal mit seinen *Moka*-Festen und folgte der Straße, die auf eine Höhe von etwa tausend Metern führte und in eine einsame Hochebene mündete, wo es kein Zeichen menschlicher Behausung gab. Kilometer auf Kilometer nur lichte Wälder mit *Pandanus*-Palmen, Gänseblümchen, Heide, Adlerfarn und rotbelaubten Büschen. Es war feucht und neblig. Konische Berggipfel verschwanden hinter Wolken und wurden zu grauen Schatten, bis Wolke und Fels kaum noch auseinanderzuhalten waren.

Der schmale, steinige Weg führte über viele kleine Flüßchen. Die Holzbrücken bestanden aus zwei nebeneinanderliegenden Bäumen, auf die in weitem Abstand voneinander Querbalken gelegt waren. An den meisten Brükken mußten wir anhalten, da ich Zweige zurechtschneiden oder nach passenden Holzstücken suchen mußte, um damit die Zwischenräume auszufüllen. Erst dann konnte auch »Pferd« hinübergehen. Ich war oft versucht, es einfach drauf ankommen zu lassen, aber mein Leichtsinn konnte »Pferd« das Leben kosten, und das durfte ich nicht riskieren. Er war sehr vorsichtig und schnüffelte manchmal mißtrauisch an dem morschen Holz. Als die losen Stämme einmal unter uns ins Rollen kamen, konnte er sich gerade noch mit einem Sprung retten, aber das Hufeisen lockerte sich etwas. Wenn es irgendwie möglich war, wateten wir durch die Flüsse, aber die steilen Böschungen hinunter- und hinaufzuklettern war ein schwieriges Unterfangen und fast genauso gefährlich wie ein Ritt über die unsicheren Brücken.

Eine Gruppe junger Männer, die uns seit einer Weile gefolgt war, holte uns an einer Brücke ein und starrte »Pferd« unentwegt an, während ich die Überquerung vorbereitete. Als wir sicher am anderen Ufer waren und unsere Reise fortsetzten, folgten sie uns, wobei sie sich weniger mit mir als mit sich selbst unterhielten. Sie waren keine große Hilfe, und ihre Gesellschaft behagte mir nicht. Schließlich versuchte ich sie loszuwerden, was in dieser steinigen Wildnis ziemlich aussichtslos war. Als wir vor einer Brücke auf einen Pfad stießen, erklärten sie schließlich, daß sie nach Hause gehen würden, und verlangten mein Geld und mein *cargo* – meine Satteltaschen.

Am liebsten hätte ich »Pferd« die Fersen in die Seiten gestoßen und wäre davongaloppiert, aber nach einem raschen Blick auf die Brücke vor uns stellte ich fest, daß sie in sehr schlechtem Zustand war und wir es nicht schaffen würden. Vor Angst krampfte sich mir der Magen zusammen, als ich mir darüber klar wurde, daß ich nicht entkommen konnte. Ich holte tief Luft und bemühte mich, ruhig zu scheinen und langsam zu antworten. Ich erklärte ihnen, daß ich mit zehn *kina* aufgebrochen war, aber für ein *kina kaukau* gekauft und dann nur noch neun gehabt hätte. Ich zählte weitere angebliche Einkäufe auf, zog jedesmal den Preis ab, tat manchmal so, als ob ich mich verrechnet hätte, und diskutierte mit ihnen darüber. Ich spann diese Geschichte so lang aus, wie ich nur konnte, denn vielleicht kam ja doch noch irgend jemand des Weges. Inzwischen war ich von »Pferd« abgestiegen, hatte mein Buschmesser in die Hand genommen und begonnen, Äste für die Brücke zu sammeln, die ich an vier Stellen ausfüllen mußte. Solange ich das Messer in der Hand hatte, würden die Männer mich nicht angreifen, und »Pferd« war sicher, weil ich sie bereits gewarnt hatte, daß er wild war und bei der ersten Berührung ausschlagen und zubeißen würde.

Weit und breit kein Mensch, der mir hätte helfen können. Ich verhandelte weiter mit ihnen, bis die Brücke passierbar war. Inzwischen hatte ich den Preis auf sechzig *toea* (etwa 1,35 DM) und eine Dose Fisch gedrückt. Ich führte »Pferd« über die Brücke, aber unglücklicherweise gingen die Männer zum Angriff über, ehe ich mich auf seinen Rücken schwingen konnte. Einer schleuderte Steine auf uns, ein anderer ergriff mein *bilum*, ein dritter packte mich am Arm. Voller Angst und Wut ging ich auf sie los. Plötzlich erinnerte mich die Situation an den Vorfall mit den Kindern, die mich nicht in Ruhe gelassen hatten, und ich beschloß, es mit einem ähnlichen Trick zu versuchen. Ich setzte eine grimmige Miene auf und drohte ihnen, daß ich ihren Häuptling aufsuchen und ihm erzählen würde, wie sie sich benommen hätten und daß sie versucht hätten, mich zu bestehlen. Sie ließen sofort von mir ab, und nach langem Zögern ihrerseits und Wutausbrüchen meinerseits gaben sie mir mein *bilum* zurück. Noch während ich es in meiner Satteltasche verstaute, sprang ich in den Sattel und trieb »Pferd« an. Die Männer versuchten das Tier am Kopf zu packen, aber es machte einen Satz nach vorn, und wir galoppierten davon. Die jungen Leute rannten uns noch etwa anderthalb Kilometer nach und zwangen mich zu gefährlichen Flußdurchquerungen, wo das Wasser so tief und schlammig war, daß »Pferd« sich nur mühsam hindurchquälen konnte. Als ich sicher war, daß meine Verfolger aufgegeben hatten, wechselte ich zu einem langsameren Tempo über.

Am späten Nachmittag erreichten wir Nipa und ritten geradewegs zur Schule, wo die Lehrer mich wieder freundlich aufnahmen und ich über Nacht bleiben konnte.

Nachdem ich von dem versuchten Überfall auf mein *cargo* berichtet hatte, wandte sich das Gespräch dem *Cargo*-Kult zu, der in Papua-Neuguinea immer wieder blüht. Die berühmtesten Geschichten waren die mit Präsident Johnson, die ich schon gehört hatte, und die vom »Vailala-Wahnsinn«, der nach dem Zweiten Weltkrieg im Gebiet des Golfes von Papua-Neuguinea ausbrach. Der *Cargo*-Kult konnte sich nur deswegen entwickeln, weil die Eingeborenen beobachtet hatten, wie Flugzeuge gelandet waren und Cargo (Maschinen und Waffen) gebracht hatten. Dieses Cargo war, wie sie meinten, ohne Bezahlung verteilt worden. Die Eingeborenen glaubten, daß die Weißen bei der Lieferung von Cargo irgendeinem magischen Ritual folgten, und beschlossen, nun auch für sich Cargo zu beschaffen. Sie errichteten provisorische Büros, in denen Männer saßen und Papierstückchen weiterreichten – genauso wie sie es bei den Weißen gesehen hatten. An der Küste wurden symbolische Docks errichtet, und im Inland legten die Leute kleine, holprige Landebahnen für das erwartete Cargo aus der Luft an. Ein Kultführer behauptete, daß alles Cargo von den Ahnen Papua-Neuguineas komme und somit rechtmäßig dem Volk gehöre. Er beschuldigte die Weißen, das Cargo abzufangen und zu stehlen, und dachte sich ein Ritual aus, das das Cargo zu seinem Dorf bringen sollte.

Als das Cargo nicht kam, wurden die Leute von ihren Führern aufgefordert, ihr Vertrauen in den Kult dadurch zu demonstrieren, indem sie ihre Hütten verbrannten und ihre Schweine töteten. Dieser Aufruf blieb nicht ohne Wirkung, und schließlich war die Regierung gezwungen einzuschreiten. Sie nahm die Kultführer jedoch nicht fest, denn das hätte diese nur in ihrem Glauben bestärkt, es handle sich hier um ein Komplott des weißen Mannes. Statt dessen ließ man einige dieser Leute nach Australien kommen und zeigte ihnen, wo das Cargo herstammte und daß es mit Magie nichts zu tun hatte.

Von Nipa bis zu dem dreißig Kilometer entfernten Margarima folgten wir dem Highlands Highway. Er war größtenteils mehr Weg als Straße, aber auf diesem Abschnitt hatte er sich in metertiefen Schlamm verwandelt und war für den gesamten Verkehr gesperrt. Wir brachen früh von Nipa auf, und ich trieb »Pferd« zur Eile an, weil ich hoffte, Margarima noch vor Dunkelwerden zu erreichen. Als wir zu einer etwa zwölf Kilometer langen Schlammstrecke kamen, stieg ich ab. Der Schlamm war dick und knietief. Mehrere Male mußte »Pferd« mich aus tiefen Löchern herausziehen. Ihm gefiel der Schlamm offensichtlich auch nicht, aber zu beiden Seiten der sogenannten Straße wuchs dichter Wald, und Seitenpfade gab es auch nicht. So blieb ihm gar nichts anderes übrig, als bis zum Bauch durch den Schlamm zu waten.

Wir passierten zwei Raupenschlepper und verschiedene Lastwagen, die bis zu den Scheinwerfern eingesunken waren. Mehrere Mannschaften arbeiteten daran, sie wieder freizubekommen. Sie sahen schlimmer aus als wir.

Als wir einmal einen Fluß überqueren mußten, halfen mir ein Straßenbauingenieur und einige Arbeiter die Seiten eines stehengelassenen Lastwagens abzureißen, um damit die Brücke zu reparieren. Nachdem wir auf der anderen Seite angekommen waren, lud der Ingenieur mich ein, bei ihm in Margarima, wo er mit seinem Kollegen, einem alten Schotten, lebte, zu übernachten. Ich sagte zu, hatte aber eine sehr unruhige Nacht bei den beiden Herren der Schöpfung. Ich kochte am Abend für sie, aber sie tranken nur, und so ging ich zu Bett. Die Männer becherten weiter, und ungefähr jede Stunde kam einer von ihnen in mein Zimmer getaumelt, warf sich auf mein Bett und fragte: »Willst du jetzt Sex oder nicht?« Zum Glück waren sie nicht aggressiv und verschwanden ohne großes Theater wieder aus dem Zimmer.

Bei einem späten Frühstück mit Eiern und Speck und schottischem Porridge wurden wir wieder Freunde.

»Pferd« stand friedlich grasend in der Nähe des Hauses. Ich sattelte ihn, schüttelte den Männern zum Abschied die Hand und brach auf. Es war ein Genuß, wieder draußen in den Bergen und allein zu sein. Meiner Schätzung nach befanden wir uns auf einer Höhe von 2100 Metern. Ab und zu kamen wir an Hütten vorbei, wo ich zum erstenmal einen flüchtigen Blick auf Männer vom Clan der Huli werfen konnte, aber das waren keine Perückenmänner. Es waren aber die Perückenmänner, auf die ich schon so gespannt war. Diese Männer waren kaum geschmückt, ihre Kinder hatten aufgeblähte Bäuche, Geschwüre und Rotznasen. Sie hatten nicht das Durchhaltevermögen, lange hinter uns herzuzockeln.

Dann waren wir wieder allein. Unser Ziel war *Tari Gap*, das riesige Hochplateau zwischen den Gipfeln des Doma und dem Mount Ne, hinter dem das Tari-Becken lag. Dort hoffte ich, die Huli-Perückenmänner zu sehen. Die Luft war dünn, und »Pferd« schnaubte beim Aufwärtssteigen.

Mit einem Huli-Perückenmann. Der schulterbreite Kopfputz ist mit Strohblumen und Federn des Paradiesvogels geschmückt

Wir waren von hohen, dunklen Bergen umgeben; die langgezogenen Hänge waren ein Meer von Gras mit kleinen bewaldeten Inseln dazwischen. Da es sumpfiges Gelände war, blieben wir auf der steinigen Straße. Wir kampierten am Rand einer dieser Inseln. Die Nacht war kalt, aber trocken; in der Ferne hörte ich ein Rudel wilder Hunde und hoffte, daß sie nicht näher kamen.

Kurz nach Tagesanbruch verrieten mir rauhe Schreie, die wie »wauk-wauk-wok« klangen, daß in der Nähe Paradiesvögel auf der Balz waren. Das Geräusch kam aus dem Inneren des Waldes, und ich folgte ihm. Ein blauer Paradiesvogel produzierte sich vor einem Weibchen mit dem typischen, tristfarbenen Federkleid. Er hing mit dem Kopf nach unten, plusterte sich auf und breitete ein blaues Federkleid fächerartig aus. Er schüttelte seine Federn, so daß sie erzitterten und das Blau sich in kräuselnden Wellen auf ihnen entlangbewegte. Er gab dabei ein eigenartiges brummendes Geräusch von sich, das offensichtlich das Weibchen ermuntern sollte, näher zu kommen. Eine volle Minute wartete er regungslos ab, dann bewegte er sich mit schnellen Schritten auf das Weibchen zu und paarte sich mit ihm.

Ich kehrte zu meinem Lager zurück und fachte das Feuer für meinen Kaffee an, ehe wir uns auf den Weg machten. Wir hatten den Tag ganz für uns. Wir gingen an kleinen Bächen entlang und oben auf Uferböschungen, wo Torfmoor über steile Felsvorsprünge in die Straßengräben abtropfte. In den Tälern standen Farnbäume, deren Zweige zu Schnecken aufgerollt waren. Die Sonne brannte von einem tiefblauen Himmel auf uns herunter. Wir erreichten die auf 2700 Metern liegende Paßhöhe und begannen den Abstieg. Der dichte Wald lichtete sich allmählich. Die Bäume trugen rot-, gold- und purpurfarbene Kleider, was hier die Farben des Frühlings sind. Die Färbung des Laubes scheint hier den umgekehrten Weg zu gehen: Im Frühling ist es rötlich, und im Herbst wird es grün. Die Baumstämme waren hell und mit orangefarbenem Moos bewachsen. Wir hörten den heiseren Schrei eines Paradiesvogels, dessen lange weiße Schwanzfedern beim Flug hinter ihm herschwebten.

Eine dicke graue Wolkendecke, die sich wie ein von Berggipfeln eingerahmter See unter uns ausbreitete, verhinderte den Ausblick auf das Tari-Becken. Als wir in die Wolke eintauchten, war alles um uns herum tropfnaß, und der Nebel glich einem Nieselregen. Im Laufe des Vormittags wurde es allmählich dunkler, bis die Decke am Nachmittag in Gewitterwolken aufbrach und sich im Wind auflöste. Auf den unteren Berghängen wurde aus dem steinigen Weg eine feste rote Lehmstraße, und endlich brauchten wir uns nicht mehr Schritt für Schritt vorzutasten. »Pferd« freute sich über die Abwechslung und galoppierte mit hochgerecktem Kopf fröhlich voran.

In einem »Dorf« schnappte er sich ein paar *Kaukau*-Ableger, und einige Frauen brachten ihm rasch noch mehr, um ihm beim Fressen zusehen zu können. Während dieser Pause erhaschte ich den ersten Blick auf die Perückenmänner. Die Perücken waren schulterbreit und wie auf den Kopf gestellte Boote oder Pilze geformt und mit getrockneten gelben Gänseblümchen und Vogelfedern geschmückt. Die Gesichter der Männer wurden von dichten schwarzen Bärten eingerahmt, und ein Mann hatte sich Farnstengel durch den Bart gezogen. Sie sahen alle imposant und farbenprächtig aus.

Die Männer spielten Karten mit enorm hohen Einsätzen. Geld auf diese Art und Weise zu verwenden, schien ungeheuer populär zu sein, und ich fragte mich, ob es nicht nur eine neue Form ihres Tauschhandels geworden war.

Zwölf Kilometer vor Tari lag die Schule, und dort traf ich Moira, eine Lehrerin, eine junge Amerikanerin, mit einem Herzen aus Gold – und mit allem ausgerüstet, was ein Hufschmied braucht! Keine von uns hatte viel Erfahrung im Beschlagen, aber wir beschlossen, am nächsten Morgen einen Versuch zu machen. »Pferd« durfte auf die Weide, und mir bot Moira eine warme Dusche, Essen und am Abend einen Film in der Schule.

Es war ein amerikanischer Thriller, Moira war für den Projektor und die Zensur verantwortlich, die darin bestand, daß sie alle Sex-Szenen abdunkelte. Ich fand diese Zensur richtig, denn die Wert- und Moralvorstellungen der Einheimischen waren im allgemeinen viel höher als in den amerikanischen Filmen, und die Filme hätten sie in dem Glauben bestärken können, daß alle weißen Frauen mit jedem Mann ins Bett gingen. Vielleicht war das eine egoistische Einstellung, und die Zensur enthielt ihnen das Recht auf diese Art von Unterhaltung vor, aber für mich als Frau bedeutete ein Mangel an Zensur ein weiteres Gefahrenmoment. Ich bin mehrmals sexuell belästigt und bedroht worden, meistens in den Städten, wo der westliche Einfluß am stärksten ist. In dem spannendsten Teil des Filmes ging es um eine dramatische Rettung mit Hilfe von Drachenfliegern; alle starrten fasziniert auf die Leinwand und folgten dem Geschehen mit Furcht und Spannung. Alle – ich eingeschlossen – hatten lange keinen Film gesehen und waren daher um so empfänglicher.

Nach einem gemütlichen Frühstück am anderen Morgen holten Moira und ich »Pferd« von der Weide und versuchten das Hufeisen, das sich gelöst hatte, wieder festzumachen. Da es etwas verbogen war, schlugen wir es mit dem Hammer flach, so gut wir konnten, und feilten dann den Huf entsprechend zu. Die Nägel einzuschlagen war schon schwieriger, und wir mußten aufpassen, daß die Nägel nicht den empfindlichen Teil trafen, weil das Pferd dann gelahmt hätte. Moira und ich waren ein fabelhaftes Gespann, und wir machten unsere Sache gut.

Von der Schule aus ritt ich nach Tari, und von dort wollte ich zu Ursula, der Malerin, die ich in Mendi kennengelernt hatte. Sie lebte in der Nähe von Tari in einem Bungalow und hatte mich dorthin eingeladen. Tari war eine kleine Stadt mit einer katholischen Mission, einem *Kiap*-Büro, einem kleinen Flughafen und einigen Geschäften. Auf einem holprigen Sandweg erreichten wir nach mehreren Kilometern Piwa, eine landwirtschaftliche Station, bestehend aus ein paar Bungalows, *Kaukau*-Gärten und einer Schweineherde. In einem der Bungalows wohnte Ursula. Wir ließen uns dort häuslich nieder, und irgendwie wurde es ein Zuhause. Nicht, daß mich irgend etwas konkret an zu Hause erinnerte; beim Herumreisen ist das Gefühl, zu Hause zu sein, nichts weiter als eine bestimmte innere Verfassung, die sich oft ganz unverhofft irgendwo einstellt. Mit einem festen Punkt als Ausgangsbasis nutzte ich die Zeit dazu, die Umgebung gründlich kennenzulernen, was eine angenehme Abwechslung war. Aber meine Satteltaschen packte ich nicht weg, sondern nahm sie immer mit, um für alle Eventualitäten gewappnet zu sein und nicht beim Dunkelwerden zurückkehren zu müssen.

Das Tari-Becken war riesig und von fernen hohen Bergen umgeben. Um Piwa herum war das Land hügelig und grün, von rotsandigen Wegen und Pfaden durchschnitten. Perückenmänner besserten die Straßen mit Spaten und Grabstöcken aus und trugen dabei ihre Alltagsperücken. Der Anblick eines Pferdes überraschte die Leute, sie staunten darüber, wie groß es war und daß es Reiter und Lasten trug. Wenn »Pferd« an ihnen vorbeigaloppierte, riefen sie: »*Luk im run*« – Schau mal, wie er läuft! Viele Leute spähten hinter ihren Hütten hervor und machten vor Erstaunen den Mund auf und zu, ohne jedoch auch nur ein Wort zu sagen.

Selbst wenn wir im Schritt gingen, brachten sich die Leute eilends in Sicherheit; manchmal versteckten sie sich hinter Bäumen oder rannten in panischer Angst die Straßenböschungen hoch, wo sie sich umdrehten, um das Tier mit einer Mischung aus Unglauben, Furcht und Entzücken zu betrachten.

Als ich an einem heißen, sonnigen Nachmittag um den Höhenzug Parami herumritt, wurden wir eine Zeitlang von einem älteren Huli begleitet, der auf einer Panflöte spielte. Die leisen Töne, die er dem Instrument entlockte, ergaben keine Melodie, er setzte einfach nur das, was er sah, in Musik um. Er trug eine prachtvolle Perücke, über und über mit roten Strohblümchen und einem Stern aus metallenen Flaschenverschlüssen in der Mitte geschmückt.

Als wir nach Piwa zurückkehrten, hörte ich Trauer- und Klagegeschrei, das mich zu der Beerdigung eines jungen Mannes führte. Er war an Malaria gestorben, die in letzter Zeit schon viele Menschen in Tari dahingerafft hatte. Offenbar war die Malaria in das Tari-Becken gekommen, als der Highlands Highway über die Bergschlucht gebaut wurde und die Tsetsefliege in den dabei entstandenen Pfützen gebrütet hatte. Schöner Fortschritt!

Die Leiche war mit Schweinefett eingeschmiert, und die Trauernden hatten sich Ocker aufs Gesicht gestrichen. Im Unterschied zu der kunstvollen Gesichtsbemalung wurde das Ocker bei Beerdigungen zum Zeichen der Trauer einfach nur verschmiert. Sie begruben den Körper in einem

Grab, das zum Schutz von einem knapp zwei Meter tiefen Graben eingefaßt war, und steckten zugespitzte Holzstücke um das Grab herum. Traditionsgemäß wurde der Körper nach ein, zwei Jahren wieder ausgegraben, wenn nur noch die Knochen übrig waren, und die Knochen wurden auf das Land des Toten zurückgebracht.

Wir konnten die Totenklage von Ursulas Bungalow aus die ganze Nacht hindurch hören; es war ein jammervoller, unablässig wiederholter O-Laut mit einzelnen schrillen Heultönen.

An einem Tag verirrte ich mich etwas, aber das war nicht weiter schlimm. Gegen Mittag legten wir auf einer mit Gras bewachsenen Uferböschung eine Pause ein. Ich schwamm beziehungsweise lag in dem schnell dahinströmenden Wasser, wobei mir ein Felsen als Anker diente, und kam mir vor wie Schilfgras, das sich im Wasser wiegt. Es war ein glühend heißer Tag, das Wasser war eiskalt, und Eisvögel tauchten nach Fischen.

Tags darauf packte ich mir Proviant ein, und dann brachen wir zum nördlichen Teil des Tari-Beckens auf. An der Mission Hoyabia trank ich meinen Morgenkaffee, und draußen in den Hügeln machte ich halt, um drei Perückenmänner beim Schnitzen von Panflöten aus Bambus zu beobachten. Sie verwendeten dazu Bambusröhren von ungefähr einem Zentimeter Durchmesser, schnitten sie verschieden lang zurecht und banden dann sieben Röhren mit Schnüren aus Baumrinde zusammen. Sie erklärten, daß solch eine Panflöte zur Grundausrüstung eines Mannes gehöre. Er trage sie immer bei sich und spiele von Zeit zu Zeit darauf, wenn er herumstreife. Oft benutzten die Männer sie auch, um in einer schwierigen Situation Zeit zum Nachdenken zu gewinnen. Der beste Musiker probierte die neuen Flöten aus, korrigierte die Längen, bis sie die gewünschten Töne hervorbrachten und zusammen eine Art von Harmonie ergaben. Er trug eine einfache Perücke, die am Rand mit Wollfäden besetzt und vorne mit den ausgebreiteten Flügeln eines Papageis verziert war. Nach typischer Huli-Art trug er hinten *arse-grass* und vorne einen Lendenschurz aus Faserfransen. In seiner Armbinde steckte ein Dolch aus Kasuarknochen, und auf seinem Rücken hing der lange Schnabel eines Nashornvogels. Als er die Flöten spielte, verschmolzen die Töne mit dem Summen der Bienen und dem Wind, der durch das hohe Gras rauschte.

Die Straße führte uns über Hügelketten zu dem kleinen Dorf Tibiribi, wo nach Auskunft der Flötenbauer ein *pig*- und *cow-kill* stattfinden sollte. Bei meiner Ankunft war das Schlachten vorbei, und einige alte verwitterte Perückenmänner fingen gerade an, einer Kuh die Haut abzuziehen und drei Schweine für den Erdofen vorzubereiten. Andere Perückenmänner legten die Grube mit heißen Steinen aus, die sie mit riesigen Holzzangen aus dem Feuer holten. Zuunterst in die Grube kamen große Stücke Fleisch und darauf Schichten von *kaukau* und Grüngemüse. Die Grube wurde mit festgedrückter Erde abgedichtet, um den Dampf am Entweichen zu hindern. Viele Männer hatten auf die Nasenspitze und um die Augen herum rote Farbe aufgetragen, was ihnen ein furchterregendes und groteskes Aussehen verlieh – was wahrscheinlich in ihrer Absicht lag. Ein Mann hatte sich von oben bis unten mit Handabdrücken aus weißem Lehm verziert. Einige unangenehme junge Burschen aus Tari hatten Bier mitgebracht, und als sie betrunken wurden, hielt ich es für besser, mich aus dem Staube zu machen. Das war eine kluge Entscheidung, denn sie rannten einige Kilometer hinter mir und »Pferd« her und versuchten uns einzuholen. Ihr Durchhaltevermögen überraschte mich, aber schließlich gaben sie auf.

Mein Aufenthalt in Piwa ersparte mir die tägliche zeitraubende Suche nach einem Lagerplatz oder einem Dorf, wo ich die Nacht verbringen konnte. Ich genoß das Gefühl, im Moment ein Zuhause zu haben und in der Abenddämmerung zu jemandem zurückzukommen. Wenn wir abends in leichtem Galopp nach Piwa zurückkehrten, fühlte ich mich innerlich zufrieden und vollkommen glücklich. Zu Hause führte ich »Pferd« auf ein dichtbewachsenes Feld und schaute Ursula dabei zu, wie sie ihn mit einem Eimer *kaukau* verwöhnte. Dann gingen wir nach drinnen, plauderten über die Ereignisse des Tages, zündeten den Holzofen an und begannen Essen zu kochen. Danach hörten wir Musik, oder ich konzentrierte mich auf mein Schreiben, während Ursula Porträts von Perückenmännern malte.

»Pferd« und die »Pferde-Dame« – wie ich inzwischen genannt wurde – besuchten Tari mehrere Male. Der dortige *kiap* war ein Engländer mit Namen Ben Probert, der zwölf Jahre in Papua-Neuguinea verbracht und auf vielen Fußmärschen das Tari-Gebiet durchstreift hatte. Sein Rat und seine Informationen leisteten mir ungeheure Dienste. Ein anderer Anziehungspunkt in Tari war die Bäckerei! Eine der katholischen Schwestern hatte einem Huli das Brotbacken beigebracht, und nun verkaufte er direkt vom Ofen weg. Ich brachte es nie fertig, an dieser Bäckerei vorbeizugehen. Unsere Nahrungsmittel kauften wir gewöhnlich auf dem Markt ein, wo die Menschen zusammenströmten, um »Pferd« anzusehen. Besonderes Vergnügen bereiteten ihnen seine Versuche, an dem Zuckerrohr zu knabbern, das ich auf die Satteltaschen geschnallt hatte.

Ausflüge, die mich aus dem Tari-Becken hinausführten, machte ich kaum. Ich hielt mich am liebsten im »Lande der Perückenmänner« auf.

Das tägliche Make-up gehörte zu den Dingen, die ich ganz vergessen hatte, bis ich einem jungen Huli in einem Dorf in der Nähe von Piwa bei der Gesichtsbemalung zusah. Wir saßen in der frühen Morgensonne vor einigen Hütten im Schutze eines Kampftores. Assistiert von einem ergrauten Alten, legte der Huli zuerst eine Schicht Schweinefett auf. Dann rührte der alte Mann gelbes Ocker an und trug die Farbe mit einer Bürste aus Schilffasern auf die obere Gesichtshälfte des jungen Mannes auf. Die Augen wurden mit roter Farbe dick ummalt. Das war ein himmelweiter Unterschied zu der beigen Grundierungscreme und dem Rouge, das ich für mein Make-up verwendet hatte.

Anschließend malte der alte Mann um Nase und Kinn Muster aus Punkten. Die Hulis betreiben das Bemalen ihrer Gesichter wie eine Kunst und demonstrieren damit ihr körperliches und seelisches Wohlbefinden – wie die Frauen in unserer Gesellschaft. Die Frauen des Hochlandes bemalen ihr Gesicht manchmal auch, doch hauptsächlich nur dann, wenn sie sich im heiratsfähigen Alter befinden. Die Kunst des Schminkens wird in erster Linie von Männern ausgeübt. Die Männer des Hochlandes stellen nichts her, was einen künstlerischen Wert hätte. Es scheint, als ob ihre ganze Kreativität sich auf die eigene Verschönerung richtet.

Die Gesichtsbemalung ist nicht nur Ausdruck von Wohlbefinden, sondern dient auch einem dekorativen Symbolismus, um Nachrichten, Ideen und Gefühle zu übermitteln. Manche Muster und Dekorationen – *bilas* – weisen auf neue Verbindungen oder frische Todesfälle hin, und ein Experte kann anhand des Clan-Musters sagen, aus welchem Dorf der Betreffende stammt.

Der alte Mann vollendete sein Werk. Die gepunkteten Linien verliefen jetzt um die Augen und entlang der Nase des jungen Huli, und auf seinem Kinn leuchteten blaue Tupfen auf weißem Ocker. Bei dem Gedanken, wie sehr wir uns um ein »natürliches Aussehen« bemühen, mußte ich lachen. Sie lieben dramatische Effekte und leuchtende Farbkombinationen, denen sie die Fähigkeit zuschreiben, Reichtum anzulocken. Vor allem die Farbe Rot bringt, wie sie glauben, Reichtum, Schweine und Frauen. Die Gesichtsbemalung wird nachts nicht abgewaschen, sondern bleibt so lange drauf, bis sie nach mehreren Tagen von alleine abgeht.

Ich fragte den alten Krieger auf Pidgin, ob er seine eigenen Farben herstelle, und er erwiderte, daß die meisten Leute immer noch alles selbst machten, obwohl es schon Farben zu kaufen gebe. Weißen, blauen und gelben Lehm gibt es an bestimmten Uferböschungen. Er wird getrocknet und dann zu Puder zerstoßen. Roter Lehm wird zur Stärkung seiner Leuchtkraft einer Spezialbehandlung unterzogen: Er wird in Blätter eingewickelt und langsam über einem Feuer erhitzt. Vor dem Gebrauch werden die Puder mit Wasser oder Schweinefett und mit der Milch von Frauen vermischt.

Bei festlichen Zusammenkünften wie *sing-sings*, bei Kämpfen oder *pig-kills* dient das *bilas* dazu, die richtige Stimmung zu erzeugen und die Einheit und den Wohlstand des Clans zu demonstrieren. Es stellt keine Tarnung dar, wie in Kulturen, die z. B. Masken verwenden, und ist nicht nur besonderen Gelegenheiten vorbehalten. *Bilas* gehört zum Alltag, besonders in Tari, wo ein Mann mit Selbstachtung sich nicht gerne ohne irgendeine Form von Bemalung zeigt. Es hatte eine Zeit gegeben, wo es mir ebenso gegangen war und ich mich nicht gern ohne Make-up sehen ließ, aber ich glaube, ich benutzte es mehr als eine Maske, hinter der ich mich verstecken konnte.

Der Morgennebel stieg auf und trieb über die Täler auf die Berggipfel zu. Vor den strohbedeckten Hütten hinter uns stieg Rauch auf, als die Frauen Feuer machten und das Dorf langsam zum Leben erwachte. Nachdem der junge Mann seine Gesichtsbemalung in einer Spiegelscherbe geprüft und für gut befunden hatte, wandte er sich seiner Perücke zu. Es war die typische, ausladende, pilzähnliche Perücke, die innen von einem Gestell aus Bambusrohr zusammengehalten wurde; eine komplette Einheit, die er wie einen Hut auf dem Kopf trug.

Jungen dürfen Perücken erst ab ihrer Initiationszeit tragen, wenn sie auch die Bedeutung der Muster erlernen. Die erste Perücke stellen sie aus eigenem Haar her; bestimmte männliche Verwandte steuern oft etwas bei. Sie heften Haarsträhnen mit einem Faden aus Rinde an das Bambusrohrgestell, wozu sie eine Nadel aus Knochen oder ein kleines Stöckchen wie eine Stricknadel benutzen. Baumharz oder Schweinefett dient als Festiger.

Die Perücke dieses jungen Mannes war mit getrockneten gelben Gänseblümchen und dem oberen Schnabelteil eines Nashornvogels geschmückt. Zum Schluß steckte er eine weiße Feder hinein und schob sich noch einige Moosflechten durch den Bart. Dann stand er auf, ordnete das Grasbüschel, das von seiner Taille herunterhing, und machte sich – für den neuen Tag gerüstet – auf den Weg.

Auch für mich wurde es Zeit, der Zukunft ins Auge zu blicken. Mein Aufenthalt im Tari-Becken hatte lange genug gedauert – ich beschloß, die Provinz des südlichen

Hochlandes zu verlassen und weiterzuziehen, um einige neue Gegenden kennenzulernen. Ich wollte in die Enga-Provinz, ein verhältnismäßig unruhiges Gebiet, bekannt für seine zerklüfteten Berge und seine kriegerischen Bewohner, die Angehörigen des Enga-Clans. Ursula erzählte mir, daß dort vor kurzem Zwiste zwischen den Clans ausgebrochen seien, und bat mich dringend, äußerst vorsichtig zu sein.

Die Stammesfehden der Enga

Der Abschied von Ursula stimmte mich traurig. Nachdem ich »Pferd« gesattelt hatte, brachen wir auf. In den Dörfern, die wir passierten, saßen Perückenmänner und spielten Karten. An einer unvorstellbar häßlichen Kirche im pseudogotischen Stil, die mit einem unnatürlichen Pastellgrün bemalt war, wandten wir uns in Richtung Osten. Neben der weißen Kalksteinstraße plätscherten klare Bäche und wuchsen Büsche mit malvenfarbenen Blüten. Eine Gruppe barbusiger Frauen in Grasröcken, mit Babys und Ferkeln im Arm, holte mich ein. Ich freute mich über ihre Gesellschaft, und wir unterhielten uns fröhlich über eine bevorstehende Hochzeit, bis ein Haufen Kinder sich der Parade anschloß, und der Lärm überhandnahm.

»Pferd« und ich trennten uns von ihnen und legten auf einer Bergschulter, die das Tari-Becken überblickte, eine Rast ein. Eine kleine Rauchwolke stieg senkrecht in die Stille auf; es war nichts weiter zu hören als eine Kirchenglocke, ein Wasserfall, Bienen, die nach Nektar suchten, der Wind, der in den Bäumen raschelte, und »Pferd«, der Gras mampfte. Über uns hingen Gewitterwolken und streiften die Wipfel des Waldes. Es fielen ein paar Regentropfen, doch zum Glück wurde daraus kein Sturm. Später ging es durch einen Wald und dann durch sumpfiges Grasland mit vielen kleinen baumbestandenen Inseln. Es war spät, und die Sonne ging bereits unter, als wir auf einen schwammigen Pfad zu einer Insel abbogen, um dort unser Lager aufzuschlagen. Ich versuchte immer, das Lager so unsichtbar wie nur möglich zu machen, um nachts keine Aufmerksamkeit zu erregen; es war zwar ziemlich unwahrscheinlich, daß jemand vorbeikommen würde, denn selbst Jäger haben normalerweise Angst vor der Dunkelheit. Trotzdem betrachtete ich es als eine Vorsichtsmaßnahme. »Pferd« hatte ich ganz in meiner Nähe angebunden. Er mampfte glücklich an seinen *kaukaus*. Hier gab es keine Weide, und das Land war zu sumpfig für ihn, um frei herumlaufen zu können. Das Geräusch eines Wasserfalls zog mich an, und ich setzte mich neben die rauschenden Kaskaden und beobachtete den Sonnenuntergang.

Kurz nachdem die Sonne am Horizont verschwunden war, stand ein voller Mond am Himmel. In dieser Höhe war die Luft so klar, daß man noch bei Mondschein lesen konnte. Die Nacht war kalt, aber mein Schlafsack war warm. »Pferd« schlief dicht neben meiner Hängematte, und manchmal weckte mich sein warmer Atem auf meinem Gesicht, wenn er mir mit seinem Maul darüberstrich.

Gegen Morgen erwachte ich durch das Gebell wilder Hunde, die immer näher kamen. Als sie uns sahen, blieben sie stehen und starrten uns an. Ihre Hälse waren länger und dicker als die von Haushunden, ihre Ohren kapuzenförmig. Sie waren hellbraun und hatten borstige, fuchsähnliche Schwänze mit einer weißen Spitze. Nach einigen spannungsgeladenen Minuten drehten sie sich um und rannten weg.

Kurz nach der Dämmerung machten »Pferd« und ich uns auf den Weg. Mir gefiel diese Gegend sehr gut, teils wegen ihrer Trostlosigkeit und der einsamen, langgezogenen Hänge, teils deswegen, weil es hier keine Menschen oder Zeichen menschlicher Behausungen gab. Sie vermittelte mir ein ungeheures Gefühl der Freiheit, daß ich mich nicht als Person identifizieren oder mich irgend jemandem gegenüber rechtfertigen mußte; hier war ich ein Teil von Himmel und Erde.

Da ich meine Wasserflasche auffüllen mußte, ließ ich »Pferd« weiden und begab mich zu einem kleinen Bach. Plötzlich gab der Boden unter mir nach, und ich stand bis zu den Knien im Sumpf und sank immer tiefer hinein. Ich blickte mich suchend nach etwas um, an dem ich mich festhalten konnte, und bekam schließlich ein Grasbüschel zu fassen, nachdem ich mich mit großer Anstrengung nach vorn gelehnt hatte. Inzwischen war ich bis zu den Oberschenkeln eingesunken. Panik stieg in mir auf, als mir klar wurde, wie absolut allein ich war und daß mir niemand zu Hilfe kommen würde, wenn ich in ernsthafte Schwierigkeiten geriet. Aber der Gedanke, in einem Sumpf mein Leben zu beenden, kam mir plötzlich geradezu absurd vor, und nach einiger Anstrengung gelang es mir, auf dem Bauch herauszukriechen. Zum Glück hatte ich meine Wasserflasche nicht eingebüßt, aber ich war vollkommen verdreckt und mußte meine Kleider waschen. Dann benutzte ich »Pferd« als Wäscheständer und breitete sie zum Trocknen auf seinem Rücken aus.

Unser Weg führte uns nach Margarima hinunter, und dann folgten wir der alten Straße nach Kandep, die durch hügeliges Gelände mit gelbem Lehm und hohem *Pitpit*-Gras in Richtung Norden führte. Unterwegs kamen wir durch ein Dorf, das ein kleines *sing-sing* vorbereitete, und ich hielt an, um zuzusehen. Einige Mädchen waren mit ihrem *bilas* beschäftigt und zeigten mir stolz ihre Ketten aus künstlichen Perlen und ihren verschiedenartigen Muschelschmuck. Muscheln gelangten seit undenklichen Zeiten über die uralten Handelswege zu den Hochländern: große Cowrie-Muscheln, die *koma koma,* und kleine, die *giri giri,* winzige runde *tambus,* Perlmutt und die *Kina*-Muscheln, die am meisten geschätzt wurden.

Als die *Kina*-Muscheln vor der Einführung des Geldes noch Zahlungsmittel waren, betrug deren Wert etwa achtzig Mark. Aber als die Missionare kamen, brachten sie Hunderte von Muscheln mit und überschwemmten damit den Markt, so daß ihr Wert auf etwa die Hälfte sank. Sie werden heute noch als Teil des Brautpreises verwendet. Im Leben einer Frau, so wurde mir erzählt, wechseln *Kina*-Muscheln dreimal den Besitzer: bei der Geburt, bei der Hochzeit und beim Tod.

An eine der Hütten war ein Schwein angebunden, das mit weißen Ockerstreifen bemalt war. Eines der Mädchen erklärte mir, daß das Schwein ihrer Mutter gehöre, aber bei diesem *sing-sing* noch nicht verspeist werden würde. Die Streifen waren Teil eines Zaubers, der sichtbare Ausdruck für den Wunsch der Mutter, daß das Schwein an den bezeichneten Stellen tüchtig ansetzen möge.

Die Schweine für den *mumu* wurden geschlachtet, und ein Teil des Fleisches wurde in großen Stücken an die Besucher verteilt, die es in ihren *bilums* verstauten, um es bei

Auch Sepik-Frauen schmücken sich mit den Muscheln aus ihrem Braut-preis

der Rückkehr in ihr Heimatdorf an Verwandte und Freunde weiterzuverteilen. Das verpflichtete sie, sich mit weiteren Festen zu revanchieren.

Neben dem leeren Erdofen saßen Männer mit ockergelbem Haar, flachen Hüten aus Farn oder Kappen aus Moos und Vogelfedern; mehrere Männer rauchten Bambuspfeifen mit etwas Tabak darin. Da das *sing-sing* erst in einigen Stunden anfangen sollte, setzten »Pferd« und ich unseren Weg fort.

Die sanften Hügel wurden steiler, als das Gelände zum Margarima River abfiel. Vor uns lag eine alte Holzbrücke, die nicht nur in der Mitte durchhing, sondern mehr als siebzig Prozent ihrer Querbalken eingebüßt hatte. Die noch vorhandenen hatten sich in alle Richtungen verschoben. Ich nahm die Satteltaschen ab und trug sie über die Brücke. Während ich wieder zurückging, bereitete ich mich innerlich auf die unvermeidbare Flußdurchquerung vor. Der Fluß war tief, eiskalt und hatte eine starke Strömung, so daß wir kräftig schwimmen mußten, um auf die andere Seite zu gelangen. Zum Glück war das Wasser kristallklar, so daß wir die Felsen genau erkennen und um sie herumschwimmen konnten. Auf der grasbewachsenen Uferböschung ruhten wir uns aus und ließen uns von der Sonne trocknen. Weitere Brücken erwarteten uns, die meisten waren klein, fast alle morsch und deshalb nichts für »Pferd«. Je nach Breite der Wasserläufe sprangen wir hinüber oder wateten hindurch.

Wir ließen die Flüsse hinter uns, stiegen durch eine unwirtliche Gebirgswelt hinauf und erreichten die Provinz Enga. Dort ritt ich zunächst nach Norden und bog dann in östlicher Richtung ab, wobei ich an kleinen Dörfchen, Schulen und Missionen haltmachte. In einem Dorf errichteten die Leute gerade ein neues Langhaus. Ein älterer Mann erzählte mir, daß diese Häuser für sieben Jahre gebaut werden. Während dieser Zeit werden in festgelegtem Rhythmus *sing-sings* veranstaltet, und am Ende dieser Periode werden sie bei einem riesigen Fest niedergebrannt. Danach beginnt man mit dem Bau eines neuen Hauses.

Ich hörte den alten Männern in den Dörfern gerne zu und fühlte mich geehrt, daß sie mir ihre Zeit schenkten und mich an ihrem Brauchtum und ihrer Geschichte teilnehmen ließen. Es gab allerdings ein Problem: Ihre Auskünfte

Im Grenzgebiet der Enga und der Mendi

waren nicht unbedingt korrekt, und da ich kein Anthropologe bin, konnte ich nicht beurteilen, wieweit sie stimmten. Auch mußte ich berücksichtigen, daß die Leute eine Frage oft mit »Ja« beantworteten, wenn sie sie nicht verstanden hatten oder mir aus Höflichkeit nicht widersprechen wollten. Manchmal stellte ich fest, daß ihre Informationen in keinem Buch und keinem Zeitungsartikel erwähnt waren oder sich von den dort enthaltenen Angaben stark unterschieden. Aber ich glaube nicht, daß sie deswegen automatisch falsch waren. Ich konnte nichts weiter tun, als sie so gründlich wie möglich zu überprüfen. Zweifellos kam es auch vor, daß ich etwas mißverstand oder durcheinanderbrachte.

Die alte *Kiap*-Straße führte uns in ein von Bergen umgebenes Sumpfbecken, dessen weite Fläche mit fedrigem *Kunai*-Gas bewachsen und von kleinen Seen unterbrochen war. Schwärme von Wildgänsen flatterten bei dem Geräusch der Hufschläge auf und ergriffen die Flucht. Kalte Regenböen peitschten über das schutzlos daliegende Land und ließen mich in meinem Anorak vor Kälte zittern. Nach ein paar nassen, kalten Stunden an einem See entlang kamen wir zu einem Damm. Die Überquerung dauerte drei entsetzlich lange Stunden, und als wir es schließlich geschafft hatten, war es bereits finster. Wir gingen im Dunkeln weiter, bis wir zu einer apostolischen Missionsstation in der Nähe von Kandep kamen.

Die Mission wurde von einem netten australischen Ehepaar geführt, das mir Wärme und Trost, eine gute Mahlzeit und ein weiches Bett gab. Sie erzählten mir, daß der Damm vor einigen Monaten anderthalb Meter unter Wasser gestanden hatte.

Die Missionare in Papua-Neuguinea waren unterschiedlichster Art. Diejenigen, die ich bis dahin kennengelernt hatte, waren alle sehr nett und rücksichtsvoll gewesen, aber ich hatte höchst eigenartige Gerüchte über die Arbeit und die Lehrmethoden mancher Missionare gehört. Ein Bericht, der sich mit den Übeltaten von Missionaren befaßte, war so negativ ausgefallen, daß er in Papua-Neuguinea nicht veröffentlicht wurde. Viele Probleme waren wohl durch Übereifrige und Weltverbesserer entstanden, die zwar großen religiösen Eifer, aber wenig Einfühlungsvermögen besaßen. Die Organisation, die am häufigsten Kritik erregte, war die Asian-Pacific Christian Mission. Deren Missionare hielten es offenbar für ihre Pflicht, den Leuten zu sagen, daß sie wie Barbaren lebten und daß ihr traditioneller Glaube reine Teufelsanbetung sei. Sie hielten die Stämme des Flachlands davon ab, Statuen zu schnitzen, mit der Begründung, daß sie dadurch Gott vergessen und Götzenverehrung betreiben würden. Das Tanzen – besonders sexuelle Tänze – wurde verboten, da es mit einem christlichen Lebenswandel als unvereinbar galt. Sie lehrten die Menschen, sich ihrer Traditionen, ihrer Kultur und ihrer Nacktheit zu schämen. Ein junges Mädchen sagte einmal zu mir: »Du kannst sehen, daß ich Christin bin, denn ich trage christliche Kleider.« Statt des traditionellen sauberen Grasrocks trug sie nun ein zerrissenes, schmutziges europäisches Kleid.

Trotz der Anstrengungen des Vortages zog ich am nächsten Morgen wieder weiter. Ich fühlte mich topfit. Die Sonne schien, und der beißend kalte Wind konnte uns nichts anhaben. Ich blickte auf meine Karte hinunter und sah die Höhenlinien der Berge und blickte wieder hoch, um sie in einer Vergrößerung von einer Viertelmillion um mich herum aufsteigen zu sehen. In dieser Landschaft aus weißem Kalkstein, zerklüfteten Felsen und Sumpflöchern sah ich mich als beweglichen Punkt, während ich an rotblättrigen Buchen, kastanienbraunem, fedrigem *Pitpit*-Gras und einem Meer von Lupinen mit violetten und weißen Blüten vorbeiritt. Der Weg bestand aus Lehm, dessen Entwicklungsgeschichte sich in seinen Farben – von Ockergelb zu Rosa, von Ziegelrot zu Orange und Gelb – spiegelte und von der Hitze und den vulkanischen Aktivitäten vor Jahrmillionen zeugte. Als ich so gedankenvoll auf »Pferd« dahingaloppierte, hatte ich plötzlich das Gefühl, daß ich wieder einmal etwas Neues ausprobieren müßte. Ich war immerhin schon eine lange Weile per Roß unterwegs. Natürlich hätte ich trotz mancher Schwierigkeiten das Hochland nicht auf andere Art und Weise kennenlernen wollen, und wenn ich auch manchmal schimpfte, so wußte ich doch, daß ich die richtige Entscheidung getroffen hatte, als ich mit »Pferd« loszog. Ohne seine starken Beine hätte ich diese Reise nicht machen können, und ohne seine Gesellschaft wäre sie nur halb so schön gewesen.

Wenn eine Reise sich zu einfach gestaltet, verliert sie oft an Bedeutung. Das Risiko und das Unbekannte reizen. Nicht zu wissen, was mich an der nächsten Ecke erwartet, das ist es, was mich weiterlockt – der Aufbruch zu immer wieder neuen Horizonten. Auf diese Weise bekommt das Unerwartete den Charakter des Normalen, und ich habe gelernt, mich darüber zu freuen, daß kein Tag vorherzusehen ist.

An einem Dorfmarkt machten wir halt, weil ich *kaukau* kaufen wollte. Es war ein Fehler, »Pferd« mit auf den Markt zu nehmen. All diese frischen *Kaukau*-Knollen, die in wohlgeordneten kleinen Häufchen auf der Erde lagen, waren zuviel für ihn, und er geriet förmlich aus dem Häuschen. Er stürzte vorwärts, schleuderte sie nach rechts und links und biß so viele an, wie er nur konnte. Die Leute schrien und rannten weg, um sich zu verstecken. Als wieder Ruhe eingekehrt war, kaufte ich alle in Mitleidenschaft gezogenen *kaukau* und noch einige dazu. Ich war froh, daß ich so viele kaufen konnte, da »Pferd« sie so gern fraß.

Auf unserem Weg begegneten uns hin und wieder Engas. Die Männer trugen Bärte und hatten *Kina*-Muscheln um den Hals, während sie sich um ihre stämmigen braunen Körper bereits Gürtel aus Rinde geschlungen hatten, von denen vorn ein Lendenschurz und hinten ein Büschel von Blättern herunterhing. Die Frauen hatten sich Nase und Stirn mit Linien und Punkten tätowiert. Sobald sie uns erblickten, stießen sie in ihrer Aufregung immer wieder das gleiche Wort aus: *tua*. Ich hatte es so oft gehört, daß ich schließlich fragte, was es bedeutete. Sie übersetzten es mit *sie ist* oder *sie kommt*.

Vor uns lag ein Paß von 3000 Metern Höhe. Langsam erklommen wir die hohe Bergkette, die die Grenze zwischen den Enga- und den Mendi-Clans und gleichzeitig zwischen Papua und Neuguinea bildet. Manchmal legten wir eine Ruhepause ein, und von einem Rastplatz aus sah ich, wie sich unten in einem Tal etwas sehr schnell bewegte. Da der Wind aus der entgegengesetzten Richtung kam und ich nicht hören konnte, was es mit all dem Lärm auf sich hatte, ging ich ein Stück zurück. Beim Näherkommen vernahm ich Rufen, Singen, Schreien und gelegentliche Kampfrufe, wenn ich auch immer noch nichts sehen konnte. Nachdem wir einen Hügel umrundet hatten, befanden wir uns auf einem Vorsprung, von dem aus man in das Tal blicken konnte. Und von dort bot sich mir ein erstaunlicher Anblick.

Dort unten fand ein Kampf mit Pfeil und Bogen statt. Zwei Gruppen von Männern standen sich an den Enden des Tales gegenüber, während in der Mitte Gestalten mit Pfeil und Bogen kreuz und quer durcheinanderrannten. Offenbar gab es eine unsichtbare Kampflinie, zu der die Krieger vorstürmten, um sich Beleidigungen an den Kopf zu werfen und ein paar Pfeile abzuschießen. Treffsicherheit schien nicht ihre Stärke zu sein. Ich sah jedenfalls niemanden, der ernsthaft verletzt worden wäre, wenn auch ein Mann einen Pfeil in den Hintern bekam, als er weglief. Inzwischen war mir klargeworden, daß es sich bei den beiden Stämmen um Engas und Mendis handelte. Die Mendis, die sich weniger weit von mir weg befanden, erkannte ich an den breiten weißen oder gelben Streifen, die sie sich um die Augen gemalt hatten und die den Eindruck von Masken erweckten. Obwohl ihre Gegner zu weit weg waren, um sie erkennen zu können, mußten es Engas sein, denn wir befanden uns in ihrem Gebiet. Die Sonne schien, und die Kämpfenden jagten, aufgeregte Schreie ausstoßend, in kleinen Gruppen vom jeweiligen Talende nach vorn und legten, von einem Bein aufs andere hüpfend, den Pfeil an. Ich bemerkte, daß sich die Mendi-Krieger an der Kampflinie nicht einmal die Zeit zum Zielen nahmen, sondern einfach ihre Pfeile abschossen und dann den Rückzug antraten. Sie rannten an das Talende zurück und gesellten sich wieder zu dem lärmenden Haufen ihrer Kameraden, die sich weit vom Schuß befanden.

Dem Geheul, Geschrei und den Beschimpfungen folgte noch eine besondere Beleidigung, als einige Enga-Krieger in den Kampfbereich liefen, sich umdrehten und dem Mendi-Clan ihren Hintern entgegenstreckten. Nun kamen noch mehr Engas nach vorn gestürmt und schossen eine Salve von Pfeilen ab, die ihre Gegner nur knapp verfehlten.

Plötzlich begann es zu regnen. Der Kampf wurde eingestellt, denn keiner war darauf erpicht, sein Federkleid naß werden zu lassen. Sie legten ihren Schmuck ab und eilten in ihre Dörfer zurück – der Kampf würde bei anderer Gelegenheit wiederaufgenommen werden. Ich weiß nicht, wie lange er gedauert hatte, da ich erst später hinzugekommen war, aber ich hatte ungefähr eine halbe Stunde zugesehen. Es war ein aufregendes Erlebnis gewesen, und ich freute mich, daß ich das Glück gehabt hatte, so ein Ereignis beobachten zu können.

Stammesfehden waren im Hochland nichts Ungewöhnliches, es war Brauch, und sie folgten formellen Regeln, ähnlich wie es im Sport der Fall ist. Es passierte selten, daß Menschen dabei getötet wurden; Kämpfe finden statt, weil ein Clan Schweine gestohlen hat, weil ein Mord geschah oder jemand durch Unfall getötet worden ist, immer wenn etwas gesühnt werden sollte. Vor dem Kampf konstituiert sich ein Kriegsrat, um Ort und Zeit des Kampfes zu bestimmen. Dieser Rat besteht aus Ältesten und Führern, wobei das Stammesoberhaupt ausgeschlossen ist, weil es der Regierung gegenüber verantwortlich ist, die solche Kämpfe für ungesetzlich erklärt hat. Der Kampf beginnt erst, wenn beide Seiten dazu bereit sind. Als vor kurzem unter den Engas Streitigkeiten ausgebrochen waren, hatte die Regierung Hubschrauber und Tränengas eingesetzt, aber die Krieger behaupteten, daß sie die Hubschrauber mit Pfeilen ferngehalten hätten.

Je größer der Kampf, desto mehr *bilas* und Schmuck tragen die Krieger. Bei dem Kampf, den ich beobachtet hatte, handelte es sich offenbar nur um eine kleinere Auseinandersetzung, da die Krieger nicht besonders geschmückt waren.

Wenn es bei einem Kampf Tote gibt, tanzen die Sieger einen Siegestanz, während die Verlierer weggehen, um ihre Toten zu betrauern. Dann ist ein neuer Kampf fällig, um die Toten zu sühnen – ein Leben gegen das andere.

Mir kam das nicht merkwürdig vor, ich fühlte mich eins mit dem Land und akzeptierte den Krieg als einen Stammesbrauch. Er war nicht merkwürdiger als ihre anderen Bräuche, ja er machte sogar weniger Eindruck auf mich als meine täglichen Begegnungen mit den Kriegern in ihren Heimatdörfern.

Wir befanden uns jetzt in Richtung Süden auf dem Wege nach Mendi. Ich dachte nur ungern daran, aber meine Zeit mit »Pferd« ging ihrem Ende entgegen. In weniger als einer Woche würde ich bei Pater Albert sein, »Pferds« neuem Besitzer. Der Grund für unsere Trennung war die Bürokratie: Mein Visum war abgelaufen.

Irgendwo in der Nähe von Mendi schlugen wir den falschen Weg ein. Ich entdeckte meinen Irrtum erst, als einige Dorfbewohner mir erklärten: *Mendi behind-im yu* – Mendi hinter dir! Als wir wieder denselben Weg zurückgingen, holten wir einen sich langsam fortbewegenden Zug von Hochlandbewohnern ein, die zehn Schweine trugen. Die Schweine hingen an Stöcken und wurden von jeweils zwei Männern geschleppt. Andere Männer trugen in Blätter eingewickelte Pakete. Sie hatten ihren Schmuck angelegt und begannen ab und zu spontan zu tanzen. Ich fragte sie, wohin sie gingen. Sie befanden sich auf dem Weg zu einer Hochzeit, und die Schweine und die Pakete waren ein Teil des Brautpreises.

Ich stieg ab, um mir die Beine zu vertreten, und kam mit dem Bruder des Bräutigams ins Gespräch. Er trug eine Stange, die mit hundert *kina* (etwa 250,– DM) geschmückt war, aber die waren, wie er mir erklärte, nicht so viel wert wie ein Schwein, denn Geld hielt nicht so lange. Ich erkundigte mich nach dem durchschnittlichen Preis für eine Frau, und er antwortete, daß der zwischen zwanzig und dreißig Schweinen läge – neulich hätte ein Regierungsbeamter allerdings sieben neue Toyota-Laster bezahlt. Ganz gleich wie hoch der Preis sei, fuhr er fort, normalerweise war kein Mann in der Lage, ihn zu bezahlen. Auch er war gezwungen, sich bei Freunden und Verwandten zu verschulden. Das sei aber gut so, denn dadurch wüchsen seine

Beziehungen, und seine Bindung an den Clan werde stark und fest. Der Brautpreis sorge auch dafür, daß die Brautfamilie die Braut dazu anhalte, eine gute Ehefrau zu werden, denn wenn sie wieder zurückgeschickt würde, müsse der Preis zurückgezahlt werden.

Der Zug erreichte sein Ziel. Der Brautpreis wurde vorgelegt und akzeptiert. Danach begannen junge Männer und Frauen in getrennten Gruppen zu tanzen. Die Frauen wiegten sich im Rhythmus der Trommel, neigten sich langsam zur Seite und wippten mit den Fersen, bis sie sich schließlich um hundertachtzig Grad drehten. Sie hatten sich das Gesicht mit wilden weißen Streifen bemalt, auf ihren nackten Brüsten lagen perlmuttfarbene *Kina*-Muscheln und zahllose Perlenketten. Die Braut stand auf der Seite. Eingerieben mit dem Öl des Tisago-Baums und Holzkohle, schimmerte ihre Haut in einem leuchtenden Schwarz. Sie trug einen kurzen Brautrock, ebenfalls geölt und geschwärzt, und einen schwarzen Kopfschmuck aus Buschfasern.

Da keiner von uns beiden tanzte, schlenderte ich zu ihr hin, um sie zu begrüßen. Sie war schüchtern, aber sie erzählte mir, daß sie gerade einen Monat bei ihrer Schwiegermutter verbracht hätte, um ihre neuen Verwandten kennenzulernen. Der Tanz kam in Schwung; die Männer bewegten sich schnell und sangen – den Blick auf die jungen Frauen gerichtet – unanständige Lieder, was diese mit anzüglichen Kommentaren quittierten. Die Frauen hatten sich eingehängt und hüpften auf und ab, während ihre Sprechgesänge immer stärker anschwollen.

Es war schon sehr spät, als ich mich endlich schlafen legte. In der Nacht machte sich »Pferd« von seinem Halfter los, doch ehe ich mich auf die Suche nach ihm begab, gönnte ich mir ein gemütliches Frühstück. Schließlich erspähte ich ihn hinter einem Hügel. Sein weißes Fell war ganz dunkel geworden, weil er sich im Schlamm gewälzt hatte. Als ich ihn rief, blickte er hoch und kam zu mir hergaloppiert. Er dachte sicher an die *kaukau* in meinen Satteltaschen.

Als wir nach Mendi hineinkamen, erkannte »Pferd« die Stadt wieder und trabte von sich aus direkt zu Heathers Haus, wo er gleich seinen Lieblingsplatz an der Hintertür aufsuchte. Heather bereitete uns einen herzlichen Empfang.

Als erstes mußte ich mein Visumproblem in Ordnung bringen. Ich hatte meinen Paß zwar schon nach Port Moresby geschickt, um mein Visum erneuern zu lassen, aber unglücklicherweise hatte die Einwanderungsbehörde das Dokument verlegt. Ich wollte deshalb selbst nach Port Moresby und dafür sorgen, daß der Paß wieder gefunden wurde.

Ein paar Tage später verabschiedete ich mich von »Pferd«. Pater Albert holte ihn mit einem Viehanhänger ab. Wir standen beide da und blickten »Pferd« an – Pater Albert tat es leid, mir das Tier wegzunehmen, und ich fürchtete den Augenblick, da mein treuer Begleiter auf den Anhänger geladen und weggefahren würde. Pater Albert versuchte mich dadurch zu trösten, daß er mir seine Farm beschrieb und die Rinder, Ziegen und Stuten, die »Pferds« neue Gefährten sein würden. Aber er sah, daß er mich dadurch nur trauriger machte, und führte »Pferd« behutsam zu dem Anhänger. Ich registrierte all die neuen Dreckspritzer auf »Pferds« Fell und die Bewegungen, die er mit seinem langen weißen Schweif machte, um die Fliegen zu verscheuchen. In meinen Augen brannten Tränen, als ich ihn aus meinem Leben verschwinden sah. Aber ich weinte erst später an jenem Abend, als ich in meiner Tasche die letzte *kaukau* fand, die ich ihm eigentlich zum Abschied hatte geben wollen.

Übergänge

Während meines Aufenthaltes in Mendi hatte ich an einem Rodeo-Ball teilgenommen, und die Band, die zum Tanz aufgespielt hatte, bot mir einen Platz in ihrem Bus nach Goroka an, das auf dem Weg nach Port Moresby liegt. Ein weiterer guter Grund, Goroka zu besuchen, war die Highland Show, die Jahresversammlung der Clans, die am darauffolgenden Wochenende stattfinden sollte. Die Musiker waren eine angenehme Gesellschaft, so daß die lange Fahrt auf dem Highlands Highway Richtung Osten recht unbeschwert verlief. Aber ich litt unter einem Gefühl des Verlustes, litt darunter, von »Pferd«, meinen Freunden und einer Landschaft, in der ich mich wohl gefühlt hatte, getrennt zu sein. Das Vertraute zu verlassen und nun in eine ganz fremde Stadt zu reisen, machte mich ein wenig beklommen. Goroka war zwar nur eine kleine Stadt, aber für mich waren Städte unheimlicher als der Dschungel. Zum Glück kannte ich dort jemanden. Es war der Freund einer Bekannten, bei dem ich wohnen konnte.

Wie schon gesagt, kam ich genau zu dem Zeitpunkt nach Goroka, als die Highland Show auf dem Programm stand. Seit den fünfziger Jahren treffen sich hier einmal im Jahr zahlreiche Clans des Hochlandes. Ursprünglich war die Veranstaltung dazu gedacht, die Menschen zu einem Fest zusammenzubringen, um die Beziehungen zwischen ihnen zu verbessern und die Stammesfehden einzuschränken. Die Show war immer ein großer Erfolg und lockte bis zu vierzigtausend Clan-Mitglieder an.

Ich verbrachte zwei Tage bei der Show, mischte mich unter die Krieger und beobachtete die Ereignisse auf den einzelnen Schauplätzen. Alles in allem traf ich Menschen von ungefähr dreißig verschiedenen Clans. Die Watabung hatten kühne, aber grob geschnittene Gesichter mit dichten Bärten und trugen Tierhäute; von Oumba-Kana kamen Männer mit schwarz angemaltem Körper und einem Kopfschmuck aus weißen Federn; die Mädchen des Bena-Clans waren stolz und kräftig und über und über mit Muscheln,

Bei der jährlich stattfindenden Highland Show in Goroka treffen sich die Mitglieder zahlreicher Hochland-Clans

Fellen und Perlen geschmückt; eine andere Gruppe von Männern, eingeölt und schwarz angemalt, trug als Bekleidung schwarze Blätter und auf dem Kopf Tontöpfe, aus denen hohe Flammen loderten – eine sehr aufregende und effektvolle Angelegenheit. Eine dritte Gruppe mit geschwärztem Körper kam von Lufa und hatte Kränze aus Pflanzen auf dem Kopf und schwarze Speere in den Händen. Eine Weile später führten sie ihre Kriegstänze vor, wobei sie die Speere aggressiv in die Erde rammten und den anderen Clans höhnische Bemerkungen und Beleidigungen zuriefen, bis sie es zu weit trieben und tatsächlich ein Kampf ausbrach!

Die Medizinmänner hielten sich abseits und waren leicht an ihren unheimlichen Umhängen aus schwarzen Federn und den Halsketten aus Zähnen zu erkennen. Manchmal spielten zwei Männer zusammen auf einer Bambusflöte. Die Flöten waren bis zu einem Meter lang und mit eingebrannten geometrischen Mustern geschmückt. Die Männer hielten sie beim Spielen seitwärts, bedeckten aber das Ende mit der Hand, um den Ton zu verändern. Mehrere Leute erkannten mich von einem Foto her, das auf der Titelseite der überregionalen Zeitung erschienen war. Immer wieder hörte ich, wie in der Menge »Pferd-Dame« geflüstert wurde; andere winkten und riefen mir einen Gruß zu.

Als die Kukukuku-Krieger erschienen, wichen alle Clans voller Furcht zurück. Sie sind die berüchtigtsten Killer des Hochlandes und für ihre mordlüsternen Bräuche bekannt. Angeblich räuchern sie ihre Leichen in Rohrkörben, die sie an Stangen hängen. Hin und wieder schmücken sich Kukukukus mit Halsketten aus menschlichen Fingerknochen. Diese Krieger trugen Umhänge aus Rinde, die sie mit Steinen weichgeklopft hatten, und führten Steinkeulen mit sich. Sie kamen aus dem Süden, einem Gebiet, das so wild und rauh ist, daß sie dort in fast vollkommener Isolation leben. Als 1970 Streitigkeiten zwischen einigen Clans ausbrachen, soll es zu einem Massaker und anschließendem Kannibalismus gekommen sein.

Die bekannteste Gruppe bei der Show waren wahrscheinlich die Schlamm-Männer von Asaro – sie waren schon in London aufgetreten! Es sind stolze, selbstbewußte und kriegerische Menschen, die aufgrund ihrer dichten Bevölkerung oft Auseinandersetzungen um Land haben.

Ihre ballonförmigen Lehmmasken sollen sie sich vor langer Zeit ausgedacht haben, kurz nachdem das Dorf Asaro in einer Schlacht schwere Verluste erlitten hatte und die Krieger sich eine neue Taktik für den Rachefeldzug überlegen mußten. Sie fertigten große, knollige Masken aus Lehm und bestrichen ihren Körper mit dem gleichen grauen Lehm. Als die Feinde diese Erscheinungen erblickten, hielten sie die Schlamm-Männer für Geister und rannten entsetzt davon. Einige Asaro-Masken hatten langstielige Ohren oder waren kugelförmig mit spitzer Stirn und angemaltem Mund. Sie sahen aus, als ob sie aus einem Science-fiction-Film stammten.

Ich setzte mich neben eine Gruppe von Wabags. Einer der Männer besserte seine Perücke aus, indem er mit Hilfe eines kleinen Stockes das Haar wieder an Ort und Stelle manipulierte. An beiden Seiten der Perücke ragte ein langer Spatel aus Knochen in die Höhe, an denen er Tabaksblätter aufspießte, die mich an Ohren erinnerten.

Oft entdeckte ich in dem Kopfschmuck der verschiedenen Clans Produkte der Zivilisation wie Flaschenkapseln, rotes Papier, Bilder und glänzendes Stanniolpapier. Die Ränder der Perücken waren mit Baumwolle oder Lametta besetzt. Die Hochländer waren wie die Elstern in ihrer Vorliebe für glänzende Dinge.

Äxte, Tomahawks, Speere, Bögen und Pfeile, Keulen und Dolche aus Kasuarknochen waren die Waffen, die die Männer mit sich führten. Die Luft war von dem Geruch ranzigen Schweinefetts erfüllt. Junge Frauen hatten sich verschwenderisch geschmückt, ihre nackten Oberkörper glänzten vor Öl. Stoßend, stampfend, schwingend waren die Tanzbewegungen. Selbstdarstellung war das Motto der Show.

Auf dem großen Vorführplatz machten die Gruppen ihre Musik und tanzten vor den Zuschauern auf der Haupttribüne. Außerhalb dieser Arena standen sie mit ihren Freunden aus dem Dorf zusammen, schlenderten herum oder saßen in Gruppen auf dem Gras. Die Menge teilte sich, als eine Gruppe von Henganofi zum Vorführplatz zog. Eine Reihe von sechs Männern, die von Kopf bis Fuß mit

Highland-Krieger mit dem typischen Nasenschmuck aus den Hauern eines Wildschweins

Hunderten von *job's tears* bedeckt waren, bildete die Vorhut. Hinter ihnen strömte die Menge, darunter auch ich, rasch wieder zusammen. Plötzlich drehte sich der Zug um und begann auf uns zuzumarschieren, so daß wir gezwungen waren, Platz zu machen. Die Augen der Männer glitzerten hinter den hellen Samenkörnern, als sie vor und zurück marschierten, während sie vor Aufregung hüpften und sich für ihren Tanz in die richtige Stimmung brachten.

Auf dem großen Festplatz wurden faszinierende Tänze dargeboten, aber irgendwie wirkten sie weniger echt als hinter den Kulissen. Diese zwei Tage, in denen die Clans miteinander um Anerkennung rangen, waren ein eindrucksvolles Erlebnis, und zum Schluß hatten die Musik, die Gesänge, die Farben und die Tänze meine Lust am Sehen und Hören vollkommen gestillt.

Goroka war nicht sehr weit vom Mount Wilhelm, dem mit 4500 Metern höchsten Berg in Papua-Neuguinea, entfernt. Ich hatte Lust, ihn zu besteigen. Es gab eine Straße, die fast bis zum Fuße des Berges führte, und so marschierte ich mit dem Rucksack auf dem Rücken los. Manchmal wurde ich ein Stück vom einem Auto mitgenommen. Auf diese Weise gelangte ich auch nach Asaro, dem für seine Lehmmasken bekannten Dorf. Der Dorftrottel, der für ein *sing-sing* zurechtgemacht und mit dickem gelbem Ocker bestrichen war, versuchte mich zu belästigen, aber die Dorfbewohner kamen mir zu Hilfe und riefen ihn zurück. Idioten sind hier keine Außenseiter, sondern werden normalerweise von der Dorfgemeinschaft betreut.

Ein Landrover, in dem der Informationsminister saß, brachte mich als nächstes zu einem kleinen Dorf, von dem aus eine Straße in Richtung Mount Wilhelm führte. Hier hatte gerade ein *pig-kill* stattgefunden, und während ich darauf wartete, daß mich ein Auto weiter mitnahm, konnte ich wieder einmal beobachten, wie die Festteilnehmer mit großen Stücken Fleisch, die sie unordentlich in Blätter eingewickelt hatten, den gastlichen Ort verließen. Schließlich kam ein Pritschenwagen und hielt neben mir. Ich hockte mich hinten auf meinen Rucksack und klammerte mich mit aller Kraft fest, während wir den holprigen Weg entlangrumpelten und um Haarnadelkurven herumschleuderten. Manchmal taten sich bis zu dreihundert Meter tiefe

Abgründe auf, und mir war ganz schön mulmig zumute. An den Steilhängen war zu erkennen, wie die Erdkruste sich verschoben hatte. Obwohl die Fahrt alles andere als bequem war, wurde ich doch wenigstens durch den Anblick einer so unglaublich aufregenden Szenerie entschädigt, wie ich sie bisher noch kaum erlebt hatte.

Wir fuhren an Hütten und Gärten vorbei, die buchstäblich an den steilen Berghängen klebten. Der Pritschenwagen stellte eine Art Busverbindung dar. Immer wieder hielt er an diesen abgelegenen Siedlungen, um Menschen und Fracht aus- und einzuladen. Einmal hielt er eine halbe Stunde, und während der Fahrer Pakete und Säcke, ein Huhn und einige Öltonnen voller Kerosin ablud und einige Säcke mit getrockneten Kaffeebohnen, die hier nur zum Weiterverkauf angebaut werden, auflud, stieg ich aus, um mir die Beine zu vertreten und mir eine Hütte genauer anzusehen. Sie war quadratisch, und die Wände bestanden aus zweifarbigem geflochtenem Bambus. Der Dachfirst war mit Nägeln gespickt.

Die Passagiere stiegen wieder auf, und der Wagen fuhr weiter. Ich saß zwischen einigen farbenprächtig gekleideten Frauen, die sich vergnügt auf *ples-tok* – der Sprache der Simbu – unterhielten. Aber auf Pidgin sagten sie zu mir, ich solle in Kegusugal aussteigen, dem höchsten Dorf auf dem Mount Wilhelm, nach dem die Straße wieder abwärts führte und einige andere abgelegene Dörfer, in denen Kaffee angebaut wurde, miteinander verband. Es dauerte drei Stunden, bis wir nach Kegusugal kamen, aber die Fahrt hatte mir Spaß gemacht, und es tat mir richtig leid, aussteigen zu müssen.

Da es zu spät war, mit dem Aufstieg zu beginnen, beschloß ich, im Dorf zu übernachten und am nächsten Morgen loszugehen. Eine lächelnde Frau mit Namen Maria lud mich zu sich in ihre Hütte ein.

Am nächsten Morgen brach ich früh auf und schlug den Weg ein, der von dem Dorf zu dem kleinen, 2450 Meter hoch gelegenen Flugplatz, dem höchsten in Papua-Neuguinea, führte. Während ich über den morastigen Waldboden bergan stieg, machte mir die Höhe schwer zu schaffen (ich brauchte mindestens einen Tag, um mich zu akklimatisieren), und ab und zu gaben meine Beine unter mir nach. Nach vier Stunden Marsch durch den Wald erreichte ich alpines Grasland und dann ein Gletschertal. Danach ging es durch einen lichten Farnwald. Wenn ich durch schneckenförmige Zweige nach oben blickte, sah ich Blätter, zart wie Spitze, die auf dem tiefblauen Himmel Muster bildeten.

Um aus dem Tal herauszukommen, kletterte ich neben einem Wasserfall nach oben und gelangte in ein weiteres Gletschertal. Dort lag ein See, und in dem See befand sich eine Insel mit krummen, verwachsenen Bäumen, die sich scharfkantig gegen den Himmel abhoben. Ich kam an zwei Bergsteigerhütten vorbei – beide waren unbewohnt –, hatte aber noch keine Lust, eine Rast einzulegen, sondern ging weiter und folgte einem anderen Wasserfall, der mich in das oberste Gletschertal führte.

An einem See schlug ich mein Lager auf. Ich befand mich nun auf einer Höhe von etwa 4000 Metern, und es war schneidend kalt. Die Suche nach Brennholz erwies sich als schwierig, da in dieser Höhe keine großen Bäume wuchsen, und die Holzstücke, die ich fand, waren ziemlich naß. Ich hatte jedoch Streichhölzer bei mir und hatte während der vergangenen Monate gelernt, feuchtes Holz zum Brennen zu bringen, so daß bald ein schönes Feuer loderte, das mit seiner Hitze die Feuchtigkeit aufschluckte. Nach dem Abendessen deckte ich das Feuer ab und legte mich auf dem angewärmten Boden neben der heißen Glut zum Schlafen hin. Meine Plastikplane bildete einen guten Schutz gegen den eisigen Wind. Lange vor Tagesanbruch erwachte ich zitternd vor Kälte und brachte das Feuer wieder in Gang. Als die Flammen aufzuckten, stellte ich einen Kessel mit Wasser für Kaffee auf. Es dauerte ewig, bis es kochte, und der aufgegossene Kaffee war in dieser Höhe auch gleich wieder abgekühlt. Nach dieser lauwarmen Tasse Kaffee, die meine Lebensgeister nicht gerade anstachelte, brach ich das Lager ab und versteckte meine Sachen, damit ich ohne Rucksack den Gipfel erklimmen konnte. Als die Sonne aufging, wanderte ich nach oben, um zu beobachten, wie sich die wechselnden Farben des Himmels auf den Seen widerspiegelten – von Grau zu Rosa und Gelb. Es lag ein idyllischer Friede über allem, war aber bitter kalt.

Ich ging wieder zu meinem Lager hinunter und ruhte mich dort aus. Das Wasser des Sees hatte nun die Farbe von leuchtendem Türkis, und auf der glatten Oberfläche spiegelten sich die zerklüfteten Berge. Ich fühlte mich vollkommen allein, aber nicht einsam; und in meinem Tagebuch finde ich diese Eintragung: »Warum sitzt jemand allein auf einem Berggipfel und hält Rat mit den Felsen und den Wolken statt mit den Menschen? Welche Stürme würde ich einfangen, wenn ich meine Netze auswürfe? Und welchen nebelhaften Träumen jage ich hier oben nach? Vielleicht sollte ich so wie andere Menschen leben.« Am späten Vormittag kam Nebel auf, und dann wurde es richtig kalt.

Am nächsten Tag machte ich mich an den Abstieg, ich ging und rannte und fühlte mich mit jedem Schritt besser, da ich mehr Sauerstoff bekam. Am späten Nachmittag erreichte ich Kegusugal, das Dorf, in dem ich übernachtet hatte. Ein paar Kinder führten mich zu Marias Hütte. Meine Gastgeberin wollte gerade zu einer Hochzeit im Nachbardorf und forderte mich auf mitzukommen.

An jenem Nachmittag hatte ein *pig-kill* stattgefunden, und der *mumu* wurde gerade aufgemacht, als wir ankamen. Uns allen wurden Blätter des Brotfruchtbaumes und saftiges, wenn auch etwas sehniges Schweinefleisch angeboten. Nach der Festmahlzeit begannen die Verwandten des Bräutigams zu singen, und nachdem sie mit ihrem Lied fertig waren, kam die Familie der Braut an die Reihe. So wechselten sie einander mit dem *sing-sing* ab; einzelne Sänger rezitierten Geschichten, zwischen den einzelnen Strophen sang ein Chor den Übergang. Als die Sonne unterging und die Dunkelheit hereinbrach, begann es zu regnen, und wir suchten eilends Schutz in den Hütten. Das Fest dauerte bis zum Morgengrauen, aber ich schlief gegen zwei Uhr in einer Ecke ein, eingelullt von der rauchigen Wärme und dem zittrigen Gesang von vier alten Frauen.

Am nächsten Morgen trampte ich nach Goroka zurück. Unterwegs erlebte ich das große Finale einiger randalierender Simbu-Krieger, die ein Bierlager plünderten und in Brand steckten. Abends war ich in Goroka und ging mit einigen Freunden zum Aero-Club. Dort wurde ich mit einem Hubschrauberpiloten bekannt gemacht, der am nächsten Morgen nach Lae fliegen sollte. Der Pilot erklärte mir, daß Lae nicht weit von Port Moresby entfernt sei, und er mich mitnehmen könne, da er keine Passagiere an Bord habe. Ich nahm das Angebot dankend an.

In Lae fühlte ich mich vollkommen verloren. Um meiner Verwirrung Herr zu werden, ging ich in das Hotel der Stadt, um Kaffee zu trinken, und dort lernte ich die Familie Slattery kennen, die mich unter ihre Fittiche nahm und mich zu sich einlud. Es wurde ein angenehmer Abend. Wir nahmen ein gewaltiges Abendessen zu uns und sahen Videofilme; nachts schlief ich auf einem Wasserbett.

Port Moresby, mein Ziel, lag eine Flugstunde von Lae entfernt. Als wir in dem kleinen Flugzeug zwischen den majestätischen Bergen der Owen Stanley Range (4000 Meter) hindurchflogen, wies mich der Pilot auf zwei katholische Missionen hin, Woitape und Taipini, die inmitten einer atemberaubenden Landschaft auf Berggipfeln thronten. Die ersten Missionare wurden mitsamt ihren Vorräten von Port Moresby aus mit Mauleseln nach oben transportiert; heute haben die Missionsstationen Landebahnen und benutzen kleine Flugzeuge.

Port Moresby und Lae sind – für Papua-Neuguinea – zwei größere Städte, und man sollte glauben, daß die moderne Technik eine Straßenverbindung zwischen diesen beiden Orten ermöglichen könnte. Aber es ist überhaupt keine Rede davon, daß es in absehbarer Zeit dazu kommt. Offenbar ist das Land zu unwegsam dafür, zu oft gibt es Erdrutsche, und der Dschungel wächst zu rasch, als daß eine Straße sich behaupten könnte. Als die Japaner während des Zweiten Weltkrieges die Nordküste beherrschten und sich nach Süden wandten, um Port Moresby vom Land her einzunehmen, gelang es ihnen, eine Schneise zu schlagen, aber selbst sie wurden von dem Dschungel und den Bergen besiegt und zum Rückzug gezwungen. Die Schneise bekam den Namen Kokoda Trail und wird manchmal von Wanderern als persönlicher Härtetest benutzt.

Nach meiner Ankunft in Port Moresby deponierte ich mein Gepäck im Flughafen und begab mich sofort zum Regierungsgebäude, um mich auf die Suche nach meinem Paß zu machen. Die Einwanderungsbehörde war sicher, daß er wieder zutage kommen würde. Sie schickten mich zu einer anderen Abteilung, und die wieder zu einer anderen, bis ich schließlich wieder dort landete, wo ich angefangen hatte – ein nicht uninteressanter Rundgang, zumal ich dabei feststellte, daß ich als »Pferd-Dame« zu einer Nationalheldin geworden war. Schließlich suchte ich den Abteilungsleiter auf, einen charmanten Mann, der mir versprach, meinen Paß innerhalb von vierundzwanzig Stunden wieder aufzutreiben. Was die Verlängerung meines Visums betraf, so sei er in Anbetracht dessen, daß meine Reise so langsam vor sich ging, gerne bereit, mir das Visum für so lange zu verlängern, wie ich es wünschte – in vernünftigem Rahmen, versteht sich.

Das Problem, in Port Moresby eine Unterkunft zu finden, war vom Tisch, als mir einfiel, daß hier Paul Newell, ein englischer Zahnarzt, wohnte, den ich bei seinen Ferien im Hochland kennengelernt und der mir ein eigenes Zimmer in seinem Haus angeboten hatte.

Port Moresby war ganz anders als Papua-Neuguinea sonst und schien irgendwie außerhalb zu stehen. Mir fiel die stickige Schwüle der Seeluft auf und die glühende Sonne, die auf die tote, trockene Vegetation herunterbrannte. Das Wasser wurde rationiert, und gelegentlich wurde der Strom gesperrt. Das Reservoir, das das Wasser für die Elektrizität lieferte, war fast leer; die Stadt war schneller gewachsen als das Versorgungsnetz.

Die einheimische Bevölkerung, die Motu, hatte mit den stämmigen, bärtigen Hochländern nichts gemein – die Menschen an der Küste waren groß und von kultivierter Lebensart. Viele Stammeshäuptlinge lebten in Port Moresby und arbeiteten in der Stadt oder auf den Kopra- und Kakaoplantagen entlang der Küste. Besonders eindrucksvoll fand ich die großen, kohlrabenschwarzen Männer von Buka Island.

Aus dem ganzen Land kamen junge Männer nach Port Moresby, angelockt durch Geld, Mädchen, schnelle Autos und schicke Kleider. Ein paar erreichten natürlich, was sie sich erträumt hatten, aber die meisten scheiterten und lungerten in der Stadt herum. Sie wohnten in Slumvorstädten, waren unzufrieden und zornig. Viele wurden *rascals* – das ist das Pidginwort für Diebe und Räuber. Nach Einbruch der Dunkelheit durch die Stadt zu gehen, war gefährlich, selbst wenn man zu zweit war. Überfälle auf der Straße und Einbrüche waren an der Tagesordnung. Die Sicherheitsvorkehrungen an einigen von Ausländern bewohnten Häusern waren enorm und demonstrierten den Ernst der Situation: Stacheldraht, verriegelte Eingänge, Bluthunde und Alarmanlagen prägten das Bild.

Eines Nachts brach ein Dieb in Pauls Haus ein, kam auch in mein Zimmer und stahl verschiedene Sachen, ohne daß ich erwacht wäre. Unter den gestohlenen Sachen befand sich auch meine Handtasche. Allerdings hatte er nicht den ganzen Inhalt an sich genommen. Er hatte es nicht eilig gehabt, war in aller Ruhe meine Papiere durchgegangen und hatte die ausrangiert, die ihn nicht interessierten. Er ließ mir mein Tagebuch und meine Notizblöcke, meinen Führerschein und meinen Paß, den ich erst kurz zuvor zurückerhalten hatte. Alles andere ließ sich wiederbeschaffen, und ich war ihm für seine Rücksichtnahme dankbar.

Ich hatte den Eindruck, daß in Port Moresby jeden Abend Partys gefeiert wurden. Einige Leute behaupteten, seit einem Jahr keinen einzigen Abend zu Hause verbracht zu haben. Die meisten Partys führten immer wieder die gleichen Leute zusammen, die sich jeden Abend in anderer Aufmachung trafen und sich toll amüsierten. Auch ich amüsierte mich, weil es so einen scharfen Gegensatz zu den viereinhalb Monaten, die ich bisher in Papua-Neuguinea verbracht hatte, bildete.

Eine Zeitlang machte es mir Spaß, eine Berühmtheit zu sein, aber schon bald packte mich die Unruhe; es wurde Zeit zum Aufbruch. Es wurde Zeit für mich, etwas Neues zu lernen, etwas anderes zu sehen und etwas anderes zu tun. Ich wollte mit einem Einbaum den Sepik River hinunterpaddeln. Der Sepik ist ein großer Fluß und wird sogar zu den größten Flüssen der Welt gerechnet, wenn man von der jährlich transportierten Wassermenge ausgeht. Noch nie hatte ein Ausländer, geschweige denn eine Frau, versucht, den Sepik hinunterzupaddeln, und das reizte mich sehr. Welche Abenteuer mochten wohl damit verbunden sein?

Die Krokodiljäger

Mit einem kleinen Flugzeug flog ich nach Wewak, einer Stadt an der Nordküste, nicht weit von Vanimo, meiner ersten Station in Papua-Neuguinea. Als wir in Wewak landeten, ging ich als erstes in die Hangars, um herauszubekommen, ob irgendwelche Versorgungsflugzeuge, Chartermaschinen der Regierung oder Hubschrauber in die Sepik-Region flogen. Es spielte keine Rolle, wohin genau sie flogen, Hauptsache es ging an den Oberlauf des Sepik.

Das Glück war mir hold. Ich traf den Mechaniker eines Versorgungsflugzeuges, das in zwei Tagen zu dem Vorposten Ama fliegen sollte. Auf meiner Karte zeigte er mir, daß Ama in einem unbewohnten, grünschraffierten Gebiet lag, das sich zwischen der Grenze zu West-Irian, dem May River und der Quelle des Sepik hoch oben in dem gebirgigen Landesinneren, wo ich anfangs gewandert war, befand. Die unzugängliche Lage Amas erfüllte mich mit erwartungsvoller Spannung, und der Mechaniker erklärte mir, wo ich das Flugticket kaufen könne.

Da ich bis zum Abflug zwei Tage Zeit hatte, rief ich eine australische Familie an, deren Adresse ich bekommen hatte, um zu hören, ob ich bei ihnen übernachten könne. Die FitzGibbons holten mich ab und nahmen mich auf wie ein Mitglied der Familie. Es tat gut, sich wie zu Hause zu fühlen, besonders vor einer großen Reise. Die zwei Tage benutzte ich dazu, meinen Rucksack neu zu packen und mir Proviant zu kaufen, wie Salz, Corned beef, Reis, Zucker, Kaffee und Tee. Außerdem erstand ich Plastiktüten, Batterien für die Taschenlampe, Feuerzeuge und Perlen – zum Verschenken –, eine Angelschnur und Haken. Am oberen Sepik gab es schließlich keine Geschäfte.

Der Abflug verzögerte sich um mehrere Stunden, obwohl von einer exakten Abflugszeit sowieso keine Rede sein konnte; es ging los, wenn es soweit war. Der Beamte war über das Gewicht des Gepäcks besorgt und ließ uns deshalb zunächst nicht abfliegen. Schließlich durften wir an Bord des kleinen Viersitzers, eine Erleichterung in Anbetracht der brütenden Hitze, die an diesem Tage herrschte. Der Sitz des Kopiloten wurde mir zugewiesen – zum drittenmal, und als wir uns in der Luft befanden, öffneten wir die Fenster, um die frische, kühle Luft hereinzulassen. Wir flogen direkt unter den Wolken, so daß ich den unendlichen, dichten Regenwald aus der Vogelperspektive überblicken konnte. Nirgendwo waren Wege zu sehen. Das Sepik-Tal ist flach und weit, etwa hundertzwanzig Kilometer breit und verläuft von West nach Ost zwischen den Hügeln an der Küste und dem gebirgigen Rückgrat Neuguineas. Vom Flugzeug aus konnte ich den Verlauf des Flusses erkennen, der sich wie eine große braune Schlange drehte und wand und manchmal Schleifen beschrieb. Ich sah, wie der Fluß langsam, aber unaufhaltsam seinen Lauf veränderte und dabei viele hufeisenförmige Seen hinter sich ließ, tote Flußarme, die mich wieder an die Geschichten erinnerten, die mir der Pilot aus Vanimo von den Krokodilen erzählt hatte, die hier ihre Brutplätze hatten.

Das Flugzeug änderte den Kurs und flog ins Landesinnere nach Ama. Auf einer Rodung befanden sich die Landebahn und einige strohgedeckte Gebäude. Kanus waren nicht zu sehen, aber damit rechnete ich auch nicht, da Ama selbst nicht an irgendeinem Gewässer lag. Doch die vielen kleinen Seen und Flüsse, die ich nicht weit vom Ort bemerkt hatte, bestärkten mich in meiner Zuversicht, irgendwo in der Nähe eins kaufen zu können.

Und ich hatte mich nicht geirrt. Ein freundlicher Beamter erlaubte mir, ein regierungseigenes Kanu zu benutzen, um zu einem Dorf am May River zu gelangen, wo ich mir dann ein eigenes Kanu kaufen konnte. Zwei Männer erklärten sich bereit, mich zu diesem Dorf am May River, einem Nebenfluß des Sepik, zu begleiten. Wir drei brachen früh am nächsten Morgen auf und marschierten mehrere Stunden lang auf schmalen Pfaden durch den Wald. Es herrschte eine drückende Schwüle, und ich war dankbar, daß meine Führer meinen schweren Rucksack trugen. Das Kanu der Regierung war in einem schmalen Flüßchen vertäut, die Paddel waren im Unterholz versteckt. Es war ein leichtes, wackliges Kanu, und als ich in der Mitte Platz ge-

Auf dem Sepik in meinem gerade erstandenen Kanu

nommen hatte, bereute ich, daß ich mein Gepäck nicht in Plastik eingewickelt hatte. Die Männer standen am jeweiligen Ende des Kanus und paddelten mit ihren langen, geschnitzten Paddeln.

Der kleine Fluß, der sich durch den Dschungel wand, war schmal; die Vegetation wuchs weit in den Fluß hinein, der sich damit zur Wehr setzte, daß er die Ufer überschwemmte und wegspülte. Viele Bäume waren ins Wasser gestürzt, doch die Männer hackten uns mit ihren Buschmessern den Weg frei. Nach einer langen, anstrengenden Fahrt kamen wir schließlich zu dem Dorf, und am nächsten Morgen kaufte ich bei der Frau des Stammesoberhauptes ein Kanu. Es war ein Einbaum, dessen Seiten durch Alter und langen Gebrauch glatt geworden waren. Der Bug stellte den Kopf eines Krokodils dar. Der Preis betrug fünfzehn *kina* (etwa 38,– DM).

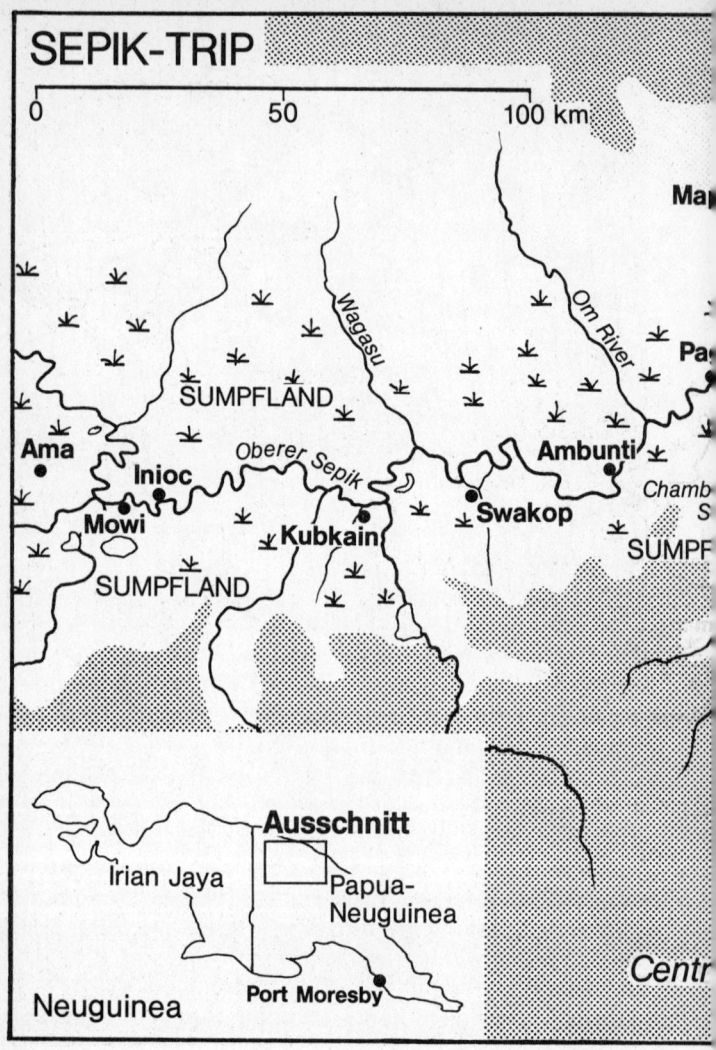

SEPIK-TRIP

0   50   100 km

Ma

Wagasu

Om River

Pa

SUMPFLAND

Oberer Sepik

Ama

Inioc

Mowi

Kubkain

Swakop

Ambunti

Chamb
S

SUMPF

SUMPFLAND

Ausschnitt

Irian Jaya

Papua-
Neuguinea

Port Moresby

Neuguinea

Centr

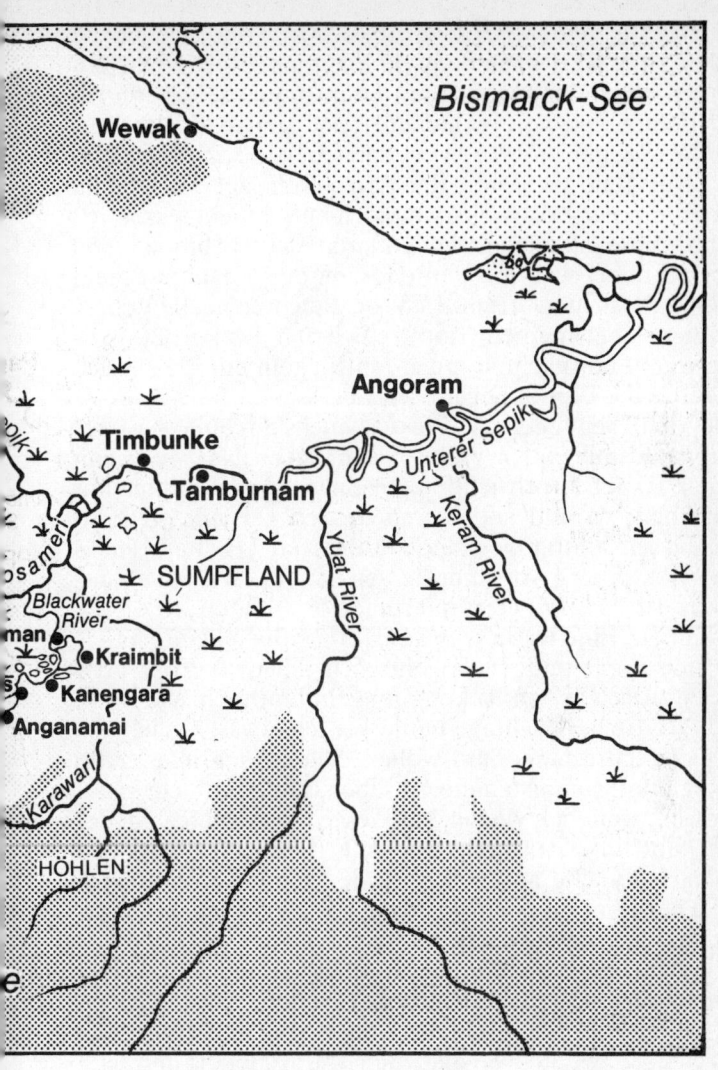

Ich stellte meinen Rucksack in die Mitte und setzte mich an das Ende, in das ich bequem hineinpaßte. Die Dorfbewohner versammelten sich am Ufer, um zu sehen, ob ich zurechtkam. Ich verabschiedete mich und paddelte flott flußabwärts, nur um zu zeigen, daß ich keine Schwierigkeiten hatte. Bald taten mir die Arme weh, aber ich wollte mein Tempo erst drosseln, wenn ich außer Sicht war.

Die Sonne schien von einem klaren blauen Himmel, und der Dschungel war von dem Gesang der Vögel und dem Sirren der Zikaden erfüllt. Eisvögel tauchten nach Fischen, und dicht über meinem Kopf schwirrten zwei große Nashornvögel und machten mit ihren Flügeln ein Ge-räusch, als würde die Luft in Fetzen gerissen.

Bei den Biegungen des Flusses wuchs am äußeren Ufer Sumpfwald mit einem undurchdringlichen Netzwerk von Lianen. Es gab Brotfruchtbäume, Sagopalmen, Bäume mit Schirmblättern und andere mit großen gerundeten Blättern, die an vielfingrige Hände erinnerten. Das Land stand unter Wasser und war sumpfig. An den inneren Seiten des Flusses wuchs *Pitpit*-Gras mit seinen berühmten *job's tears,* den Samen. Eine Ratte schwamm in das dicht beieinanderstehende *pitpit* und schlängelte sich mit dem Kopf über Wasser zwischen den dicken Stengeln hindurch. Während ich die Ratte beobachtete, bemerkte ich etwas, das ich bisher nicht hatte bemerken wollen. Schon mehrmals hatte ich geglaubt, Baumstämme zu sehen, die aber nicht mehr da waren, wenn ich wieder hinblickte. Jetzt sah ich wieder einen, und er betrachtete mich mit bösartig funkelnden Augen. Ich wußte natürlich, daß der Sepik für seine Krokodile berühmt ist, aber irgendwie hatte ich nicht damit gerechnet, jetzt schon welche zu sehen.

Die Mittagssonne brannte auf mich herunter, und trotz meines Sonnenhutes hatte ich das Gefühl, daß mein Gehirn schmorte. Ich paddelte träge vor mich hin und wünschte, ich wüßte, wie man gleichzeitig steuert und paddelt. Das Kanu verfolgte seinen eigenen Kurs, und oft drehte es so weit ab, daß es sich langsam im Kreise bewegte. Aber das machte nichts; die Strömung war schwach und der Fluß breit genug, daß ich mir Fehler erlauben konnte.

Auf menschliche Behausungen stieß ich erst in der Dämmerung, als ich zu vier großen, auf Pfählen stehenden Hütten kam, deren Bewohner draußen saßen und mich in unverhohlenem Erstaunen anstarrten. Die Kinder suchten schreiend vor Entsetzen hinter den Grasröcken ihrer Mütter Schutz. Einige Männer traten auf mich zu, und ich schüttelte ihnen die Hand. Ein paar konnten Pidgin, und ich erklärte ihnen, daß ich über Nacht bleiben wollte. Sie hatten sich von ihrer Überraschung immer noch nicht erholt, stellten mir aber in einer der Hütten einen Platz zur Verfügung. Die Hütten standen hoch über der Erde und hatten Fußböden aus Palmstämmen und Wände aus den Stengeln der Palmblätter. Am interessantesten fand ich die Leitern, die zum Eingang hinaufführten: Es waren lange Stämme mit eingekerbten Stufen. Eine Familie war nicht zu Hause, denn ihr Stamm stand mit der glatten Seite nach außen an die Hütte gelehnt.

Als ich zum Fluß ging, um mir das Gesicht zu waschen, machten mich die Frauen darauf aufmerksam, daß das Wasser tief sei. Ich sah, wie eins ihrer Kinder mit dem Kanu über den Fluß gepaddelt kam; es war ein etwa vierjähri-

Da die Flüsse häufig Hochwasser führen, sind die Häuser auf Pfählen errichtet

149

ger Junge, und ich staunte darüber, in welch frühem Alter die Kinder schwimmen und ein Kanu handhaben lernen. Ich trat vorsichtig ins Wasser und stellte fest, daß es gerade meine Zehen bedeckte. Da ich mich so nicht waschen konnte, machte ich noch einen Schritt – und sank bis zum Hals ein. Die Komik der Situation brachte mich zum Lachen, und von dem Augenblick an wurde die Atmosphäre entspannter.

Ihr Abendessen war nicht sehr reichlich, und so kochte ich einen Topf Reis und machte eine Dose Fleisch auf, die wir miteinander teilten. Sie kochten *saksak*, indem sie grobes Sagomehl mit Wasser verrührten und es zu einer geleeartigen grauen Masse stocken ließen. So ähnlich mußte eine Qualle schmecken!

Es gab unzählige Moskitos, die die ganze Nacht hungrig um mein Moskitonetz herumsurrten.

Dort wo der May River in den Sepik mündete, wollte ich mich nach rechts wenden, um flußabwärts zu fahren, aber das Kanu wurde von einer Gegenströmung erfaßt, die mich flußaufwärts trieb. Sie hielt zwar nicht lange an, und gegen die Hauptströmung des Flusses zu paddeln, schaffte ich nicht, aber indem ich Kurven schnitt und Strudel ausnutzte, kam ich ziemlich gut voran. Ich hatte nicht die Absicht, weit flußaufwärts zu fahren, ich wollte nur wissen, wie es hinter einer riesigen, langgezogenen Biegung aussah, die gar kein Ende zu nehmen schien. Aber die Strömung trieb mich immer wieder in das Schilf, und so hatte ich bald keine Kraft mehr. Als sich das Kanu wieder einmal im Kreise drehte und mit dem Bug voran in dem hohen Gras landete, legte ich eine Pause ein und entdeckte eine offene Rinne, gerade breit genug für das Kanu. Ich hatte inzwischen wieder Kräfte gesammelt und folgte diesem schmalen Kanal. Es war eine Wohltat, der Strömung entronnen zu sein. Am Ende des *pitpit* lag ein ausgedehnter Sumpfwald. Mit einem Stück Kreide, das ich in meinem Gepäck hatte, markierte ich die Bäume, an denen ich vorbeikam, um mich nicht zu verirren.

Als ich durch den Sumpfwald paddelte, befand ich mich

auf gleicher Höhe mit den grotesk ineinander verknoteten Wurzeln, die von Moos und Riesenfarnen bedeckt waren. Ich schlängelte mich mit meinem Kanu zwischen riesigen Bäumen hindurch, auf denen dunkle Kletterpflanzen und Girlanden blauer Orchideen wuchsen; gedämpftes, grünliches Licht sickerte durch den Blätterbaldachin über mir. Die unteren Zweige waren von Spinnweben umhüllt. Die Stille wurde durch das Sirren der Moskitos und die Schreie der Papageien nur noch verstärkt. Der feuchte, schwitzende Wald strömte den Geruch fauligen Wassers aus, in den sich der Duft der Blumen mischte. Mich erfaßte ein merkwürdiges und unheimliches Gefühl. Das seichte Wasser hatte durch die auf dem Boden verwesenden Pflanzen eine rubinrote Farbe und leuchtete wie roter Wein, wenn das Sonnenlicht darauf traf. Manchmal war das Wasser nur einige Zentimeter tief, und wenn ich auf Grund lief, mußte ich mich mit einem Stock abstoßen. Einmal sah ich aus dem Augenwinkel, wie ein Krokodil davonglitt.

Der Wald lichtete sich, und ich wurde von hellem Sonnenlicht empfangen, als ich auf einer offenen Wasserfläche herauskam, die sich als toter Flußarm entpuppte. Hier lernte ich zwei eingeborene Krokodiljäger kennen, bei denen ich einige Tage verbrachte.

Auf einer Lichtung an einem See hatten sie sich eine Unterkunft gebaut. Nicht weit davon hängte ich meine Hängematte auf. Jeden Abend zogen wir los, um Krokodile zu rufen. Das ging so vor sich: Der eine Mann schleuderte *limbum*, flache Palmblattstücke, auf die Wasseroberfläche, die beim Aufprall ein unverkennbar zischendes Geräusch machten. Der andere Mann legte währenddessen die Hände auf den Mund und rief: »*Nuark-nuark.*« Manchmal lockte es Krokodile an die Oberfläche, und einmal hörte ich, wie ein Krokodil mit dem gleichen »*Nuark-nuark*« antwortete. Mit Hilfe einer Taschenlampe machten die Männer ihre Beute aus und fingen sie mit einer drei Meter langen Harpune, die acht scharfe, lange Zacken und einen geschnitzten Griff mit einem Federbüschel hatte. An der Harpune war ein Tau aus Buschfasern befestigt, und wenn die Männer ein Krokodil getroffen hatten, zogen sie es bis ans Kanu heran. Der erste Mann stieß mit einer Stange nach ihm – damit das Krokodil etwas zum Angreifen hatte und abgelenkt wurde –, während der zweite Mann es mit einer Axt tötete. Dazu gehörte einige Geschicklichkeit bei diesen gepanzerten Tieren, denn er mußte die empfindliche Stelle im Nacken, unmittelbar hinter dem Kopf treffen.

Als ich mit meiner Taschenlampe über das Wasser leuchtete, blickte ich in ein Universum funkelnder roter Augen, gleich einer Galaxis roter Sterne. Nach ungefähr einer Stunde verschwand der Mond hinter einem Wolkenschleier, der immer dichter wurde, bis der Himmel ganz schwarz war und nur gelegentlich von Blitzen erhellt wurde. Die Männer beschlossen, Schluß zu machen. Als wir zurückpaddelten, erklärten sie mir, daß die Krokodile die Vorfahren des Menschen seien und daß der erste Mensch von einem Krokodil geboren wurde, das auch die Erde geschaffen hatte. Als der Mensch feststellte, daß er allein war, weinte er, und aus seinen Tränen entsprang der Sepik.

Ich schlief in meiner Hängematte, die hoch über dem Boden angebracht war und sich außerhalb der Reichweite wandernder oder neugieriger Krokodile befand. Am nächsten Morgen wurde die Beute des vergangenen Tages und der vergangenen Nacht gehäutet. Mir machte das nichts aus, im Gegenteil, es gab mir die Gelegenheit, den Körperbau dieser Tiere genauer kennenzulernen. Nachdem die Haut abgezogen war, sah ich erst, wie unglaublich stark ihre Sehnen und Muskeln sind. Einer der Männer zeigte mir, daß sie noch ein zusätzliches Paar opaker Augenlider besitzen, die ihre Augen unter Wasser schützen, und daß Kehle und Nüstern mit verschließbaren Klappen versehen sind, so daß sie mit halboffenem Maul auftauchen und ihre Beute packen können, ohne daß ihr Atemsystem voll Wasser läuft. Besonderen Eindruck machte mir das Maul: Sie haben keine Zunge, was ich nicht wußte, und ihre messerscharfen Zähne befinden sich außerhalb des Maules. Sie können ihre Kiefer deshalb nur auf- und zumachen, aber nicht kauen. Die Zähne saßen so fest, daß ich keinen herausziehen konnte, und dabei hätte ich doch so gern einen als Souvenir gehabt. Meine Gefährten sagten, daß die

Krokodiljäger enthäuten ihre Beute

Schädel monatelang in der Sonne trocknen müßten, ehe sich die Zähne lösen ließen. Der eine zeigte mir einen großen Zahn, den er an einem Band um den Hals trug. Der

153

Zahn war hohl, so daß innen drin ein neuer Zahn wachsen konnte, um den äußeren zu ersetzen, wenn er untauglich wurde. Als der Mann mein Interesse bemerkte, schenkte er mir den Zahn.

Gegen Mittag brieten wir einige Schwanzstücke, die hervorragend schmeckten, ganz ähnlich wie Hummer. Das übrige Fleisch wurde zum Räuchern zurechtgeschnitten. Die Häute werden von Händlern gekauft, die hin und wieder in die Dörfer kommen und ungefähr hundert *kina* (etwa DM 250,–) für eine Haut von fünfundfünfzig Zentimetern zahlen. Gemessen wird der Umfang, nicht die Länge. Das Gesetz verbietet den Kauf übergroßer Häute, so daß große Krokodile verschont werden. Die Jäger scherten sich nicht darum – sie mußten hart arbeiten, um jeden Tag ein paar zu erwischen, und Krokodile gibt es ja in Hülle und Fülle. Jedes erwachsene Weibchen der Salzwasserart legt jährlich zwischen vierzig und achtzig Eier und das der Süßwasserart um die fünfundzwanzig. Die Eier sind länglich und haben weiße Dotter; sie schmecken ungefähr wie Hühnereier. Im Sepik leben sowohl Süßwasser- als auch Salzwasserkrokodile, letztere werden bis zu zehn Meter lang und sind ziemlich angriffslustig, während die Süßwasserkrokodile kleiner und recht harmlos sind.

Als meine Freunde wieder in ihr Dorf zurückkehren mußten, wurde es auch für mich Zeit, zum Sepik zurückzukehren. Nach diesen »Ferientagen« packte mich mein Taten- und Forschungsdrang wieder aufs neue.

Dörfer gab es kaum. Mowi war das erste richtige Dorf, und da es regnete, gingen die Dorfbewohner mit mir in ein *hauswind* – einen Unterstand ohne Wände –, wo sie sich auf dem Boden niederließen, um mich zu beobachten. Ich fragte, ob jemand mir ein Paddel verkaufen könne – mein Redwood-Paddel hatte sich als zu kurz erwiesen –, und ich kaufte ein zwei Meter langes für einen *kina* (etwa DM 2,50). Es war alt und stabil, aber unbearbeitet. Als ich mein Messer herausnahm und zu schnitzen anfing, sagte ein alter Mann neben mir: »*Mi laik wokim disfela*« – Laß mich das machen –, und so reichte ich ihm das Paddel. Während der

Zum Trocknen aufgehängte Krokodilhäute

Arbeit unterhielten wir uns. Sein vierzehnjähriger Lehrling saß daneben und sah ihm dabei genau zu. Im Verlaufe des regnerischen Nachmittags wurde der Meister oft müde und döste ein, und dann schnitzte der Lehrling die weniger wichtigen Zeichen, gab dem alten Mann aber das Paddel wieder, wenn dieser aufwachte.

Unter einem nahegelegenen Pfahlhaus schlug ein Junge auf vier hohlen Bambusröhren verschiedener Länge Rhythmen und produzierte dabei einen melodiösen Heulton, der fast surrealistisch klang. Geräusche des Raumfahrtzeitalters in einer Steinzeitkultur.

Frauen in Grasröcken waren damit beschäftigt, eine Sagopalme aus dem Fluß zu hieven. Das Innere des Stammes wurde später zerstampft und in einem lang dauernden Prozeß zu Sago verarbeitet, dem klebrigen Gelee, das die Grundlage ihrer Ernährung bildet.

Es regnete immer noch. Der alte Mann wachte auf. Als ihm einfiel, daß er am Vortage ein Schwein getötet hatte, gab er seinem Lehrling den Auftrag, uns etwas gebratenes Schweinefleisch zu bringen.

Im Verlauf des Tages war fast die ganze Dorfbevölke-

Aus dem Mark der Sagopalme wird Sago zubereitet

rung vorbeigekommen, um mich zu begrüßen, und am späten Nachmittag erschienen auch noch diejenigen, die in ihren Gärten gearbeitet hatten, und baten mich, ihnen meine Reiseerlebnisse in Papua-Neuguinea zu schildern. Wir quetschten uns alle, so gut es ging, in eine große Hütte, und ich begann mit meiner Geschichte. Als ich ungefähr in der Mitte war, fing es an zu krachen und zu splittern; das ganze Haus wackelte und fiel in sich zusammen. Unter dem Gewicht so vieler Menschen waren die Pfähle eingeknickt und gebrochen. Die Menschen flohen in alle Richtungen, als das Haus zusammenstürzte, aber alle konnten sich ins Freie retten, ehe das Dach einbrach. Zum Glück wurde niemand schwer verletzt, ein paar hatten jedoch schmerzhafte Schrammen und Abschürfungen abbekommen.

Sie stellten mir ein anderes leeres Haus zur Verfügung, und eine ganze Kompanie von Jungen wurde damit beauftragt, für mich zu sorgen. Sie holten und kochten Wasser und bereiteten mir ein schmackhaftes Mahl, bestehend aus Fisch, Sago und einer dickschaligen Pflanze in rotem Saft.

156

Am Oberlauf des Sepik

Am nächsten Morgen bereiteten mir acht kleine Jungen eine Alternative zum englischen Frühstück – aus einem Schweineohr und einem gekochten Krokodilei mit geröstetem Sago. Außerdem füllten sie meine Wasserflasche mit starkem, heißem Kaffee, den ich trank, als ich flußabwärts trieb. Der Kaffee blieb den ganzen Tag heiß, wenn ich die Flasche in der Sonne ließ. Wie die Eingeborenen trank ich das Wasser des Flusses, wenn es mir auch nicht gelang, das Wasser mit den Händen zu schöpfen, in die Luft zu werfen und gleichzeitig mit dem Mund aufzufangen, wie sie es taten. Das Wasser des Sepik war immer schlammig; an manchen Tagen schmeckte es schlammiger als an anderen.

Ich folgte dem Mäanderlauf des großen braunen Flusses durch den Dschungelwald; und die Strömung folgte der Richtung, die der Fluß einschlug. Ich lernte, bei den Haarnadelkurven achtzugeben, wo die Gegenströmung mit der Hauptströmung zusammentraf und die Wasseroberfläche aufwühlte, und die plötzlich entstehenden Wellentäler mit einzukalkulieren, die dadurch hervorgerufen wurden, daß tiefe Strömungen gegen die Ufer prallten. Da ich mich in gleicher Höhe mit dem Wasser befand, sah alles schlimmer aus, als es in Wirklichkeit war. Der Sepik ist kein schneller oder wilder Fluß, und der Rand meines Kanus stand mindestens fünfzehn Zentimeter über dem Wasser.

Doch mit jedem Tag wurde der Sepik breiter und stärker. Die Innenseiten der Haarnadelkurven waren jetzt voller Strudel, die alle ihren eigenen Rhythmus und ihre eigene Geschwindigkeit, je nach Druck, hatten. Ich beherrschte das Kanu immer noch nicht besonders gut, da ich es nicht gelernt hatte, gleichzeitig zu paddeln und zu steuern, und als ein Nebenfluß in den Hauptfluß mündete, paddelte ich auf die andere Seite, um dem stürmischen Wasser auszuweichen. Das mußte die Stelle sein, vor der mich der alte Holzschnitzer gewarnt hatte. Wenn ich dort hineingeriete, hatte er gesagt, würde ein *sanguma* kommen und erst meine Arme, dann meinen Kopf und schließlich meinen ganzen Körper nehmen und mich irgendwie verändern. Das *sanguma* setzt diesen Menschen wieder zusammen, aber hinterher ist er sich des Unterschiedes oder dessen, was passiert ist, nicht bewußt.

Es war ein heißer Tag. Die Sonne brannte von dem blauen Himmel herunter, aber eine kühle Brise wehte flußaufwärts. Die Luft war von dem Gesang der Zikaden erfüllt, und große gelbe und schwarze Schmetterlinge tanzten vor mir auf und ab. Ich spritzte mir Wasser aufs Gesicht; mein Gesicht und meine Arme brannten, und meine Hände fühlten sich rauh und schwielig an. Ein einsamer weißer Reiher – ein *suan* – flog tief über dem Wasser an mir vorbei. Gelegentlich nahm ich bei Haarnadelkurven, wo der Fluß allmählich eine neue Richtung erzwingt, den direkten Weg. Als ich einmal aus solch einer Rinne herauskam, erblickte ich denselben weißen Reiher, der immer noch mühelos den Hauptfluß entlangschwebte.

Dann sah ich etwas, was eine weitere Abkürzung zu sein schien, und hielt darauf zu. Ich mußte mich tüchtig ins Zeug legen, um die Hauptströmung zu queren und nicht die Einfahrt zu dieser Rinne zu verpassen, und erreichte sie, ehe ich einen Blick hineinwerfen konnte. Das Kanu schoß hinein, und entsetzt stellte ich fest, daß ich mich in einer Sackgasse befand, wo die Strömung sich ständig um sich selbst drehte. Mein Kanu machte ein dumpfes Geräusch, als es davon erfaßt wurde, und ich wurde in den schäumenden Strudel hineingezogen. Ein toter Baum trieb ebenfalls im Kreis herum und stieß mehrmals gegen das Kanu. Ich hatte mich in den Zweigen des Baumes verfangen und kam nicht wieder frei, und obwohl ich mit aller Kraft paddelte, wurde das Kanu ständig herumgewirbelt. Ich versuchte, nicht in Panik zu geraten, und sagte mir, daß alles nicht so schlimm sei, solange das Kanu nicht kenterte. Dann verhakte sich der Bug in einem dicken Ast, und ich kroch nach vorn, um das Kanu wegzustoßen. Aber ich hatte nicht die Kraft dazu – der Ast wurde nach unten gedrückt und viel schwerer, weil der ganze Baum hin und her rollte, während er sich im Kreise drehte. Voller Verzweiflung schnappte ich mir mein Buschmesser und hieb auf den Ast ein; er brach auseinander, und mein Kanu kam gerade noch rechtzeitig los. Mit einer Stärke, die mich selbst überraschte, kämpfte ich mich frei und erwischte die Strömung nach draußen.

Ziemlich geschockt und sehr erleichtert ließ ich mich flußabwärts treiben. Vielleicht war das die Stelle, die der alte Mann gemeint hatte. Ich untersuchte das Kanu und stellte fest, daß es an der einen Seite einen Riß hatte. Wasser sickerte bereits ein, und ich mußte dringend das nächste Dorf erreichen, um das Leck zu reparieren.

Zum Glück befand sich in dem nächsten großen Dorf, in Inioc, ein Camp mit Minenarbeitern, die in ihrem Depot ein paar rostige Nägel, Kitt und einige Blechdosen hatten, die ich flach klopfte und entsprechend zurechtschnitt. Als ich jedoch das Kanu ans Ufer gezogen hatte, um es trocknen zu lassen, bekam es in der heißen Sonne einen neuen Riß, der in der Höhe der Wasserlinie durch die halbe Längsseite des Kanus verlief. Es war nicht genügend Kitt für beide Risse da, aber jemand führte mich zu einer Stelle am Ufer, wo es guten Lehm gab, den die Eingeborenen für die Reparatur ihrer Kanus verwendeten. Als ich das Boot ausbesserte, stellte ich zu meiner Überraschung fest, daß die Seiten zwar ziemlich dünn waren, die Unterseite aber sehr dick und massiv. Ich entdeckte auch einige stark beschädigte und morsche Stellen und konnte nur hoffen, daß das Kanu bis zum Schluß der Reise durchhalten würde.

Viele Dorfbewohner gaben mir wertvolle Ratschläge, der *luluwai* – der Stammeshäuptling – drückte mir sein Bedauern aus und verkaufte mir zwei *garamut* – Trommelstöcke –, eine kunstvolle Schnitzarbeit, die eine Kombination von Mensch und Krokodil darstellte. Am frühen Abend setzten sich einige mit gelbem Ocker vollgekleisterte Witwen zu mir. Kopf, Haar und Schultern waren mit der Farbe eingeschmiert, ihre Brüste waren lang, flach und leer, aber als die Sonne über dem Fluß unterging, leuchteten ihre Körper in dem goldenen Licht.

Als ich Inioc am nächsten Morgen verließ, bemerkte ich, daß das Wasser in der Nacht um einen halben Meter gefallen war. Die Leute sagten, daß der Wasserstand für die trockene Jahreszeit immer noch ungewöhnlich hoch sei. Leider war die Ausbesserung längs der Wasserlinie noch nicht trocken, und als ich mich ins Kanu setzte, sickerte das Wasser wieder durch. Um den Lehm nicht mit dem Wasser in Berührung zu bringen, setzte ich mich auf die andere Seite. Dadurch lag das Kanu zwar schief, aber der Riß befand sich nun über dem Wasser, und darauf kam es ja an.

Nach einer guten Stunde Fahrt bemerkte ich plötzlich eine kleine graue Wolke vor mir, die direkt über dem Wasser entlangtrieb. Als ich näher kam, stellte ich fest, daß es sich um ein dickes Knäuel flatternder Insekten handelte, die wie graue, geflügelte Ohrwürmer aussahen. Ich hoffte inbrünstig, daß sie weder stachen noch bissen, da ich keine Möglichkeit hatte, ihnen aus dem Wege zu gehen. Während ich durch die Wolke hindurchpaddelte, fiel mir auf, daß sie sich höchst eigenartig verhielten. Sie flatterten über dem Wasserspiegel, flogen hoch, schossen auf das Wasser zu und bremsten ab, um auf der Oberfläche entlangzugleiten. Sobald einer regungslos dalag, kam ein anderer und gab ihm einen Stoß. Es sah aus, als ob sie kämpften. Unter den grauen Insekten entdeckte ich nun auch gelbe flaumige, und allmählich wurde mir klar, daß sich hier eine Verwandlung vollzog. Durch die Reibung mit dem Wasser platzten die alten grauen Häute auf, die sie im Flug abwarfen, um sich in blaßgelbe, geflügelte Insekten mit einem etwa zwei Zentimeter langen Schwalbenschwanz zu verwandeln. Die Insekten schwirrten in solcher Dichte um mich herum, daß ich kaum den Bug erkennen konnte, und jedesmal, wenn ich das Blatt wieder aus dem Wasser zog, mußten einige dran glauben. Ab und zu hüpfte ein Fisch hoch, um sich eins zu schnappen, ein Fischadler stieß herab und schnappte sich ebenfalls einen Schnabel voll.

Später kam ich an ein paar Fischern vorbei. Mit wurfbereitem Speer standen sie regungslos in ihren leichten Kanus in der starken Strömung und spähten ins Wasser. Ich trieb zufrieden weiter. Einmal wurde ich von Möwen, die auf einem im Wasser treibenden Baumstamm hockten, überholt.

Am Nachmittag erreichte ich Tauri, ein Pfahlhüttendorf, das in einem Kokospalmenhain lag. Die Leute überließen mir eine Hütte zum Schlafen, nicht weit von den Hütten der Männer, von wo dumpfer Trommelschlag herüberdröhnte, als die Männer, erst schnell und dann langsam, auf ihre Garamut-Trommeln schlugen. Eine Frau erklärte mir, daß die Männer damit ihre Trauer über den Tod von vier Jagdhunden zum Ausdruck brachten, die im Kampf mit einem wilden Schwein getötet worden waren. Später brachte man mir etwas zu essen: eine Suppe aus saksak und grünen Blättern, angereichert mit einer Handvoll jener flaumigen gelben Fliegen. Ich dachte an mein morgendliches Erlebnis; es war seltsam, wie das Leben so spielte.

Meine Reise flußabwärts ging ohne jede Eile vonstatten. Die Feiern für den Unabhängigkeitstag waren im Gange und dauerten drei Tage. Jeden Morgen paddelte ich deshalb so lange, bis ich ein Dorf erreichte, in dem gefeiert wurde. In Oun fand für die nicht initiierten Jungen ein Wettkampf im Bogenschießen statt. Das Ziel war eine Bananenstaude in einer Entfernung von achtzehn Metern. Die verwegensten Jungen traten zuerst einen Schritt vor und legten munter Bambuspfeile an ihre Bögen an, aber keiner nahm sich die Zeit, um zu zielen, und nur einer traf wirklich ins Schwarze. Die meisten Pfeile berührten die Staude nicht einmal. Ich wunderte mich, daß sie gar nicht zielten, und dann fiel mir ein, daß die Hochländer bei ihrer Stammesauseinandersetzung das auch nicht getan hatten.

Von Oun aus paddelte ich nach Kubkain, das auf einem in den Fluß hineinragenden felsigen Hügel lag. Ringsherum gab es unzählige Strudel, manche davon so stark, daß sie ein Kanu leicht zum Kentern bringen konnten. Aber ich mußte durch, um zu dem »Parkplatz« für Kanus zu gelangen. Eine Menge Leute entdeckte mich, als ich näher kam. Ich hoffte, daß ich mich nicht gar zu dumm anstellen würde, und erreichte das Ufer zum Glück, ohne mich im Kreis zu drehen oder gegen zu viele andere Kanus zu stoßen. Ich parkte mein Kanu neben einem »Cadillac«, einem großen Kanu mit einem herrlich geschnitzten Bug, der den Kopf eines Krokodils darstellte.

Die Feiern hatten bereits begonnen. Ich bekam noch den Schluß der Rede des Stammeshäuptlings mit, wo dieser erklärte, daß in diesem Jahr keine Kämpfe erlaubt seien, und wenn es doch dazu käme, er strenger dagegen vorgehen würde als im vergangenen Jahr. Am Nachmittag sollten verschiedene Fußballspiele stattfinden und am Abend ein *sing-sing race* – ein musikalischer Wettbewerb.

Einige Missionare hatten den Leuten das Fußballspielen beigebracht und aus vier verschiedenen Dörfern Mannschaften zusammengestellt. Sie hatten den Ball und Teile der Fußballausrüstung gestiftet. Zwei Spieler hatten Schuhe, einer nur Kniestrümpfe, und drei trugen jeweils nur einen Strumpf, der beim Laufen immer herunterrutschte. Mehrere Spieler hatten Sonnenbrillen auf, einer mit nur einem Glas. Das Spielfeld war so uneben, daß der Ball in die seltsamsten Richtungen sprang, und die Spieler schlugen ihre Pässe mit solcher Begeisterung, daß der Ball oft in Bäumen landete oder in die Menge flog. Kleine Kinder hatten die Aufgabe, die Hühner vom Platz zu verscheuchen.

Das erste Spiel lieferten sich Kubkain und Swakop. Swakop war, wie mir erzählt wurde, ein böses Dorf mit vier Geisterhäusern. In der Pause bekam ich eine Tasse mit heißem, süßem Tee und gekochte Sagomaden. Sie sahen alles andere als appetitanregend aus, aber aus Höflichkeit aß ich eine. Der Kopf war knackig und der Körper weich; ich schluckte sie rasch hinunter, um sie nicht schmecken zu müssen.

Später entdeckte ich zu meiner Überraschung drei europäische Gesichter; eines gehörte dem katholischen Pater, der seine Mission besuchte, und die andern beiden gehörten Schwestern von einem Spracheninstitut (SIL). Die Schwestern riefen mich zu sich, und wir unterhielten uns über ihre Arbeit, die unter anderem darin bestand, aus den einheimischen Dialekten Schriftsprachen zu entwickeln und dann die Bibel in diese Dialekte zu übersetzen.

In den ersten beiden Spielen gab es keine Tore, und jemand machte den Vorschlag, die Torpfosten weiter auseinanderzustellen, fand aber damit kein Gehör. Das Turnier

Kanu-»Parkplatz« in Kubkain

dauerte bis zum Einbruch der Dämmerung. Nachdem die
Sieger (Kubkain) ihren Applaus bekommen hatten, zogen
sich die Mannschaften zurück, um sich zu waschen und sich
für das *sing-sing-race* am Abend umzuziehen, bei dem ich
als einer der Preisrichter fungieren sollte.

Als die jungen Männer in ihren *bilas* erschienen und die
erste Gruppe die Bambusbühne erklomm, war es dunkel.
Die Lampen wurden angezündet, und die Männer legten
los. Schwarze, glänzende Gestalten schlugen Trommeln,
klimperten auf Ukulelen und hüpften auf der Bühne auf
und nieder, so daß das ganze Podium wackelte. Ich wußte
nicht, wie ich mich verhalten sollte, und fragte mich, was
um alles in der Welt hier eigentlich vor sich ging und was
ich hier tat. Das Ganze war so absurd, daß ich laut auflach-
te. Die Männer tanzten mit solch einem Schwung, daß das
Podium verstärkt werden mußte, ehe die zweite Gruppe
auftreten konnte. Als die Bühne wieder in Ordnung war,
trat der Leiter der zweiten Gruppe vor, um sie vorzustel-
len. In seiner Nervosität vergaß er nicht nur, was er sagen
wollte, sondern auch den Namen seiner Gruppe.

Ihr Auftritt gestaltete sich noch wilder als der der ersten

Gruppe. Sie sprangen über die Bühne und bearbeiteten dabei verschiedene Holztrommeln, Bambustrommeln, Blechdosen und Saiteninstrumente unterschiedlichster Art. In ihrer musikalischen Raserei benutzten sie das Podium wie ein Trampolin. Es wirkte unwahrscheinlich grotesk. Für ihren Einsatz gab ich ihnen acht von zehn Punkten, aber am höchsten bewertete ich die Männer aus Swakop, die mit ihren weißumränderten Augen, den zwei flachen, an der Nasenscheidenwand befestigten Muscheln und den perlmuttfarbenen *Kina*-Muscheln um den Hals besonders aufregend aussahen. Sie musizierten mit wahrem Feuereifer und hüpften mit solcher Vehemenz auf der Bühne herum, daß sie oft übereinanderfielen.

Der Abend war ein großer Erfolg, obwohl zum Schluß ein Streit ausbrach, als der Preisrichter die Resultate verkündete. Die Ruhe war bald wiederhergestellt, und die meisten Leute gingen zum Schlafen nach Hause. Nur ein paar von den älteren versammelten sich zu einem traditionellen, etwas sanfteren *sing-sing*.

Als die Unabhängigkeitsfeiern vorbei waren, ging das Leben wieder seinen gewohnten Gang. Mit einem Becher Kaffee in der Hand trieb ich flußabwärts und beobachtete, wie der Morgen um mich herum erwachte. Die ersten Leute, die mich überholten, waren zehn Männer, die in einem Kanu standen und sich mit Paddeln vorwärts bewegten, die größer waren als sie selbst. Unter dem Einsatz all ihrer Muskeln schoß das Kanu nur so durchs Wasser. Während sie an mir vorübersausten, drangen Fetzen eines kriegsähnlichen Gesanges an mein Ohr. Da es eine Gruppe von Kubkain war, riefen wir uns gegenseitig Grüße zu, aber ich zeigte kein größeres Interesse daran, näher mit ihnen in Kontakt zu kommen.

Kurz danach kam ein anderes Kanu mit zwei Männern, deren Brust und Rücken mit dicken Narben übersät war. Die Männer stoppten, um mich zu begrüßen, wobei sie mich *Sepik-meri* – Sepik-Frau – nannten. Als ich sie nach ihren Narben fragte, erklärten sie mir, daß sie den schuppigen Leib eines Krokodils symbolisierten. Die Augen waren um die Brustwarzen eingeritzt, die Vorderbeine liefen die

Rippen hinunter, und der hintere Teil ging über die Schultern, den Rücken und die Oberschenkel. Nach einem kurzen Schwatz verabschiedeten wir uns voneinander. Sie kamen von den Bergen hinter Ambunti, wo diese Zeremonie zu Ehren der Krokodile Bestandteil der Initiation ist. Ich ließ mich weiter in den Morgen hineintreiben.

Hinter mir näherte sich ein Floß aus sechs Kanus, die dadurch zusammengehalten wurden, daß die Leute ihre Füße in das Nachbarkanu hängten. Es waren ungefähr zwanzig Kinder und Erwachsene, die Körbe mit Essen, Fisch und Kochtöpfe mit sich führten. Ein Kanu war voller Kokosnußsprößlinge. Auf jedem Heck stand ein Tontopf, in dem ständig Holz brannte, um Essen zu kochen oder Tabakblätter zu trocknen. Ein paar alte Frauen paddelten gemütlich und rauchten Zigarren – in ein Bananenblatt eingerollten Tabak. Andere Frauen nahmen Fische aus und wuschen sie. Ein Möwenschwarm kreiste über ihnen und tauchte nach Abfällen.

Wir waren einige Kilometer nebeneinander flußabwärts gefahren, als sie mich in ihr Dorf Swakop einluden, das nicht weit von Sepik entfernt war. Die Fußballer hatten mir erzählt, daß es ein böser Ort sei, daß die Männer von Swakop die Gesetze der Regierung oder eine Einmischung in ihre dörflichen Angelegenheiten nicht gelten ließen und daß sie keine Fremden mochten. Aber da es sich zweifellos um eine Einladung handelte, beschloß ich, ihr zu folgen. Am späten Nachmittag bogen wir in das Flüßchen zum Dorf ein. In den Strahlen der Sonne, die schräg durch die Bäume fielen, zeichneten sich die Umrisse der dunklen Paddler im dichten Rauch der Feuertöpfe ab.

Bei unserer Ankunft im Dorf wiesen mir die Leute eine alte, wacklige, etwas abseits stehende Hütte zu. Unverzagt beschloß ich, einen Abendspaziergang ums Dorf zu machen. Zu Fuß kam man nicht weit, weil der Boden fast überall unter Wasser stand, und ich nahm deshalb das Kanu. Die Hütten standen auf hohen Pfählen, die Leiter-Stämme waren am oberen Ende prachtvoll geschnitzt. Die Geisterhäuser neigten sich in einem schrägen Winkel nach vorn, und vor einem saß eine Gruppe nackter Männer und spielte auf *Garamut*-Trommeln. Diese Trommeln waren dicke Holzblöcke, die durch einen schmalen Schlitz innen ausgehöhlt waren. Die Seiten waren mit Schnitzereien verziert, und getrommelt wurde mit einem langen, kräftigen, geschnitzten Stock, der unten dicker war als oben.

Überall am Sepik war eingeborenen Frauen der Zutritt zu *haus tamborans*, zu den Geisterhäusern, verboten. Selbst wenn eine Frau nur einen Blick hineinwarf, würde sie kurz darauf sterben. Wie in den meisten Sepik-Kulturen glaubten die Leute in Swakop, daß die Welt der Natur von der Welt der Geister beherrscht wurde. Alles hatte seinen Geist oder *masalai*, und jeder Geist hatte seine eigene Persönlichkeit und seine speziellen Kräfte. Die Menschen gaben gut acht, daß sie die Geister nicht beleidigten, die Stimmungen wie Zorn und Freude Ausdruck verleihen und den Erfolg oder Mißerfolg eines Menschen beeinflussen konnten. Die Kommunikation mit den Geistern fand durch Musik und Träume oder durch Beschwörung statt.

In dem Dorf herrschte eine merkwürdige, angespannte Atmosphäre, und manche Leute blickten mich feindselig an. Ich folgte dem Pfad der Frauen – sie hatten ihren eigenen – und machte einen Bogen um die Geisterhäuser, um ihre Vorschriften und Glaubensvorstellungen nicht zu verletzen und keinesfalls ihren Unwillen zu erregen. Im Gegensatz zu den *guvmen* – Regierungsbeamten – oder Missionaren war ich nicht hier, um anderen meine Gesetze und meinen Glauben aufzuzwingen. Der Respekt, den ich ihnen zollte, wurde auch mir entgegengebracht, und deshalb war ich vielleicht weniger gefährdet, als ich es sonst gewesen wäre.

Ich verließ Swakop ohne Zwischenfall und jagte einen Schwarm Wildenten kilometerlang flußabwärts. Statt auf dem gleichen Weg wieder zum Sepik zurückzupaddeln, den ich gekommen war, folgte ich einem anderen Flußarm, bis ich nach drei Stunden den Sepik erreichte. Er sah jetzt breiter und mächtiger aus als zuvor. Mit jedem Nebenfluß, der in ihn mündete, nahm seine Kraft und Stärke zu. Ich freute mich an dem ständig wechselnden Charakter des

Flusses: Heute war er anfangs sehr breit und seicht, Inseln erhoben sich zwischen den Fahrrinnen; später, als er sich durch den Dschungel schlängelte, wurde er schmaler und kraftvoller. In dem einen Augenblick lagen blaue Hügel in weiter Ferne, im nächsten waren sie hinter mir und dann wieder vor mir – höchst verwirrend. An den Biegungen bildete sich meist eine stärkere Gegenströmung. Manchmal schien das Kanu auseinanderzubrechen, wenn es in Strudel hineinfuhr, manchmal schoß es nach vorn oder zur Seite, und dann glitt mein Paddel, ohne auf Widerstand zu stoßen, durch das Wasser, als ob es dünne Luft sei. Es war herrlich, die Strudel so hautnah spüren zu können.

Ich hatte keine Angst davor, mich zu verirren, denn wo es eine Strömung gab, mußte ich irgendwann wieder auf den Hauptfluß kommen. Ich besaß auch eine Art Karte. Es war eine uralte Fliegerkarte vom nördlichen Neuguinea, die ich von der Frau eines Piloten bekommen hatte. Genaugenommen war es nur eine halbe Karte, denn die andere Hälfte fehlte. Aber auf meiner Hälfte war der Sepik gut zu sehen; es waren nicht nur viele Dörfer mit Namen eingetragen, sondern auch gepunktete Linien, die auf Abkürzungen bei Flußbiegungen hinwiesen. Ich konnte mich zwar nicht mehr ganz darauf verlassen, denn im Lauf der Jahre hatte der Fluß seinen Lauf geändert, und ich stellte fest, daß die Karte mit der Wirklichkeit nur noch wenig gemein hatte. Ich änderte sie entsprechend.

Drei weiße Kakadus flogen kreischend über mich hinweg, als ich mich zwischen Inseln hindurchschlängelte, die mit Bäumen bestanden waren, deren zahlreiche Wurzeln an Fangarme erinnerten. Die glühende Sonne wurde immer heißer, und schließlich bemerkte ich, daß sich Gewitterwolken zusammenbrauten. Es wurde Zeit, nach einem schützenden Dach Ausschau zu halten. Ich hielt an einer Ansammlung von Hütten an, genannt Yassan-Two, wo die Leute eine andere Sprache sprachen und andere Bräuche hatten als in Kubkain und Swakop, obwohl nur eine Tagesreise dazwischenlag. Auch der Bug ihrer Kanus war anders geschnitzt; jede Region oder jedes Dorf schien einen eigenen Stil bei der Gestaltung des Krokodilkopfes zu haben.

Die einen waren grob herausgehauen und schuppig mit gräßlichen Kiefern, die anderen waren flach und sahen hinterlistig aus. Aber die Gestaltung des Bugs war nicht vorgeschrieben, Individualisten konnten ihrem Bug jede gewünschte Form geben. Kurz vor Yassan-Two war ich an einer alten Frau vorbeigekommen, deren Kanubug einen Vogelkopf mit spiralförmigen Augen und einem großen, offenen Schnabel mit einem Samenkorn darstellte.

Zum Abendessen aß ich Fisch und Süßkartoffeln. Die Süßkartoffeln waren eine angenehme Abwechslung zum *saksak,* zumal die heftigen, für die Jahreszeit ungewöhnlichen Regenfälle der letzten Zeit viele Süßkartoffelgärten weggespült hatten, so daß es kaum welche gab.

In jener Nacht brach das angedrohte Gewitter los, und am nächsten Morgen war mein Kanu halb voll Wasser. Das Kanu war eine Art Niederschlagsmesser, an dem ich ablesen konnte, wieviel es in der Nacht geregnet hatte. Ich zog es abends nicht aus dem Wasser und drehte es auch nicht um, weil man das nur tut, wenn man sie für längere Zeit unterstellt. Normalerweise liegen sie nebeneinander am Ufer und sind mit einer Schnur oder einem Tau aus Rinde vertäut, das, um den Bug geschlungen, an senkrechten Stangen am Ufer befestigt wird.

Nach Yassan-Two sollte ich, wie mir gesagt worden war, auf eine Abkürzung achten, die über eine sich lang hinziehende Flußschleife verlief. Aber ich verfehlte sie. Als ich zwei Frauen erblickte, die ihre Fischernetze auslegten, paddelte ich zu ihnen, um sie nach dem Weg zu fragen. Bei meinem Anblick schrien sie auf und ergriffen die Flucht, so daß ich etwas warten und in ihre Richtung lächeln mußte, um ihnen die Angst zu nehmen. Nach einer kleinen Weile kamen sie aus ihrem Versteck heraus und riefen mir zu: »*Yu stap meri?*« – Bist du eine Frau? »*Na ya save pulkanu!*« – Und du kannst ein Kanu paddeln! »*Mi stap meri olsem yutufela*« – Ich bin eine Frau wie ihr beide, erwiderte ich und beobachtete, wie sie diese Tatsache verdauten und sich auf ihrem Gesicht erst ungläubiges Erstaunen und dann Freude spiegelte. Schließlich paddelte eine zu mir herüber. Als sie neben mir war, bot sie mir einen Fisch an.

Wenn es etwas gibt, wovor mir graust, dann ist es, einen lebenden Fisch in der Hand zu halten. Doch um ihretwillen bemühte ich mich, ein erfreutes Gesicht zu machen, als der Fisch sich unter meinem Griff wand und zuckte.

Auf dem Weg zu der Abkürzung kam mein Kanu vom Kurs ab und drehte sich einmal ganz um sich herum. Die Frauen, die mich begleiteten, gackerten böse über meine Art zu paddeln und eilten herbei, um mir zu zeigen, wie man es richtig macht. Beim Sepik-Stil taucht man das Paddel nicht einfach nur ein und aus, sondern vollführt eine kreisende Bewegung, wobei das Blatt in einem bestimmten Winkel durch das Wasser schneidet und die Steuerung übernimmt. Ich brauchte eine Weile, bis ich es begriffen hatte, nachdem ich aber zu einem gleichmäßigen Rhythmus gefunden hatte, merkte ich, daß es eine federnde Bewegung war, weil das Paddel bei diesem Winkel hochschnellt und eine Eigendynamik entwickelt. Meine Technik wurde allmählich besser.

Die Abkürzung war schmal, gewunden und schnell. Sie verlief zwischen fünf Meter hohem Sumpfgras, und nach einer halben Stunde kamen wir auf einem spiegelglatten See heraus. Ein anderer Flußarm brachte uns zum Sepik und zum Dorf der Frauen. Die eine Frau zeigte mir voller Stolz die siebzehn jungen Krokodile, die ihr Sohn aufzog, bis sie so groß waren, daß er ihre Häute an die Händler in Ambunti verkaufen konnte.

Bis Ambunti war es nicht mehr weit, die Frauen warnten mich jedoch vor einer scharfen Biegung und einer Enge, die gefährlich werden konnte. Offenbar war das Wasser dort so wild, daß schon viele Kanus gekentert waren. Um den Krokodil-*masalai* zu besänftigen, der in den beiden Strudeln hauste, sollte ich einige *buai*, Betelnüsse, ins Wasser werfen.

Als ich die rechtwinklige Biegung und die gegenüberliegende Landspitze von weitem erblickte, steuerte ich das Kanu in die Mitte des Flusses. Die Bucht war so groß, daß die Strömung von selbst zurückfließen konnte. Als ich mich der Landspitze näherte, sah ich das spiegelglatte Stück in der Mitte, das mich schon einmal zum Narren gehalten hatte, aber ich ließ mich nicht täuschen, sondern war auf alles gefaßt. Plötzlich geriet die glatte Fläche in Aufruhr, das Wasser strömte zurück, änderte die Richtung und schoß vorwärts. Mein Kanu surfte auf einer hohen Woge entlang, bis sie sich überschlug und wir in den Hexenkessel hineingerissen wurden. Es war ein Heidenspaß – ich sauste zwischen den Strudeln hindurch, prallte gegen ein paar und wurde in Wellen hineingestoßen, die sich in mein Kanu ergossen. Ich paddelte schneller und schneller, bis ich auf einmal durch den Engpaß hindurch war und mich in ruhigerem Wasser befand. Ich war ungeschoren davongekommen.

Ambunti gefiel mir nicht. Es gab dort ein Bierlokal, und in der Nacht wurde ich von einem betrunkenen Mann belästigt. Zum Glück hatte ich die Tür zur Vorsicht verbarrikadiert, aber ich war froh, dem Ort am nächsten Morgen den Rücken kehren zu können. Als ich wieder auf dem Wasser dahintrieb, genoß ich aufs neue die Ruhe und den Frieden; die Strömung war sanft, und ich schlürfte Kokosnußmilch aus frischen Kokosnüssen, die ich in einem Dorf gekauft hatte. Hinter Ambunti verließ ich den Oberen Sepik und erreichte den Abschnitt, der sich Mittlerer Sepik nennt und auf dem reger Verkehr herrschte.

Als ich nach Pagwi kam, war ich vier Wochen auf dem Fluß gewesen, und meine Beine brauchten ein wenig Bewegung. Ich beschloß daher, mich ein paar Tage im Inland umzutun. Ich vertäute mein Kanu an einer Stelle, die von dem allgemeinen Kanu-Parkplatz aus nicht zu sehen war, nahm meinen Rucksack und machte mich zu Fuß auf den Weg.

Yams-Feste, Geisterhäuser und *sing-sings*

Von Pagwi führte ein Weg nach Maprik, wo ich eine Nacht verbrachte, und am nächsten Tag wanderte ich in Richtung Osten. Es tat gut zu gehen.

Als ich durch das Dorf Kuotngu kam, begann es zu regnen, und der Wächter eines *haus tamboran* bat mich hinein. Er hieß Noah und erzählte mir, daß in seinem Dorf gerade ein Yams-Fest stattfinde. Das war also die Erklärung für die vielen Gestelle, vollgepackt mit Yamswurzeln, die mit *bilas* und Masken geschmückt waren. Die bemalten Masken bestanden aus Bambusrohr, die zu Gesichtern verflochten waren. Andere Yamswurzeln hatten Köpfe aus Kletten, in denen weiße Federn steckten, die in dem staubigen Halbdunkel des alten Hauses hell schimmerten. Am Eingang, innerhalb des Palmenzaunes, der das *haus* vor neugierigen Frauen oder Kindern verbarg, brannte ein Feuer. Ich war überrascht, daß ich das *haus* betreten durfte. Ich hatte jedoch gehört, daß dieses Gebiet viele Anthropologen und Besucher anlockt. Vielleicht war das traditionelle Tabu deshalb aufgehoben worden.

Wie die meisten *haus tamborans* in dieser Region war dieses dreieckig und nach vorn geneigt. Das sollte an den Oberkiefer eines Krokodils erinnern. Das Haus hatte ein bis zur Erde reichendes, mit Stroh gedecktes Dach, und in den Pfosten in der Mitte waren grotesk verzerrte Männergestalten in Lebensgröße geschnitzt. Auf dem Boden standen drei große *Garamut*-Trommeln; die größte hatte den ungeheuren Durchmesser von drei Metern.

Ich wohnte bei Noah und seiner Familie, bekam aber nicht viel von ihm zu sehen, da er immer noch Yamswurzeln sammelte, um eine zweite Hütte damit aufzufüllen. Der Anbau und die Ernte von Yams ist Männersache, Frauen dürfen nicht dabeisein.

Bei Einbruch der Dämmerung hörte es auf zu regnen, der Himmel klarte auf und verlieh dem Zwielicht eine eigenartige Leuchtkraft. Einige Männer gingen mit Handtrommeln zu einer sandigen Fläche vor dem *haus tambo-*

171

ran und riefen das Dorf zum *sing-sing* zusammen, um die Yams-Ernte zu feiern. Laut und mächtig klang ihr Rufgesang, bei dem jede Strophe mit einem dröhnenden *heh-oh* abgeschlossen wurde.

Eine Frau kam und sang mit hoher Stimme ein Solo, das die Männer mit einem Chorgesang begleiteten. Aus zwei Yams-Hütten waren *Garamut*-Trommeln zu hören, die von jeweils zwei Männern mit langen Schlegeln geschlagen wurden. Die Leute strömten zusammen und fielen in einen schlendernden Tanzschritt, wobei sie sich zu Rädern innerhalb von Rädern formierten, die sich in entgegengesetzter Richtung drehten. Der Mond war noch nicht aufgegangen, das einzige Licht kam von den flackernden Feuern. Gelegentlich zuckten Blitze, und Leuchtkäfer flatterten durch das Gras. Der Rhythmus der Trommeln mit seinen wechselnden Geschwindigkeiten erinnerte mich an ein altes, von Hand aufgezogenes Grammophon. Männer stimmten Sprechgesänge an, Frauen antworteten mit Gesang, der sich dem jeweiligen Trommelschlag in Stärke und Geschwindigkeit anpaßte.

Um eine Gruppe von hockenden Trommlern gingen acht weitere Trommler im Kreis herum, während die Sänger einen Kreis in der entgegengesetzten Richtung beschrieben. Die Frauen in dem Chor liefen im Schlenderschritt, die meisten hatten ein *bilum* umgehängt, in dem sich entweder ein Baby oder Yamswurzeln befanden. Sie blieben stehen und bildeten ein Knäuel, während sie den Männern zusangen. Der Rhythmus der Trommeln veränderte sich und blieb hinter den Sängern zurück; jetzt setzten die Trommelschläge nacheinander ein. Im Verlauf der Stunden wurde der Rhythmus stärker und intensiver. Das Trommeln dauerte die ganze Nacht.

Bei Tagesanbruch begannen einige Männer Yamswurzeln aufzureihen. Um den *Sing-sing*-Bereich war ein Bambusgestell errichtet worden, gegen das sie die *mamis* – Yamswurzeln – lehnten. Die kleinsten kamen zuerst dran; sie waren ungefähr einen halben Meter lang und hatten Gesichter aus Kletten, die mit Federn und Kapok eingefaßt waren. Ein hoher Bambusstock am Ende des Gestells dien-

Für das Erntefest geschmückte Yamswurzeln

te als Meßlatte und wies Einkerbungen auf, die über Jahre hinweg die Längenrekorde der Yamswurzeln anzeigten; mehrere waren zwei Meter lang geworden, die längste ganze vier Meter. Insgesamt hatten sie zweihundertachtzig Yamswurzeln, und als sie alle auf dem Gestell aufgebaut waren, erschien das ganze Dorf, um sie zu bewundern. Mir gefielen besonders die Yamswurzeln, die mit Ocker bemalt und mit einem *bilas* aus den gelben Federn des Paradiesvogels, Muscheln und Masken geschmückt waren. Diese Yamswurzeln waren an Stangen festgebunden, so daß sie später in einer Prozession zu einem Nachbardorf getragen werden konnten.

Im Laufe des Vormittags kamen Verwandte und Freunde aus anderen Dörfern, um an dem Fest teilzunehmen. Manche brachten Tabakblätter und *buai* mit und banden sie an die Meßlatte.

Zum Frühstück setzten wir uns unter die Palmen und aßen gekochte Yamswurzeln, die in Kokosnußhälften serviert wurden. Hauptgesprächsthema war ein Streit, der in der Nacht entbrannt war, und es wurde beschlossen, daß die Schuldigen den Dörflern zur Strafe ein Schwein stiften müßten. Während wir noch beim Essen waren, trat ein Mann aus dem Yams-Haus heraus; er trug zwei Speere und schritt an den Yams-Reihen entlang, wobei er einen monotonen Singsang an sie richtete. Nach und nach schlossen sich ihm die *big-men* des Dorfes an; sie schritten auf der sandigen Fläche auf und ab, redeten voller Inbrunst auf die Yamswurzeln ein und priesen die Ernte. Hinterher wurden fast alle Wurzeln an die Frauen verschenkt.

Bei meiner Wanderung durch die Region Maprik sah ich viele merkwürdige *haus tamborans;* in einem hatte gerade erst eine Initiationszeremonie stattgefunden. Der Eingang führte durch einen kleinen Tunnel, aus dem ich auf allen vieren kriechend zwischen den auseinanderstehenden Beinen und dem vorstehenden Leib eines weiblichen Krokodils aus Holz in die Hütte gelangte. Die Initiierten wurden durch das Krokodil »wiedergeboren«. In einem anderen *haus tamboran* standen merkwürdig verzerrte Statuen, darunter eine nackte ruhende Frau in Lebensgröße, primitiv gearbeitet, aber so verehrt, daß die Männer ihr Kalk auf den ockerfarbenen Körper aus Holz streuten. In einer

Yams-Hütte fiel mir unter den Yams-Masken eine Wurzel auf, die mit dem Kopf einer Plastikpuppe geschmückt war. Mit seinen blauen Augen, dem gelben Haar und der rosafarbenen Haut wirkte er vollkommen deplaziert.

Nachdem ich Kuotngu verlassen hatte, folgte ich eine Weile einer Jeepspur und dann einem kalten, klaren Flüßchen, das mich an mehreren Dörfern vorbeiführte, bis ich zu einer kleinen Klamm kam, wo ich ein Picknick machte. Dort beobachtete ich einige auffallende schwarze und gelbe Schmetterlinge, die sich Nektar aus roten Hibiskusblüten holten. Ich stieg dann einen Hügel hinauf, um zwei hohe *haus tamborans* zu besichtigen, die in einem Abstand von zehn Metern einander gegenüberstanden. Die Vorderseiten waren mit Rinde besetzt und mit den Gesichtern von Vorfahren bemalt, was für diese Gegend typisch war. Ein Dorfbewohner erklärte mir, wen die Gesichter darstellten, und zeigte mir das Innere, wo sich Statuen, Waffen, eine Trommel und viele Spinnweben befanden.

Ein morastiger Weg führte mich aus dem Dorf hinaus und an moosbewachsenen Bäumen, Farnbäumen und Orchideen vorbei; es war kühl und schattig. Niedrige Felsen und kleine Schieferhöhlen bestimmten das Bild der Landschaft, und ich badete in einer der vielen kleinen Wannen, die sich durch den ausgewaschenen Schiefer in dem Flußbett gebildet hatten. Der Weg endete in einem Dorf, in dem sich ein kleiner von Palmen umsäumter See befand. Hinter dem Dorf, in Richtung auf die Berge zu, lagen zwei weitere Seen; der obere war ein *ples masalai*, ein Geisterort. Er lag in einem Tal, zog sich lang und schmal hin, mit Felsschluchten zu beiden Seiten, und wirkte durch den starken Wind, der pfeifend darüber hinwegstrich, geheimnisvoll und spannungsgeladen. In den Hügeln um Maprik herum stieß ich überall auf Flugzeugwracks aus dem Zweiten Weltkrieg. Ein Bomber war in einen Baum gestürzt und nun von Gras überwachsen.

Auf meinem Wege lag ein Dorf, aus dem ein früherer Cargo-Kult-Führer stammte. Er hatte die Leute dazu aufgefordert, ihm eine Schachtel mit etwas Geld zu geben, und behauptet, daß sich die Schachteln mit Geld füllen würden, wenn er sie an einen bestimmten Platz stellte. Obwohl er das Geld einfach nur eingesammelt und für sich ausgegeben hatte, war er jetzt, wie mir erzählt wurde, Abgeordneter des Parlamentes. Ganz unmöglich fand ich allerdings, was ich im Dorf Wingei erlebte, wo ich der Eröffnungszeremonie von zwei neuen *haus tamborans* beiwohnte. Immer wieder kamen verstohlen blickende Männer zu mir, nahmen mich zur Seite und fragten flüsternd, ob ich etwas über eine Kreuzigung wüßte, die Weihnachten in der Nähe von Maprik stattfinden sollte – sie glaubten, Christus sei Weihnachten gestorben –, und was der Ausdruck »bereit, das Kreuz anzunehmen« bedeute. Es war ganz klar, daß hier einige weniger verantwortungsbewußte Missionare am Werk gewesen waren. Und als mir das zerfledderte Exemplar eines apostolischen Blattes gezeigt wurde, begriff ich, was passiert war. Es enthielt den Bericht über den Besuch der Missionare in der Region Maprik, in dem u. a. stand: »Jeden Tag fanden fünf Gottesdienste statt, und das Glück über die tägliche Ernte (neuer Seelen) war ein Labsal für uns. Wir verteilten unsere englische Literatur, und diejenigen, die etwas Englisch konnten, übersetzten sie für die anderen. Unsere Literatur muß unbedingt in die Pidgin-Sprache übersetzt werden, damit die Leute sie lesen können.

Wir möchten euch gern den kindlichen Glauben und die Liebe, die in den Herzen unserer Mitglieder wohnt, schildern … Jeder hatte den Wunsch, uns eine Opfergabe zu bringen. Nach den Gottesdiensten wurden wir mit Essen versorgt, aber aufgrund unseres gedrängten Zeitplans konnten wir nur einen Happen zu uns nehmen, ehe wir wieder weg mußten.«

So sah in meinen Augen Missionsarbeit nicht aus: In eine Gemeinde zu fliegen, den Leuten zu erzählen, daß ihre Glaubensvorstellungen falsch und sündig seien, und dann wieder wegzufliegen, halte ich für äußerst unverantwortlich und lieblos.

Den ganzen Tag lang dröhnten Trommelschläge aus den beiden neuen *haus tamborans*; die Vorderseiten waren noch mit Palmzweigen verdeckt, die erst beim *sing-sing* am nächsten Tag weggerissen werden würden. Sandbedeckte Höfe, die von Palmenwedeln eingefaßt waren, verwehrten den Frauen den Blick auf das Geschehen. Trommeln und Stimmen erklangen kurz und leise, lang und laut, gleich einem umgekehrten Seufzer. Nach einem Abendessen, bestehend aus Wildschwein, *kaukau* und Grüngemüse, legte ich mich schlafen und lauschte dem Trommelklang, der den Hügel hinabrollte.

Als ich in der Morgendämmerung erwachte, hörte ich das Quieken von Schweinen, die zu den *haus tamborans* gezogen oder getragen wurden. Ich schlüpfte in meine Kleider und ging zu den Geisterhäusern hinauf. Dort tat sich nicht viel, abgesehen davon, daß ein nackter Mann vor einem *haus* tanzte. So ging ich zurück, um zu frühstücken. Mein Gastgeber versuchte, mich davon abzuhalten, wieder zu der Festveranstaltung zurückzukehren, weil sie mit dem christlichen Glauben nichts zu tun habe. Sein neuer Glaube verbot ihm, an traditionellen Glaubenszeremonien teilzunehmen; solche Sachen waren Teufelsanbetung.

Als ich wieder zu den *haus tamborans* hinaufging, dröhnten hinter der Einfassung aus Palmwedeln Trommelschläge. Ich sah, wie Zweige durch den Zaun geschoben wurden, und hörte, wie damit geraschelt und auf den Boden geschlagen wurde. Dies war das Zeichen dafür, daß die Frontseite des *haus tamboran* enthüllt werden sollte. Die Palmblätter wurden weggerissen, und zutage kamen die Gesichter zweier Vorfahren unter einer Sonne, aufgemalt auf einen rötlichen Untergrund aus Baumrinde. Darunter war eine Reihe von mondförmigen Gesichtern.

Die Frauen durften am Morgen vor dem Geisterhaus tanzen; sie bildeten eine lange Reihe und tänzelten auf das enthüllte Gesicht zu, gingen zurück und wieder vorwärts. Sobald sie dem Zaun zu nahe kamen, schlugen die Männer heftigst auf die Trommeln. Die Frauen trugen Grasröcke und hielten Sräuße von großen, herzförmigen Taroblättern im Arm. Irgendwie erinnerten sie an Blumennymphen. Der Sprechgesang der Männer klang triumphierend, ihr leises Brummen schwoll zu einem Crescendo von langen *oh-oh-ais* an, in das sich das Grunzen der Schweine mischte, die am Rande der *Sing-sing*-Fläche an Pfosten angebunden waren. Ein Mann, dessen Gesicht mit rötlichem Ocker bemalt war und in dessen Nase Vogelknochen staken, prüfte, ob die Schweine fett genug waren.

Das *sing-sing* bekam Verstärkung, als eine Reihe von Männern erschien, die sich hintereinander um die Taille gefaßt hielten und dabei Kopf und Schultern nach vorn beugten. Als nächstes erschien eine Gruppe von Trommlern und bildete, ineinander verknäult, eine feste, bewegliche Masse. Ihre Gesichter waren in verschiedenfarbige Abschnitte unterteilt, die mit wiederum anderen Farben umrahmt waren. Über dem Mund trugen sie eine aus Perlen zusammengesetzte Scheibe, die rechts und links mit je zwei Keilerzähnen eingerahmt war. Über der Brust hingen, einem Bart ähnlich, mit Perlen besetzte Bänder. Sie bildeten einen monströsen musikalischen Körper, der im Takt der Trommelschläge zuckte und bebte. Immer noch ein unentwirrbares Knäuel bildend, stellten sie sich an die Spitze der in der Hocke tanzenden Männer und formierten den Zug zu einer einwärts laufenden Spirale, die sich in schlangengleichen Windungen bewegte.

Anschließend wurden die achtzehn fettesten Schweine, immer noch an Pfosten angebunden, in zwei Reihen vor das *haus tamboran* gelegt. Manche Schweine waren so schwer, daß sie nur von vier Männern getragen werden konnten. Die Luft war von ihrem zornigen und entrüsteten Quieken erfüllt, als sie an ihren Platz geschafft wurden. In der danach eintretenden Stille ging ein Mann die Reihen entlang und rief die Namen der Leute auf, die die Schweine geschenkt bekommen sollten. Er wurde von einem Mann begleitet, der jedem Schwein mit einem großen Stock einen Schlag versetzte, damit es quiekte, als es aufgerufen wurde. Jedesmal antwortete die Menge mit einem schrillen *o-o-o-o-o*.

Die Männer waren für diese Zeremonie unglaublich geschmückt. Auf Schultern, Rücken und Brust trugen sie gekreuzte Bänder voll *Kauri*-Muscheln und Paradiesvogelfedern, dazu Armbänder aus Muscheln; ihre schwarz ange-

Teilnehmer an einem sing-sing in Festtracht

malten Kinnladen waren mit weißen Punkten eingefaßt;
über ihre Augen verlief ein breiter gelber Streifen, und den
Kopf schmückte ein Stirnband oder ein Kopfschmuck.

Schweine, die aus Anlaß eines Festes geschlachtet werden sollen

Nachdem jedes Schwein seinem neuen Besitzer zugewiesen war, rannten die Beschenkten zu ihrem Tier und begannen, es mit Stöcken zu bearbeiten. Die Menge lachte,

180

als die Schweine grunzten und quiekten. Dann hievten sich die einzelnen Männer ihr Schwein samt Pfosten auf die Schultern und machten sich, mit deutlich hervortretenden Muskeln, eilends davon. Nun kamen andere Leute heran und stießen ihre langen Speere mit Wucht dort in den Boden, wo die Schweine gelegen hatten.

Bei dem zweiten *haus tamboran,* das oben auf dem Hügel lag, fand eine ähnliche Zeremonie statt. Dieses Haus war genauso prachtvoll wie das erste. Gegenüber davon stand ein altes Geisterhaus ohne jeden Schmuck. Die ockerfarbene Verzierung blätterte ab, es waren nur noch die Gesichter von drei Vorfahren mit dem zickzackförmigen Kopfschmuck der damaligen Zeit zu erkennen. Das alte Geisterhaus trug den Namen Minja und das neue den Namen Nau. Neben Nau befand sich ein kleiner Unterstand, in dem ein Schwein geschlachtet und zerlegt wurde. Die meisten Stücke wanderten in den *mumu,* um zum Abendessen serviert zu werden. Nach dem Essen saßen die *big-men* in einem Kreis und erzählten Geschichten.

Die Trommeln dröhnten die ganze Nacht und klangen wie gedämpfter Pferdehufschlag auf ausgetrockneten Prärieflächen.

Als Spionin festgehalten!

Zwei Wochen später war ich wieder in Pagwi, wo ich feststellen mußte, daß mein Kanu gestohlen worden war. Ich hatte es an einer sicheren Stelle vertäut; das hatte ich jedenfalls geglaubt, und der Gedanke, daß es mir jemand wegnehmen könnte, war mir überhaupt nicht gekommen. Kein Mensch reagierte überrascht, und man klärte mich darüber auf, daß der Diebstahl von Kanus in Pagwi an der Tagesordnung sei. Die Leute bedauerten mich, sie hielten es für unwahrscheinlich, daß ich es je wiedersehen würde. Es sah so aus, als ob meine Kanufahrt zu Ende sei. Ich wußte, daß ich nicht genug Geld hatte, um mir ein neues zu kaufen, da ich festgestellt hatte, daß die Preise immer höher wurden, je weiter man flußabwärts kam. In diesem weniger abgelegenen Teil des Sepik waren reiche Touristen bereit, vierzig *kina* (etwa DM 100,–) Tagesmiete für ein Kanu mit Motor zu zahlen.

Es wollte mir nicht in den Kopf, daß mein Boot weg war und daß das Ende meiner Reise gekommen sein sollte. Die Erkenntnis war so niederschmetternd. Ich gab dem Fortschritt die Schuld, der die Stammesmoral verdarb, der »Straße«, über die das Bier in die Dörfer gelangte, den Missionaren und allem möglichen. Als mein Zorn verraucht war, beschloß ich, die Sache praktisch anzupacken. Mein Kanu mußte irgendwo sein, und ich wollte es wiederhaben.

Ich begann damit, daß ich mich bei den Eingeborenen erkundigte, wo ich suchen sollte. Obwohl mir zuerst niemand Auskunft geben konnte oder wollte, lief mir schließlich ein Mann über den Weg, der mir sagte, wo es möglicherweise zu finden sei, aber um dorthin zu kommen, brauche man ein Kanu mit Motor. Daher wandte ich mich an Pagwis *kiap*. Ich erklärte ihm, daß mein Kanu mit dem Vogel-Krokodil-Bug und den mit Lehm und Blechplatten ausgebesserten Stellen sehr auffällig sei, woraufhin er sich bereit fand, mir sein Kanu und seinen Motor zur Verfügung zu stellen. Er schickte mich zur Polizeiwache, wo ich mir Benzin besorgen könne. Der Polizist John Miangi und seine Familie waren reizende Leute, bei denen ich übernachtete.

Früh am nächsten Morgen schafften wir einige Reservekanister zu einem großen Kanu mit Außenbordmotor. Der Mann, der mir den Tip gegeben hatte, kam, und kurz darauf rauschten wir den Fluß entlang. Als wir das Dorf erreichten, das der Mann meinte, fuhren wir langsam an all den Kanus am Ufer vorbei, bis ich ganz am Ende meines erblickte. Da hier so viele Diebe wohnten, hielt John es für unmöglich, den Schuldigen zu finden. Daher banden wir es einfach los und verschwanden. Ich hatte mein Kanu wieder, und ein neuer Abschnitt meiner Reise lag vor mir.

Es machte Spaß, wieder zu paddeln, und wenn ich auch noch viel zu lernen hatte, wurde ich wenigstens nicht mehr von der Strömung in das Schilf getrieben. Und mit der Zeit bekam ich es immer besser in den Griff.

Kurz hinter Pagwi mündet ein Fluß, der aus den Chambri-Seen kommt, in den Sepik, aber er erstickt in Salvinien. Die Salvinie ist eine der am schnellsten wachsenden Pflanzen der Welt. Mein Paddel verfing sich in dem Gewirr von faserigen Blättern und langen Wurzelranken, und ich kam nur langsam und mühsam vorwärts. Von dieser Stelle an war der Sepik von Salvinieninseln durchsetzt, und als ich einmal zwischen solch eine Insel und einen Strudel in der Nähe des Ufers geriet, mußte ich hindurchrasen, um durchzukommen.

Vor mir tauchte ein Dorf mit einem großen *haus tamboran* auf, das wie eine Arche auf Stelzen aussah. Die beiden Giebel neigten sich nach außen und liefen in einer geschwungenen Linie spitz nach oben zu, der First war mit zugespitzten Stöcken besetzt. Hunderte von Schnitzereien stapelten sich unter dem Haus, und alle waren zu verkaufen. Ich stieg aus, um sie mir näher anzusehen, und entdeckte Totempfähle, Querflöten und Trommeln. Aber die Preise waren viel zu hoch für mich, sie waren offensichtlich für Touristen berechnet.

Da ich keine Lust hatte, die Nacht in diesem Dorf zu verbringen, paddelte ich weiter in den stillen Abend hinein.

Die Sonne ging gerade unter, der Vollmond stand bereits am Himmel, im Wasser spiegelte sich das Rot und das Gold der Wolken. Ich schlang mir meinen Sarong um die Hüften und hechtete ins Wasser. Es war herrlich, in diesem breiten Fluß zu schwimmen und sich treiben zu lassen.

Ich kletterte wieder ins Kanu, trocknete mich ab und zog mich um, und als die Dunkelheit hereinbrach, erreichte ich eine einsame Hütte. Sie war baufällig und halb eingestürzt, und zuerst dachte ich, sie sei unbewohnt, aber das war ein Irrtum. Ein freundliches, halbwüchsiges Mädchen kam heraus und sagte, daß es das Haus seiner Familie sei. Es nahm mich mit hinein und stellte mich seinen Eltern vor. Ich wurde zum Abendessen eingeladen, das aus Fisch, dessen Rogen, Grüngemüse und einem dicken Pfannkuchen aus *saksak* bestand. Hinterher unterhielten wir uns über die Schnitzarbeiten des Vaters, die sich unter der Hütte stapelten. Er sagte, daß man beim Schnitzen ein Bild aus dem Holz heraushole, um dem Holz Leben zu verleihen. Schon bald lauschte ich Geschichten über *masalai* und *taim bilong tumbuna* – die vergangenen Zeiten. Nach mehreren Stunden legte ich mich schlafen, erschöpft von dem langen Paddeln und der Aufregung, mein Kanu wiedergefunden zu haben.

Zum Frühstück gab es wieder Fisch und *Saksak*-Pfannkuchen, und hinterher ging ich mit der Tochter los, um die sechs Fische zu holen, die ihr in der Nacht ins Netz gegangen waren. Die meisten waren Nagelfische – ihr Name rührt von den spitzen Stacheln auf den Flossen her –, und sie brach rasch die Stacheln ab, damit sie uns nicht verletzten. Bevor ich ging, tauschten wir Geschenke aus: Ich gab ihr eine Kette aus bunten Glasperlen, und sie überreichte mir ein selbstgemachtes *bilum* und eine kleine Schnitzarbeit ihres Vaters.

Als sich der Fluß durch eine Insel in zwei Fahrrinnen teilte, wählte ich die rechte und war schon fast bei dem zweiten Fluß, der aus den Chambri-Seen kommend in den Sepik mündet, als ich Scharen von Frauen in Kanus begegnete. Sie paddelten zu mir herüber, und als sie längsseits lagen, streckten sie die Hände aus, um mein Kanu festzuhalten, wobei sie alle über das ganze Gesicht strahlten. Sie nannten mich »*Sepik-meri*«, Sepik-Frau, und sagten, daß sie zwar Geschichten von einer weißen Frau und einem Kanu gehört, dies aber nicht für möglich gehalten hätten. Ihre Kanus schlossen sich um mich wie die Blütenblätter einer Lotosblume, und so trieben wir alle zusammen flußabwärts. Singend brachten die Frauen zum Ausdruck, wie glücklich sie waren, mich getroffen zu haben.

Sie hatten Fische aus ihren Netzen geholt und säuberten sie unterwegs, wodurch sie Möwen und goldbraune Habichte herbeilockten, die mit ausgestreckten Krallen herabstießen, um sich die Innereien zu schnappen. Die Frauen sangen immer noch. Sie nahmen mich zu ihrem nahegelegenen Dorf mit, und ich wohnte bei einer dicken, mächtigen Frau und ihren neun Kindern. Alles in allem wohnten ungefähr sechzehn Menschen in diesem Haus: Großeltern, Eltern, Kinder und Kinder der Kinder. Jede Gruppe war für sich untergebracht. Obwohl es keine Wände gab, bildete jede Gruppe eine eigene Wohneinheit mit Feuerstelle, Rauchabzug, Moskitonetz und verzierten Holzhaken unter dem Dach, an denen Körbe mit Essen hingen, um sie vor Ratten zu schützen. Da das große *haus* so voll war, bekam ich eine kleine, unbewohnte Hütte dahinter zugewiesen.

Als ich am Abend am Fluß saß und in meinem Tagebuch schrieb, trat ein junger Mann zu mir und verlangte, meinen Paß zu sehen. Er war barsch und laut, und ich spürte, daß er mir Schwierigkeiten bereiten würde. Dummerweise hatte ich meinen Paß nicht bei mir – ich hatte ihn in Wewak gelassen, weil ich Angst hatte, ihn zu verlieren, wenn mein Kanu kenterte. Ich war gar nicht auf den Gedanken gekommen, daß ich ihn brauchen könnte. Ich erklärte das dem jungen Mann, der mich aber nur anschrie, daß ich lügen würde. Er behauptete, daß ich eine Spionin sei; ich müsse eine Spionin sein, weil ich allein unterwegs sei; ich könne gar keine Touristin sein, weil Touristen nur in Gruppen mit einem motorisierten Kanu reisten. Außerdem habe er gesehen, daß ich die Namen einiger Dörfer auf meine Karte geschrieben und Veränderungen im Flußlauf eingetragen hätte. Andere Stimmen meldeten sich aggressiv zu Wort und schrien, daß Ausländer ohne Paß Spione seien, und bald brüllte alles durcheinander. Schließlich sagten sie mir, ich stünde unter Arrest, und nahmen mir mein Kanu weg, damit ich nicht verschwinden konnte.

Sie ließen nicht mit sich reden; sie waren viel zu aufgeregt, weil sie eine Spionin geschnappt hatten. In Ländern der Dritten Welt gilt jemand, der sich zur falschen Zeit am falschen Ort aufhält, als Spion. Es war eine verrückte und sehr bedrohliche Situation. Mit viel Überredungskunst gelang es mir, die Ruhe wiederherzustellen und wenigstens zeitweise dem gesunden Menschenverstand zu seinem Recht zu verhelfen. Aber es kam immer wieder zu brenzligen Situationen, als jener junge Angeber des Dorfes im Laufe des Abends bei mir auftauchte, um mich zu verhören.

Mehrmals verlor ich die Beherrschung; es war alles so lächerlich und so dumm. Aber ich wußte auch, daß ich an irgendeinem Punkt nicht richtig reagiert hatte, und deshalb hatte ich teilweise selbst schuld. Wenn ich die Sache anders angepackt hätte, hätte es vielleicht keinen Ärger gegeben, aber es ist nicht so einfach, jede Situation richtig zu handhaben. In jener Nacht stellten sie mir eine Wache vor die Hütte.

Das Leben bestand aber nicht nur aus Ärger. Als ich am nächsten Morgen erwachte, war die Luft von Flötenmusik erfüllt. Es war eine leise, traurige Melodie mit hohen schwermütigen Tönen. Ich lauschte, während ich mir in der großen Hütte über dem Feuer Tee aufbrühte. Die Musik schwebte durch die Wände aus Palmblättern herein und durch den Boden aus Palmstämmen zu uns herauf. Die Frauen zeigten Mitgefühl für mich. Theresia, die Matriarchin der Familie, saß in meiner Nähe auf dem Boden. Sie war eine dicke Frau mit einem großartigen Charakter, einem lächelnden Gesicht und roten Zähnen vom Kauen der *buai*. Ohne *buai*, sagte sie zu mir, sei sie nicht glücklich, aber zum Glück habe sie reichlich. Sie gab mir eine Nuß zum Probieren und lachte herzlich über meinen angeekelten Ausdruck, als ich hineinbiß. Die Nuß schmeckte unwahrscheinlich bitter, aber ich hielt durch und kaute sie weich. Dann reichte Theresia mir eine verzierte, runde Kürbisflasche mit weißem Puder. Es war Kalkpuder, und als sie ihn mit dem *buai* und *daka* – Pfefferwein – vermischte, wurde der Saft leuchtend rot. Es war ein Rauschmittel, aber ich kaute nicht genug davon, weil es so bitter schmeckte, und spürte deshalb keine Wirkung.

Theresia ließ sich eine Tasse Tee von mir geben und schüttete sechs Löffel Zucker hinein. Sie hatte einen Berg Süßwassermuscheln vor sich, aus dem sie Kalkpuder herstellte. Nachdem sie die Muscheln gesäubert hatte, kochte sie sie in einem Topf und zerstieß sie zu feinem, weißem Puder. Plötzlich stürzten einige Männer herein und wollten wissen, wer ich war. Es ärgerte mich, daß ich nun schon wieder erklären mußte, daß mein Paß in Wewak war, und um die Prozedur abzukürzen, behauptete ich einfach, daß ihre Regierung es ihnen übelnehmen würde, wenn sie eine Unschuldige festnähmen. Das brachte sie zunächst zur Besinnung. Doch dann sagte einer von ihnen, er habe – vor Jahren – im Radio eines Freundes gehört, daß ein Spion bereits erwischt worden sei, man aber vor weiteren auf der Hut sein und sie sofort verhaften müsse. Offenbar war jener »Spion« ein Freiheitskämpfer aus Westirian gewesen. Er war von den indonesischen Truppen desertiert, hatte die Grenze nach Papua-Neuguinea überschritten und war dann dem Sepik flußabwärts gefolgt. Am Mittleren Sepik war er geschnappt und verhaftet worden, da er keinen Paß bei sich hatte. Ich machte die Männer darauf aufmerksam, daß ich eindeutig keine Indonesierin sei, aber sie hielten dem entgegen, daß sie nicht wüßten, wie eine Indonesierin aussähe und ich deshalb gut eine sein könne.

Nachdem ich nun den Grund für ihre »Spion-Manie« wußte, empfand ich die Situation als etwas weniger bedrohlich. Ich war froh, daß ich genug von ihrem Pidgin verstand – es unterschied sich kaum von dem im Hochland –, um das Wichtigste mitzubekommen. Aber ich beherrschte es immer noch nicht richtig, und das trug nicht gerade dazu bei, meine Frustration abzubauen.

Trotz alledem wußte ich, daß ich mich unter Freunden befand. Theresia wachte über mich und machte ihren Einfluß zu meinen Gunsten geltend. Oft verwies sie die Männer in ihre Schranken. Sie hatte auch herausbekommen, wo mein Kanu versteckt war.

Sie brachte mir bei, wie man *parems*, das hiesige Hauptnahrungsmittel, machte. Sie wurden aus dem gleichen groben Sagomehl hergestellt wie die *saksak*, aber mit ein paar Tropfen Wasser versetzt und zu einem dicken, fast trockenen Pfannkuchen zurechtgeklopft. Dieser Pfannkuchen wurde in einer Bratpfanne aus Ton »gebraten«, wobei die Pfanne so stark erhitzt wurde, bis sie glühend heiß war. Ohne jedes Fett wurde der *parem* direkt auf der Tonfläche »gebraten«. Durch die Hitze des Feuers und der Pfanne brach mir der Schweiß aus allen Poren aus; ich hätte mit dieser Methode niemals zwei Mahlzeiten am Tag zubereiten können. *Parems* schmeckten viel besser als gekochte *saksak*, und wenn sie auf beiden Seiten geröstet waren, schmeckten sie sogar ausgesprochen gut. Zu den *parems* gab es Garnelen oder Flußkrebse.

In jener Nacht erwachte ich gegen Mitternacht durch den Klang von Bambusflöten. Ich stand auf, zog mich an und ging den Tönen nach, bis ich zu einem baufälligen *haus tamboran* kam. Hunde bellten, als ich mich näherte, und Matthias, Theresias Nachbar, kam heraus, um nachzusehen. Er freute sich, mich zu sehen, und sagte, er würde mir die Erlaubnis verschaffen, die Hütte zu betreten. Er verschwand nach drinnen und winkte mich dann herein.

In dem schwachen Licht des Feuers sah ich, daß vier Männer Bambusflöten von zwei Meter Länge spielten, und zwar paarweise. Sie schritten dabei schlurfend im Kreis herum und hielten die Flöten wie Querflöten nach außen, wobei sie sie langsam auf und nieder bewegten wie die Schwingen eines Vogels im Flug.

Unter dem Dach hingen viele lange Flöten, manche waren alt und von Generation zu Generation weitervererbt worden, andere waren in Kämpfen mit anderen Dörfern erobert worden. Matthias erzählte mir, wenn eine Flöte ihren Besitzer wechselte, müsse dieser ihre Melodie erlernen. Jede heilige Flöte trage eine Melodie in sich, und gewisse magische Melodien könnten nur auf einer bestimm-

Sepik-Frau beim Zubereiten von Sago-Pfannkuchen

ten Flöte gespielt werden. Viele hatten große Stöpsel aus Holz und stellten kunstvoll geschnitzte Vögel und Menschen dar.

Nun wurden zwei kurze Flöten ausgewählt, und die Spieler reihten sich in den Kreis der Musikanten ein. Jetzt wurde es lebendiger. Eine andere Melodie wurde gespielt, und die Männer mit den kurzen Flöten begannen auf und nieder zu hüpfen. Sie sprangen wie Frösche und bliesen Töne auf ihren Flöten, die jedesmal mit einem unheimlichen Ho-ho-Lachen endeten, das als Echo aus der Flöte hervorkam.

Ich war so in diese Musik vertieft, daß ich den Mann, der durch die mit Palmenzweigen eingefaßte Tür hereinkam, erst bemerkte, als er vor mir stand und sagte: »*Yu mus dai, nau yu bin lookim insait long haus tamboran, bye yu dai finis*« – Du mußt sterben, jetzt hast du ins *haus tamboran* hineingesehen; wenn du stirbst, ist es zu Ende. Zu meiner Überraschung befahlen ihm die älteren Männer, den Mund zu halten, und ich vergaß den Vorfall schnell wieder.

In einer anderen Nacht erwachte ich davon, daß meine Hütte wackelte. Da ich annahm, daß es mein Wächter war, schrie ich ihn an, er solle damit aufhören. Doch es wurde immer schlimmer, schließlich schwankte und schaukelte die Hütte hin und her, so daß ich aufstehen mußte, um zu sehen, was los war. Als ich aus dem Fenster blickte, bot sich mir ein verblüffender Anblick. Nicht nur alle Hütten schwankten, sondern auch die Bäume und das Land. Ich hörte das Wasser platschen, als ein Stück der Uferböschung und ein Baum ins Wasser fielen.

Das Erdbeben dauerte mehrere Minuten – später las ich, daß auf der Richter-Skala Stärke sieben gemessen worden war –, dann zogen dunkle Wolken auf, und es begann heftig zu regnen. Man hätte glauben können, das Ende der Welt sei gekommen.

Nachdem am nächsten Morgen die Schäden der vergangenen Nacht begutachtet worden waren, flammte das Spion-Fieber wieder auf, und ich versuchte, die Dorfältesten von meiner Unschuld zu überzeugen. Das war zunächst nicht einfach. Erstens hatten sie keine Vorstellung von dem, was ein Spion ist, und zweitens hatten sie kein Verständnis für das Reisen um des Reisens willen. Schließlich erzählte ich ihnen, daß ich eine Geschichte über den Sepik und seine Menschen schriebe, die ich in mein eigenes Land mitnehmen und meinen Leuten erzählen wolle. Die Ältesten billigten das und kamen zu dem Schluß, daß ich kein Spion sei und deshalb gehen könne.

Später ging Theresias Tochter den Fluß hinunter und holte heimlich mein Kanu. Kurz danach brach ich zu den Chambri-Seen auf. Ein schönes Gefühl, wieder frei zu sein.

Meine wiedererrungene Freiheit und die landschaftliche Schönheit der Chambri-Seen versetzten mich in Hochstimmung, obwohl Salvinien die Wasserwege verstopften und das Paddeln sehr erschwerten. Wenn ich schnell genug in einen kleinen Salvinienteppich hineinpaddelte, kam das Kanu durch, sonst blieb es stecken. Kriechpflanzen, Schilf und Gras wuchsen auf den älteren Salvinien; einige waren so ineinander verwachsen, daß sie schwimmende Inseln geworden waren. Vor ein paar Jahren gab es weder hier noch im Sepik Salvinien, jetzt vermehrten sie sich so schnell, daß die Chambri-Seen und die abfließenden Flüsse ernsthaft in Mitleidenschaft gezogen waren. Von jetzt an mußte ich jeden Tag nach offenen Fahrrinnen suchen, und in einer Wasserwelt von grünen Pflanzen und schwimmenden Grasinseln blieb ich oft stecken und verirrte mich.

Eines Abends konnte ich nirgendwo trockenes Land entdecken und mußte, unter dem Schutz meines Moskitonetzes, die ganze Nacht paddeln. Der Vollmond tauchte die Seen in ein geheimnisvolles und aufregendes Licht, in weiter Ferne hörte ich Musik von Bambusflöten. Wie alles andere in Chambri gehören die Flöten entweder der Sonne oder dem Mond, zwischen denen ein Gleichgewicht herrscht (ähnlich der chinesischen Vorstellung von Yin und Yang) . Die Seen gehören dem Mond und einer Hierarchie von Göttern und Halbgöttern, die Namen wie Jambuke und Mali tragen. Es gibt auch Seegeister. Der mächtigste Seegeist ist Munbonk – meistens ein Krokodil, aber er nimmt auch verschiedene andere Gestalten an –, und die Menschen bitten ihn um guten Fischfang und gutes Wetter. Auch die Menschen von Chambri gehören entweder der Sonne oder dem Mond.

Sie bilden ein kleines Volk von ungefähr fünfzehnhundert Menschen und wohnen in drei Dörfern: Aibom, Indigai und Wambunai. Ich besuchte Aibom, das auf einer kegelförmigen Insel liegt und wo es besonders guten Lehm gibt, der für die Herstellung von Feuertöpfen verwendet wird. Aibom ist auf den Handel mit Feuertöpfen und Kochtöpfen angewiesen, da hier keine Sagopalmen wachsen, aus denen *saksak* gewonnen wird. Die Feuertöpfe sollen mehrere Jahre halten, die Bratpfannen ein Jahr. Außer Töpferwaren handeln die Leute auch mit *buai* – Betelnüssen –, und ich kaufte einige, um sie unterwegs verteilen zu können.

Als ich wieder auf dem eigentlichen Sepik war, hielt ich in Kaminabit, wo ich ein erstklassiges Touristenhotel entdeckte. Es war geschlossen, aber zufällig kamen der Besitzer und seine Tochter kurz nach meiner Ankunft und luden mich für die Nacht ein. Er hieß Sapa, war Tscheche, und neben seinem Hotel betrieb er noch den Kauf und Verkauf von einheimischen Schnitzereien, die er nach Amerika exportierte. Es tat gut, wieder Englisch zu hören und ein Glas Wein zum Abendessen zu trinken. An jenem Tage war er zum Hotel gekommen, um es für eine Gruppe von Touristen vorzubereiten; am nächsten Tag wollte er einen Seitenfluß hinauffahren, um einen Markt abzuhalten. Er bot mir an, ihn zu begleiten, wenn ich Lust hätte.

Ich bekam ein Zimmer zugewiesen und schlief in einem richtigen Bett mit Laken. Am nächsten Morgen nahm ich mir meine Karte vor, um zu sehen, wohin Sapas Geschäftsreise gehen sollte. Sie führte Richtung Süden, den Nebenfluß Korosameri hoch und dann weiter zum Blackwater River. Oberhalb dieses Flusses entdeckte ich einen See in einer abgeschiedenen Berglandschaft. Hier entsprangen die Flüsse, die sich in den See ergossen, und ganz impulsiv entschloß ich mich, nach dem Besuch des Marktes den Blackwater River weiter hinaufzufahren, bis ich zu den Quellen oben in den Bergen kam.

Wir banden mein kleines Kanu an Sapas großes Motor-Kanu und fuhren los. Der Korosameri war schlammig, und wir brauchten stundenlang flußaufwärts, ohne irgendwo anzuhalten, bis wir in den Blackwater abbogen und zu dem Dorf Sangriman kamen. Hier sah es aus wie in einem Katastrophengebiet, da ungefähr dreißig Prozent der Hütten vor kurzem bei einem Erdbeben eingestürzt waren. Doch kaum hatten die Leute gehört, daß Sapa da war, um Schnitzereien zu kaufen, eilten sie in ihre Hütten, um ihre Schätze zu holen und vor ihm aufzubauen. Es herrschte eine ungeheure Geschäftigkeit, als die Leute ihre Schnitzereien in einer langen Reihe am Rand der Dorfstraße niederlegten. Und die Reihe wurde immer länger. Da gab es Kulthaken, Speere und Schilde, die mit Ocker bemalt und mit Schutzmotiven geschmückt waren; alte Kanu-Buge in der Form von Krokodilköpfen und Kanu-Schilde, die früher in Kriegszeiten verwendet worden waren. Die Schilde verzierten den Bug des Kanus und bildeten eher einen magischen Schutz als einen tatsächlichen. Sie waren aus der

Rinde der Sagopalme hergestellt, mit den Gesichtern von Vorfahren bemalt und mit langen weißen Federn geschmückt. Angeboten wurden außerdem dreibeinige Schemel, Speere und ähnliche Waffen. Es gab Speerschleudern von einem Meter Länge aus Bambusrohr mit einem Seitenschlitz für das Speerende. Diese Waffen wirkten wie ein Katapult und schleuderten den Speer *longwei tru* – wirklich sehr weit. Ein Mann führte ihn mir vor.

Nachdem Sapa die Reihe abgegangen war und alles gesehen hatte, drehte er um und blieb bei jedem stehen, um ihm seinen Preis für die Gegenstände zu nennen, die er haben wollte. Wenn der Preis nicht akzeptiert wurde, ging er weiter; wurde er akzeptiert, wurde die Schnitzarbeit in sein Kanu geschafft. Ich war vollauf damit beschäftigt, eine Inventarliste zu führen und mit den Leuten fertig zu werden, die uns Waren berechnen wollten, die wir nicht gekauft hatten, oder höhere Preise nannten, als Sapa geboten hatte. Aber dahinter steckte nur gutmütige Schlitzohrigkeit.

Nachdem das Chaos sich geordnet hatte, fuhren wir flußaufwärts. Beim Dorf Kabriman war der Fluß von Salvinien verstopft, daß Sapas großes Kanu nicht weiterkam. Er mußte ja sowieso zum Hotel zurück, doch vorher organisierte er noch einen Markt. Anschließend machten wir an der Uferböschung ein Picknick; wir aßen Sandwiches aus frisch gebackenem Brot und tranken Bier, das er in einer Kühltasche mitgebracht hatte.

Sapa fuhr zurück, und ich übernachtete in Kabriman. Ich wußte, daß mein Kanu klein genug war, um eine Abkürzung durch den Grassumpf wagen zu können und dahinter wieder auf den Fluß zu gelangen. Auf diese Weise würde ich es schaffen, zu dem Quellstrom vorzudringen. Die Dorfbewohner überließen mir eine bequeme Hütte, und am nächsten Morgen – nach einem Frühstück aus Wildente und *saksak* – band ich mein Kanu los und begann die Fahrt durch den Grassumpf.

Solch eine riesige Fläche schwimmenden Graslandes hatte ich noch nie gesehen. Da es ein glühendheißer Tag war, hielt ich an, um ein Bad zu nehmen. Das Wasser war schwarz, aber klar und warm, an manchen Stellen wuchsen

Seerosen und weiße Blumen. Vor mir lagen blaue Hügel und hinter ihnen die Berge mit dem Quellstrom des Blackwater Rivers – meinem nächsten Ziel.

Ich brauchte fünf Tage dorthin. Die saftig-grünen Grasflächen, die aus einem schwimmenden Netzwerk von Wurzeln und Salvinien herauswuchsen, öffneten sich zu zahllosen kleinen, durch ein Labyrinth von Fahrrinnen miteinander verbundenen Seen. Ich verirrte mich darin, während sich im Osten eine große Sturmwolke aufblähte. Bald wurde der Wind stärker und kälter, auf dem Wasser bildeten sich Wellen. Ich brauchte Schutz vor dem Sturm, aber es war nirgends einer zu sehen. Es gab nur einen einzelnen Baum, der mit den Wurzeln im Wasser stand. Ich band das Kanu an einem niedrigen Ast fest und kletterte hinauf, um nach einem Unterstand in der Nähe Ausschau zu halten. Doch da war nichts. Der Sturm näherte sich unterdessen mit solcher Geschwindigkeit, daß ich wieder in mein Kanu kletterte, die Plastikplane um meinen Rucksack und mich selbst wickelte und zusammengekauert auf den Regen wartete. Schon bald spürte ich einige Regentropfen, und dann stürzte der Regen nur so herunter. Ich wurde klitschnaß und dachte: Wieso sitze ich eigentlich hier, lasse mich naß regnen und mir die Laune verderben, wo ich es oben im Baum doch viel schöner haben könnte?

So kletterte ich wieder in den Baum und setzte mich auf die oberen Äste. Der Sturm raste, und die Zweige schwankten wie toll hin und her; es war herrlich.

Dörfer am Blackwater River

Östlich von dem Grassumpf lag das Dorf Kraimbit, wo ich im Laufe jenes Tages hinkam und eine aufregende Entdeckung machte: Einige Jungen standen vor ihrer Initiation und der damit verbundenen Tätowierungszeremonie. Diese Zeremonie, die den Krokodilen geweiht ist, wollte ich unbedingt miterleben. Bisher war noch kein Zeitpunkt bestimmt worden, aber der *kansol* – Ratgeber oder Oberhaupt – meinte, daß es bald soweit wäre, wenn die Zeit paßte und alle bereit seien. Diese Menschen haben kein Bedürfnis und keinen Bedarf für einen genau gegliederten Terminplan; die Zeit muß sich den Ereignissen unterwerfen.

Die Jungen warteten bereits seit fünf Monaten auf ihre Initiation. Sie waren in das *haus tamboran* eingesperrt worden, wo sie wohnten und schliefen und das Essen gebracht bekamen. Während ihrer Wartezeit durften sie nicht von Frauen gesehen werden, aber da ich in den Status eines Mannes erhoben worden war, durfte ich die Jungen innerhalb des Bereiches sprechen, der von Palmwedeln eingefaßt war und das *haus* vor den Blicken der Dorfbewohner verbarg. Die Jungen waren zwölf, dreizehn Jahre alt. Sie trugen einen Gürtel aus geflochtenem Gras, von dem vorne ein Grasbüschel herunterhing, und erzählten mir, daß sie ihrer Initiation mit stolzer Freude entgegensahen. Die Tätowierung ist bei der Initiation nicht vorgeschrieben, und die Entscheidung dafür oder dagegen wird von dem Vater des Jungen und dem Onkel getroffen. Viele Männer in Kraimbit trugen die Narben der Tätowierung: Es waren erhabene, kurze Striche, die sich vom Brustkorb, über Schultern und Rücken bis zu den Oberschenkeln entlangzogen. Die Linien symbolisierten die schuppige Haut des Krokodils. Die im Kreis angeordneten Schnitte auf der Brust stellten die Augen eines Krokodils dar.

Brigita, das kräftige, freundliche Mädchen, bei dem ich in Kraimbit wohnte, fragte mich, ob ich zu der Tätowierungszeremonie zurückkommen würde, und freute sich, als ich ihre Frage bejahte. Ich beschloß, in ein paar Wochen nachzufragen, ob sich etwas tat. In der Zwischenzeit wollte ich meinen Weg zu dem Quellstromgebiet fortsetzen, indem ich wieder durch die Grassümpfe zurückfuhr, bis ich auf den Blackwater River stieß und flußaufwärts fahren konnte. Brigita erklärte mir, daß zwei Dörfer, Kanengara und Kuvemas, flußaufwärts lagen, und dahinter, in den Bergen, befand sich der Blackwater-See.

Nach einstündigem Paddeln kam ich auf den Fluß und folgte ihm nach Kanengara, wo ich aber nur eine kurze Pause einlegte, weil ich das nächste Dorf, Kuvemas, noch vor Einbruch der Nacht erreichen wollte. Der Fluß wurde schmaler und die Strömung stärker, ich merkte deutlich, daß es flußaufwärts ging. Schwärme von Wildenten saßen auf schwimmenden Inseln, und hinter uns braute sich ein Sturm zusammen. Ich paddelte, so schnell ich konnte. Als ich einmal nicht aufpaßte und ins Gras hineinfuhr, schreckte ich eine Unzahl von Insekten und unablässig quakenden Fröschen auf. Der Fluß floß in gelegentlichen Windungen parallel zu einer Hügelkette. Ich begegnete keinem Menschen. Am Ende der Kette machte der Fluß eine scharfe Biegung nach rückwärts und strömte nun nach Süden in hügeliges Gelände, die Berge rückten näher. Der Sturm meldete sich grollend, und der Himmel verdunkelte sich.

Noch ehe der Sturm losbrach, befand ich mich in Kuvemas und unter dem Dach einer großen Familienhütte. Sie wurde von einem Mann und seinen zwei Frauen, seinen verheirateten Kindern und deren Kindern bewohnt. Juli und Martin Mera, ein junges Paar, nahmen sich meiner an und stellten mich jedem Mitglied der Familie vor. Martin klärte mich über die Beziehungen innerhalb der Familie auf und erzählte mir, daß in dem Dorf sechs Hauptfamilien und einige Untergruppen lebten. Jeder hat drei Namen, seinen eigenen, den seines Vaters und den seines Großvaters väterlicherseits. Ihre Abstammung ginge auf drei eigentliche Vorfahren zurück, die Schwein, *guria* und Kasuar hießen.

Im Verlauf des Abends hörte ich immer wieder, wie sich unter uns Hunde wütende Kämpfe lieferten. Bestimmte privilegierte Tiere wurden ins Haus hineingenommen, darunter wilde Ferkel mit schwarzbraunen Längsstreifen, die die Frauen und Mädchen in den Arm nahmen und an sich drückten wie Welpen. Das Abendessen wurde in Feuertöpfen und »Bratpfannen« aus Ton zubereitet, die ich schon in Chambri gesehen hatte. In der Regenzeit gelangen die Leute ohne Schwierigkeiten nach Chambri, weil sich dann ein Strom bildet, der sie dorthin trägt. Die *parems* aus Sagomehl waren trockener und krümeliger, als ich sie bisher kennengelernt hatte, und wurden zusammen mit Fisch und einer Suppe aus Grüngemüse oder geräuchertem Fisch oder auch allein gegessen. Sie waren eine sehr gute Nahrungsgrundlage. Wenn ich ein oder zwei davon zum Frühstück gehabt hatte, hielt ich bis zum Abendessen durch.

Zur Schlafenszeit wurden in zwei langen Reihen Moskitonetze aus Baumwolle aufgehängt, und wir legten uns alle zur Ruhe. Wenn ich bei Familien schlief, verzichtete ich auf meine Hängematte, um die Leute nicht vor den Kopf zu stoßen. Sie konnten sonst glauben, daß mir ihr Fußboden und ihre Art zu schlafen nicht gut genug waren. Daher schlief ich wie die anderen auf einer Matte auf dem Boden.

Am nächsten Morgen beobachtete ich zwei Männer, wie sie ihr gerade ausgehauenes Kanu versiegelten. Sie ließen die Flammen über das Holz streichen, damit es sich zusammenzog und wasserdicht wurde.

Später nahmen mich die Männer zu dem *haus tamboran* mit, einem der größten und kunstvollsten, das ich bisher gesehen hatte. Die nach oben schwingenden Giebelenden liefen in langen Spitzen aus, die auffliegende Vögel darstellten. Im oberen Teil des Hauses befanden sich die Schlafstellen. Der Wohn- und Arbeitsbereich lag darunter – auf der Erde. An den Seiten- und Mittelpfosten stapelten sich Schnitzarbeiten: *wan-legs* – einbeinige Schnitzereien –, Haken, bis zu zwei Meter hohe Masken und langnasige *Tumbuan*-Masken – sie symbolisierten *masalai* und wurden bei *sing-sings* getragen –, Flöten, Trommeln und Waffen. Das einzige, was fehlte, waren die Schädelgestelle, die es hier früher gegeben hatte, wie mir versichert wurde. Ein alter Mann *kämpfte* (ein Pidgin-Ausdruck) mit einer großen *Garamut*-Trommel, in die an der einen Seite ein lebensgroßer Krokodilskopf geschnitzt war. Der dumpfe Schlag vibrierte in der Luft; das war keine Musik, das war eine Sprache. Ich fragte, wie man damit Nachrichten weitergab, und erfuhr, daß jede Familie ihr eigenes Rufzeichen hat. Dieser Mann trommelte zwei Männern im nächsten Dorf zu, daß sich ihre Schweine verirrt hatten und eins getötet worden war.

Um mehrere kleine Feuer waren dreibeinige Schemel und Holzblöcke gruppiert. Die Feuer erfüllten die Luft mit Rauch, aber der Schatten, den er bildete, war angenehm.

Durch den Dschungel und die Hügel hinter dem Dorf floß ein kleiner Fluß mit kaskadenförmigen Wasserfällen, zu dem mich einige Mädchen mitnahmen. Die jüngeren und wagemutigeren Mädchen machten sich ein Vergnügen daraus, die glatten Felsen herunterzurutschen und in das tiefe, klare Wasser zu springen. Ich konnte der Versuchung nicht widerstehen und tat es ihnen nach. Manche Mädchen wiesen auf ihrem Rücken die Narben der Krokodil-Tätowierung auf, im Gegensatz zu den Männern waren Bauch und Brust jedoch nicht gezeichnet. Als ich die Mädchen fragte, warum sie diese Tätowierungen hätten, erwiderten sie: »*Laik bilong mi*« – Ich wollte es.

Während meines Aufenthaltes begann ich zu lernen, wie man nach der traditionellen Methode Holzschnitzereien anfertigt. Die Männer waren ziemlich überrascht, daß eine Frau auch nur auf solch einen Gedanken kommen konnte, aber sie nahmen es gutmütig hin und erlaubten mir auch, innerhalb des *haus tamboran* zu arbeiten. Das Schnitzen wurde zu einem Hobby, das ich bis zum Abschluß meiner Reise ausübte. Meine Lehrer waren meistens alte Männer, die davon sprachen, daß sie den Geist ihrer Vorfahren in ihren Schnitzereien zum Vorschein brachten.

Das war etwas zu anspruchsvoll für mich, und ich konzentrierte mich auf das Erlernen elementarer Dinge, z. B. wie man Axt oder Messer am besten handhabe. Die Axt hatte ein Blatt aus Metall – nicht aus Stein, wie ich es sonst gesehen hatte –, mit dem man die gröberen Umrisse her-

Ein Kanu wird versiegelt und so wasserdicht gemacht

ausarbeitete. Für die Feinarbeit nahm man ein Messer. Meinen ersten Versuch machte ich mit einem Stück Holz von einem unbrauchbaren Kanu. Es entstand eine Figur, die halb Mann, halb Vogel war. Sie war im Grunde gar nicht so übel, und von da an nahmen mich die Männer ernster.

Nach der Arbeit mit dem Messer mußte die Schnitzerei im Feuer »gekocht« werden, um Unebenheiten wegzusengen und das Holz zu versiegeln. Als nächstes brauchte man Rinde, die zerkleinert und zusammengedreht wurde, um daraus Ohr- und Nasenringe herzustellen.

Zur Bemalung der Schnitzereien benutzten die Männer Ocker und zerstoßenen Stein in Rot oder Gelb. Weiße Farbe gewannen sie, indem sie dem Kalkpulver, das beim *buai*-Kauen verwendet wird, Wasser zufügten. Ich mußte meine bisherigen Vorstellungen über den Gebrauch und die Anordnung von Farben ganz vergessen und mir ihre ganz einfache Denkweise zu eigen machen. Pinsel waren kein Problem: Als große Pinsel dienten die Scheiben von Kokosnußschalen, feine Pinsel erhielten wir, indem wir von einem Hibiskusbusch einen Stiel abbrachen und so lange auf einem Ende herumkauten, bis es zerfasert war.

Beim Abschied schenkten mir zwei Männer ihre Schnitzereien, wunderschöne Werke primitiver Kunst.

Von Kuvemas aus paddelte ich den Blackwater weiter flußaufwärts, bis ich schließlich in die Berge kam. Der Fluß war jetzt ganz schmal, und oft war es ein hartes Stück Arbeit, gegen die Strömung anzukommen. Nach mehreren Stunden erreichte ich ein Gebiet mit dichten Wassersträuchern, wo der Fluß im Zickzackkurs verlief. Im Mittagsdunst brach sich das Licht in dem reflektierenden, glatten Wasser auf so vielfältige Weise, daß ich kaum unterscheiden konnte, was wirklich und was nur eine Spiegelung war. Ich sah kaum, wo es entlangging. An einer der kleinen Ausbuchtungen, die mit Seerosen und roten Libellen bedeckt war, hielt ich an, um zu angeln. Über mir schwirrten zwei Nashornvögel, und einige Wildenten flüchteten in V-Formation. Ich rollte mir ein Tabakblatt zu einer Zigarette und hielt die Angelleine zwischen den Zehen, während ich mich in der heißen Mittagssonne ausruhte.

Etwas später begann ich nach einer Fahrrinne zu dem großen See, der, wie ich wußte, in der Nähe lag, Ausschau zu halten. Bald merkte ich, daß die Strömung stärker wurde, und entdeckte eine Lücke im Buschwerk. Das Kanu paßte durch, und ich paddelte auf den See hinaus. Eine kühle Brise strich über das Wasser, das sich in glitzernden Wellen kräuselte, die gegen mein Kanu schwappten. Meine Karte hatte nicht getrogen, es war ein großer blauer See, von einem Kranz grüner Berge umgeben, in dem das Quellgebiet lag. Ich tauchte das Paddel ein und ließ meine Muskeln spielen, sie waren geschmeidig und stark.

Ich paddelte drei Stunden über den See und bis zur anderen Seite, wo sich eine kleine Insel befand. Die ganze Gegend machte einen unbewohnten Eindruck: Offene Grasböschungen führten zu den mit Dschungel bestandenen Bergen hinauf, die den See umschlossen. Ich paddelte am Ufer entlang, bis ich auf einem kahlen Berg ein *haus tamboran* mit hohen Giebeln und einigen Hütten entdeckte.

Es war das Dorf Anganamai und bestand nicht aus großen Familienhäusern wie Kuvemas, sondern aus einer Reihe kleinerer Hütten. Eine alte Frau und ein junges Paar luden mich zu sich ein. Sie sprachen eine andere Sprache als die Leute vom Blackwater River und waren anders, mehr wie ein Bergvolk.

In der Dämmerung wusch ich mich in dem See, begleitet von zehn Kindern, die unablässig sangen. Bei Sonnenuntergang war der Himmel trübe und wolkenverhangen. Zum Abendessen gab es *cuscus* – Opossum –, geschmort in *tu-lif*, stark gewürzten Blättern. Das war das erste Mal, daß ich Opossum aß, es schmeckte ungefähr wie Hammelfleisch. Das Essen wurde auf einer offenen Feuerstelle am Boden zubereitet; Feuertöpfe schienen sie nicht zu kennen, wahrscheinlich, weil sich der Handel nicht bis hierher erstreckte. In jener Nacht tobte ein Gewittersturm. Dreizackige Blitze zerrissen den Nachthimmel, manchmal folgten sie so schnell aufeinander, daß es taghell war.

Am Morgen sah ich mich in dem *haus tamboran* auf dem Gipfel um. Die Schnitzereien unterschieden sich beträchtlich von denen, die ich bisher gesehen hatte. In der Hauptsache stellten sie merkwürdige Frauen und phallische Männer dar, die in Rinde geschnitzt waren. Sie trugen die Mar-

Auf dem Blackwater River

kierungen des Krokodils, und manche erinnerten fast an Marsmenschen.

Die Höhlen der Vorfahren lagen tief in den Bergen. Angeblich bargen sie haufenweise Schädel und wiesen noch Reste der ockerfarbenen Wandbemalung auf. Ich nahm mir vor, einen Blick hineinzuwerfen, wenn ich daran vorbeikommen sollte.

Am Nachmittag hatte ich Lust, angeln zu gehen. Ich suchte ein paar von meinen Sachen zusammen und ging zum See hinunter, zu der Stelle, wo ich, wie ich meinte, mein Kanu vertäut hatte. Aber es war nicht da. In der Annahme, mich geirrt zu haben, suchte ich das ganze Gebiet ab, konnte es aber nicht finden. Allmählich dämmerte mir, daß es wieder gestohlen worden war. Ich war wütend und enttäuscht zugleich. Ich ging ins Dorf zurück und brachte durch Herumfragen heraus, daß jemand aus dem anderen Dorf es genommen hatte – es gab nur zwei Dörfer am Blackwater-See. Um mir zu helfen, stellte sich ein Mann auf den kahlen Hügel und schrie über den See, daß ich mein Kanu wiederhaben wollte. Er sagte mir, daß es eine Weile dauern würde, bis es zurückgebracht würde und daß ich in der Zwischenzeit ein anderes Kanu benutzen könne.

Es war ein langes Kanu, schwerer zu handhaben als meines, aber leichter zu steuern. In einem Teppich von Wasserrosen hielt ich an und riß ein paar von den saftigen, eßbaren Stengeln ab, um darauf herumzukauen. Dann steckte ich einen Sago-Köder an den Angelhaken, warf die Leine ins Wasser und lehnte mich bequem zurück. Eine Stunde verstrich, in der Abendstille wurde der See spiegelglatt. Gerade als ich aufgeben wollte, spürte ich einen Zug an der Leine und zog einen *big-mauf* – eine Barbe – hoch. In besserer Stimmung paddelte ich ans Ufer zurück, wo ich zu meiner Freude und Überraschung mein Kanu entdeckte. Ich versteckte es tief im Schilf, wo es von niemandem gesehen werden konnte, und ging ins Dorf.

Am Abend fand ein *sing-sing* statt. Am Anfang war es ziemlich langweilig. Nur zwei Männer spielten auf der Trommel, ein Mädchen sang, und andere gingen schlendernd im Kreis herum. Es kamen noch ein paar Leute hinzu, die ein monotones »Oh-ei-aoh« anstimmten, aber ich verzog mich lieber zum Abendessen, zu dem es Wildschwein und *saksak* gab. Mein Gastgeber hatte einen Riesenrausch, aber er war sehr liebenswürdig.

Als ich später zum *sing-sing* zurückkehrte, lief es immer noch recht gemäßigt ab. Daher reihte ich mich in den Kreis ein und lernte den Singsang und den Rhythmus. Langsam drehte sich das Rad. Oft hielt es inne, alle ruhten sich einen Augenblick aus, und dann begann es von neuem, um sich stundenlang weiterzubewegen und allmählich in Schwung zu kommen. Inzwischen war der Kreis zehnmal so groß wie am Anfang und vergrößerte sich ständig. Die Leute stampften mit den Füßen auf, die Grasröcke der Frauen wippten bei jedem Schritt, und ihre langen, flachen Brüste hüpften im Takt auf und nieder. Als der Kreis sich drehte, brandeten Wellen von harmonierenden Baß-, Tenor- und Sopranstimmen über mir zusammen, die mir als eine Art Mantra oder Begleiter in eine andere Bewußtseinsstufe dienten. Um Mitternacht legte ich mich schlafen, aber das Singen und Tanzen setzte sich bis zum Morgengrauen fort.

Wie überall, kamen mich in Anganamai alle möglichen Leute besuchen. Die älteren Leute kamen, um zu sehen und zu staunen; manche glaubten, daß ich nicht existent war, und andere waren beunruhigt, weil ich mit neunundzwanzig Jahren keine Babys hatte. Als ich ihnen erklärte, daß ich keine Lust hätte, zu Hause zu sein und Babys zu haben, stimmten viele Frauen mir von Herzen zu, aber ich war mir nicht sicher, ob sie mich wirklich verstanden hatten. Die meisten Dorfbabys schrien bei meinem Anblick entsetzt los, aber die älteren Kinder platzten vor Neugier und folgten mir überall hin; wenn ich stehenblieb, setzten sie sich gern um mich, aber es gab auch Zeiten, wo ich mich belästigt oder wie ein Monstrum aus dem Zoo fühlte, und dann bat ich sie, mich allein zu lassen. Ich vermied es allerdings, sie allzuoft wegzuschicken, denn ich war auf eine Art und Weise in ihr Leben gekommen, die ihre Aufmerksamkeit erregen mußte. Eine Kompromißlösung fand sich, als ich merkte, daß sie den Ausdruck »Gib mir Raum« verstanden.

Manche befanden sich in schlechtem gesundheitlichem Zustand; sie litten an eitrigen Tropengeschwüren, an Malaria, Elephantiasis oder Triefnasen und trockenem Husten. Tuberkulose kam auch vor, und wenn sie mir direkt ins Gesicht husteten – sie hatten keine Ahnung von Bazillen oder wie sie sich verbreiten –, hatte ich Angst, mir etwas zu holen. Ihre Neugier war ja ganz natürlich und führte sowohl zu komischen als auch zu frustrierenden Situationen. Am komischsten war es wohl, als sie zum erstenmal sahen, wie ich mir die Zähne mit Zahnpasta putzte.

Einige schnappten entsetzt nach Luft, als mir der Schaum aus dem Mund quoll, andere standen nur da und starrten mich verblüfft an. Sie putzten sich die Zähne ganz anders und hatten so etwas noch nie gesehen. Sie kauen *skin-dwai*, die Rinde des Zimtbaumes, die die Bazillen abtötet und das Zahnfleisch kräftigt. Ich habe es oft selbst benutzt.

Da es noch zu früh war, nach Kraimbit aufzubrechen, wo die Tätowierungszeremonie vorbereitet wurde, beschloß ich, das Nachbardorf Kanengera zu besuchen und das umliegende Gebiet weiter zu erforschen.

Als ich Anganamai verließ, standen einige Dorfbewohner oben auf dem Hügel, und als ich wegpaddelte, sangen sie ihr traditionelles Abschiedslied. Der Gesang schwebte über dem Wasser und wurde immer schwächer, je weiter ich mich entfernte, war aber noch lange, nachdem ich sie aus den Augen verloren hatte, zu hören.

Kanengera lag auf einer Hügelkette, umgeben von Sumpfwäldern und einem Labyrinth von Seen voller Salvinien und schwimmenden Grasinseln. Vom Ende dieser Hügelkette aus hatte ich einen herrlichen Blick über diese Wasserwelt. Meistens waren ein oder zwei Kanus unterwegs – mit Männern, die fischten oder ihren sonstigen täglichen Geschäften nachgingen. Es war die Zeit, in der Schilfrohr für Matten gesammelt, Sagopalmen für *saksak* und Bäume für neue Kanus gefällt wurden. Die Leute paddelten im Stehen, um über das hohe, schwimmende Gras hinwegsehen zu können. Ich hatte angefangen, diese Technik zu üben, war aber alles andere als sicher – in einem leichten Holzkanu zu stehen ist fast genauso schwer, wie auf einem Baumstamm zu stehen.

Während ich hoch über der smaragdgrünen Fläche saß, beobachtete ich zwei verschiedene Sturmwolken, die sich in weiter Ferne aufbauten und ihren Regen auf die Landschaft abließen. Jemand brachte mir eine frische Kokosnuß voll mit Milch. Nashornvögel flogen flußaufwärts, und ein einsamer weißer Reiher streckte seinen langen Hals zum Abheben erst vor und krümmte ihn dann zweimal, als er schließlich flog. Reiher sind – das ist wahrscheinlich ihr Glück – ziemlich mager und werden deshalb nicht gejagt.

Bei dieser herrlichen Aussicht fühlte ich mich in Kanengera sehr wohl. Ich besuchte aber auch Kanengera Nummer zwei, das einen knappen Kilometer entfernt hoch über einem Sagopalmen-Sumpf lag.

Hier boten mir einige Jungen an, mich auf eine Wanderung mitzunehmen, und so begaben wir uns alle in den Sumpf, der sich unterhalb des Dorfes ausbreitete. Anfangs war der Boden fest, aber der Pfad, der durch den dichten Sagopalmenwald führte, stand unter Wasser; schmale Streifen aus Borke dienten uns als eine Art Planken. Für den Anführer der Gruppe war das Wasser klar genug, um diese Streifen zu sehen, doch sobald er drauf trat, quoll der Schlamm hoch und machte sie nahezu unsichtbar. Während ich dem Anführer folgte, achtete ich darauf, meine Füße genau dort hinzusetzen, wo er seine hingesetzt hatte, und bog sie dabei nach außen, um nicht in die Ritzen zu rutschen und eingeklemmt zu werden.

Wir gingen alle barfuß. Ich hatte meine Dschungelstiefel nicht dabei und meine Riemchensandalen gleich zu Beginn ausgezogen, da sie schlimmer als nutzlos waren. Uns blieb gar nichts anderes übrig, als diesen Pfad zu benutzen, da der Sumpf auf beiden Seiten tiefer und aufgrund der fehlenden Borkenstreifen auch gefährlicher war. Gedrungene, dornige Sagopalmen rückten uns von beiden Seiten auf den Leib. Die Palmzweige waren mit messerscharfen Stacheln besetzt. Wenn man auf sie trat, tat es höllisch weh, und wir mußten immer wieder mal eine Pause einlegen, um die Stacheln herauszuziehen. Zweimal verlor ich das

Gleichgewicht und wäre beinahe hingefallen. Sicher wäre es im Ernstfall besser gewesen, in den Sumpf zu fallen, als sich an den Bäumen festzuhalten.

Ich dachte gerade, daß diese Tour einem regelrechten Alptraum gleichkam, als der Führer ausrief: »*Run huri-up, poison snek*« – Lauft schnell weg, Giftschlange! Vor uns sah ich den langen, dunklen Körper einer Schlange, der gleitend und schwimmend auf uns zukam. Ich erstarrte, wußte nicht, wohin ich rennen sollte, und die Jungen hüpften aufgeregt herum. Aber kaum hatte die Schlange uns bemerkt, wich sie zurück und verschwand einem Peitschenschlag gleich in der Tiefe des Waldes.

Bei der Rückkehr in meine Hütte war ich so erschöpft, daß ich sofort einschlief, wurde aber rasch von einem Freund geweckt, der mir etwas zu essen brachte – Wildschwein und *parem* –, das mir köstlich mundete. Nach dem Essen schlief ich wieder ein, bis mich mitten in der Nacht etwas aufschreckte. Als ich meine Taschenlampe anmachte, entdeckte ich eine große Ratte an meinem Fußende, die sich innerhalb des Moskitonetzes befand. Ich packte den Saum des Netzes und zog ihn hoch, um der Ratte zur Flucht zu verhelfen, aber sie geriet in Panik und rannte innerhalb des Netzes in die falsche Richtung, so daß sie hinter mir war. Ich hob das Netz höher, bis die Ratte glücklicherweise verschwand. Inzwischen hatten jedoch einige Moskitos die Gelegenheit genutzt und waren unter das Netz geschlüpft. Ich war zu müde, um mich darum zu kümmern, und schlief gleich wieder ein.

An einem der folgenden Tage boten mir die Jungen an, mir eine Abkürzung nach Kraimbit zu zeigen. Da sie früher aufbrechen wollten, übernachtete ich in ihrer Hütte, die auf hohen und ziemlich morschen Pfosten stand. In der Nacht kam ein Sturm auf und gefährdete die Hütte, so daß wir durch den Regen zum *haus-kuk* – Küche – gehen mußten. Dort saßen wir, bis der Sturm sich gelegt hatte und keine Gefahr mehr drohte. Die Moskitos quälten uns, und der Regen drang durch die undichte Wand. Als der Wind abgeflaut war und wir wieder ins Bett gehen konnten, schlief ich mit drei Kindern unter einem riesigen Moskitonetz.

Der Weg nach Kraimbit führte uns während der ersten Stunde wieder durch Sagopalmen-Sümpfe – wie ich diese Dornen und Splitter haßte! – und endete an einem See, wo die Jungen ein langes Kanu vertäut hatten. Wir kletterten in das Boot, und ich befand mich mitten in einer Reihe von zwölf jungen Paddlern. Der See war von Wasserrosen, Gräsern, kastanienbraunem Farnkraut und natürlich Salvinien überwuchert. Die verfilzten Salvinienteppiche stellten hohe Anforderungen an die Manövrierkunst der Kinder, und es machte mir großen Eindruck, daß überhaupt keine Kommandos gegeben wurden und sie sich trotzdem instinktiv wie eine Mannschaft verhielten. Die schwimmenden Inseln und die unsichtbaren Pfade im Gras bargen die größten Risiken; manchmal mußten wir auf das schwimmende Gras hinaus, um das Kanu hindurchzuschieben. Wir brauchten zwei Stunden, um nach Kraimbit zu kommen.

Dort erfuhr ich, daß die Tätowierungszeremonie immer näher rückte, daß die richtige Zeit aber noch nicht gekommen sei. Die Jungen, die im *haus tamboran* auf ihre Initiation warteten, sahen ein wenig dicker und schlafmütziger aus als bei meinem ersten Besuch. Diese Menschen haben keinen Begriff oder kein Wort für Langeweile; am nächsten kommt noch *mi laze,* das bedeutet: sich ausruhen, müde sein oder die Nase voll haben.

Um die Zeit zu überbrücken, wanderte ich eine Woche lang durch die Berge zum Karawari River und fand sogar die alten Höhlen von Anganamai. Es war eine angenehme, aber anstrengende Wanderung, und nach einer Woche kehrte ich dankbar zu meinem Kanu zurück.

Ich genoß es, wieder in meinem Kanu zu sitzen, und da es flußabwärts ging, brauchte ich nicht gegen die Strömung anzukämpfen, sondern konnte mein Paddel ruhen und mich einfach nur treiben lassen.

Ein Krokodil schwamm den Fluß hinauf. Es ignorierte mich und glitt träge an mir vorbei. Jetzt wurde es Zeit, nach einer Lücke in dem hohen Gras Ausschau zu halten. Sie war der Beginn einer Abkürzung, die ich einschlagen mußte, um einem Hindernis weiter unten im Fluß auszuweichen. Ich paßte genau auf, aber als ich in einer Sackgasse endete, wurde mir klar, daß ich daran vorbeigefahren war. Da ich die Orientierung verloren hatte, stand ich auf, um über das Gras hinwegzublicken und zu sehen, ob sich irgendwo ein Ausweg bot, aber da war nichts, nichts außer unzähligen kleinen, ruhigen Seen. Es war sehr still; keine Menschenseele war zu sehen. Da ich nicht weiterfahren konnte, kehrte ich um und begann einem Flüßchen zu folgen, das mir richtig zu sein schien.

Plötzlich wurde die Stille von einem lauten Geraschel unterbrochen, und dann kamen sechs Schweine aus dem Gras heraus und schwammen direkt auf mein Kanu zu. Es war ein beunruhigender und vollkommen unerwarteter Anblick, den ich komisch gefunden hätte, wenn die Tiere nicht gar so bedrohlich gewirkt hätten. Ich setzte mich rasch hin. Als sie näher kamen, stieß ich Drohlaute aus und machte Drohgebärden, um sie zu vertreiben, aber sie schnitten mir den Weg ab, und ein Schwein begann, das Kanu mit seinem Rüssel zu stoßen, so daß es wild hin und her schaukelte. Ich versuchte es mit meinem Paddel wegzudrücken, aber die anderen Schweine rempelten bereits längsseits gegen das Kanu. Es war ein grauenhaftes Erlebnis. Erst als ich die Schweine endgültig vertrieben hatte, fing ich an, darüber nachzudenken. Um dem Ganzen eine rationale Erklärung zu geben, kam ich zu dem Schluß, daß es wahrscheinlich halbwilde Schweine waren, die sich das Sago holen wollten, das ich ihnen nach ihrer Vorstellung brachte.

Als ich nach Kabriman kam, war das Dorf nahezu ausgestorben. Die meisten Männer waren im Wald, um sich nach guten Bäumen für neue Kanus umzusehen. Die Frauen befanden sich am Ende des Dorfes, wo sie Schilfrohr droschen, es flach klopften und zum Trocknen in die Sonne legten. Es sollte später zum Dachdecken und zur Herstellung von Körben verwendet werden. Kein Boot legte an oder ab, da der Fluß jetzt weiter unten an zwei Stellen blockiert und das Dorf dadurch von der Außenwelt abgeschnitten war.

Am späten Nachmittag ging ich fischen und fing einen kleinen *makau* (der schmackhafteste Fisch des Sepik) fürs

Geisterhaus in Kraimbit

Abendessen. Ich machte ihn gerade in meiner Hütte zurecht, als ein Huhn durchs Fenster hereinflog, laut gackerte und prompt ein Ei legte. Seit ewigen Zeiten hatte ich kein Ei mehr gegessen – abgesehen von Krokodileiern –, und so kochte ich es mir zum Abendessen. Während ich es langsam verspeiste, dachte ich zwar auch einmal an die hoch gestapelten Eierkartons in den Supermärkten des Westens, aber im Grunde vermißte ich solche Sachen nicht.

In den Hütten rechts und links von mir wurde gestritten und gezetert, wobei die Frauen lauter und zorniger schrien als die Männer. Gefühle wurden nicht unterdrückt; die kleinste Wut wurde rausgelassen. Um dem Krach zu entgehen, machte ich einen kleinen Spaziergang und traf unterwegs eine Gruppe von jungen Leuten, die in *tok-ples*, ihrer eigenen Sprache, und auf Pidgin ein Lied über das Fischen am See unterhalb des Mount Sanmari sangen. Einige Kinder begannen zu tanzen und ahmten dabei ihre Eltern haargenau nach. In der Abenddämmerung brach ein wütender Sturm los, und wir stürzten alle in unsere Hütten zurück. Er tobte die ganze Nacht, und am nächsten Morgen entdeckte ich, daß eine Hütte vom Blitz getroffen worden und total abgebrannt war. Bei Tagesanbruch kam das Huhn wieder und legte wie auf Bestellung für mein Frühstück ein Ei in den Korb. Der Sturm war vorüber und der Himmel bedeckt, ein guter Tag zum Paddeln. Ich setzte mich in mein Kanu und paddelte flußaufwärts.

Bei Sonnenuntergang erreichte ich Kuvemas, wo Martin, Juli und ihre Familie mich unglaublich nett empfingen. Zum Abendessen gab es Wildschwein, *tu-lif* und *parems*, und anschließend besuchte ich mit Juli einige Leute, mit denen ich bei meinem letzten Aufenthalt Freundschaft geschlossen hatte. Eins der Mädchen, Evita, durfte das Haus nicht verlassen und war hinter improvisierten Vorhängen verborgen, damit sie nicht von Männern gesehen werden konnte. Wie Juli mir erzählte, war das allgemein üblich, wenn ein heranwachsendes Mädchen seine erste Menstruation hatte. Eine Woche später wurde Evita dann an einen geheimen Ort gebracht, um sich zu waschen, die anderen Frauen zogen ihr einen neuen Grasrock an und schmückten sie mit Ohrringen und Perlenketten. Anschließend fand ein spezielles *sing-sing* statt, das *abouoinjam* genannt wurde.

210

Während Juli mir das alles erzählte, hörte ich das traurige Klagelied einer Bambusflöte, das aus dem *haus tamboran* kam. Ich ging hinüber, um herauszubekommen, was es damit auf sich hatte. Der Mann mit der Flöte schlurfte zwischen den Schnitzereien unter dem *haus* herum und ließ, ganz in Trance, seine Gefühle durch die Flöte verströmen. Jemand erklärte mir, daß ein Mann gestorben war und daß der Geist nach dem Tode aus dem Körper befreit werden müsse; das Klagelied der Flöte sollte den Geist dazu ermuntern, den Körper zu verlassen.

Ich verbrachte mehrere Wochen im Blackwater-Gebiet, besuchte Dörfer, die ich von früheren Aufenthalten kannte, aufs neue und lernte die Menschen und ihre Sitten und Gebräuche kennen. Männer nahmen mich mit auf die Jagd und versuchten, mir ihre Sprache beizubringen. Frauen zeigten mir, wie sie kochten und Körbe flochten. Junge Mädchen nahmen mich mit zum Fischen und lehrten mich ihre Lieder. Allmählich schien ich zu ihrem Leben und ihren Familien dazuzugehören.

Die Tätowierungszeremonie

Das Tabu, das den Frauen den Eintritt ins *haus tamboran* verwehrte, wurde in Kraimbit strikt eingehalten. Als ich den Stammeshäuptling Gallus fragte, ob ich hineingehen dürfe, erwiderte er, daß das einer besonderen Entscheidung bedürfe. Nachdem er sich mit einigen Ältesten beraten hatte, erklärte er mir, daß sie mich nicht als Frau betrachteten, da ich allein im Kanu zu ihnen gekommen sei, und sie mir deshalb den Status eines Mannes geben würden. Mit allen Rechten, zu denen auch der Eintritt in das *haus tamboran* gehörte. Allerdings dürfe ich den Frauen niemals erzählen, was ich gesehen und gehört hätte.

Während unseres Gesprächs drang Flötenmusik aus dem *haus tamboran* an mein Ohr. Drinnen spielten vier Männer auf Bambusflöten verschiedener Länge, die am Ende mit geflochtenem Bambusrohr und Kasuarfedern geschmückt waren. Die beiden kürzesten Flöten – weibliche – wurden von Männern gespielt, die sich gegen den Uhrzeigersinn im Kreis bewegten und einander dabei das Gesicht zuwandten. Sie hielten die Instrumente wie Querflöten und veränderten den Ton dadurch, daß sie das Loch mit dem Zeigefinger halb verdeckten. Um diese beiden Männer kreisten, in dem gleichen langsamen und komplizierten Rhythmus, die beiden anderen Männer. Sie spielten sanfte, ruhige Töne, manche kräftig, manche zitternd; die Melodie wurde das Lied der Frauen genannt. Der Unterschied zwischen männlichen und weiblichen Flöten liegt in der Länge und in der Art, wie sie gehalten werden. Wenn sie als männlich-weibliches Paar gespielt werden, liegen sie zusammen.

Während ich der Musik lauschte, ruhten meine Augen auf dem Mittelpfosten des *hauses,* der einen großen schwarzen Mann mit weiß angemaltem Gesicht darstellte, das von Schildpattmuscheln eingefaßt war. Er trug Haar aus Rinde, eine Federtasche und den hornigen Helm eines Kasuars um den Hals. Der Körper mit seinen stark übertriebenen Proportionen war von Staub und Spinnweben bedeckt. Verschiedene alte Schnitzarbeiten lagen herum.

Die jungen Initiationskandidaten schliefen auf Palmbänken und waren noch rundlicher als vor ein paar Wochen, nachdem sie für den »Biß des Krokodils« gemästet worden waren.

Zum Abendessen gab es *binatang* – Larven – und *parems*. Ich konnte mich immer noch nicht an die matschigen Larven gewöhnen und nahm nur ein paar, die ich in den *parem* steckte, in der Hoffnung, ihren Geschmack und ihre Konsistenz dadurch zu überdecken. Beim Essen erinnerte ich mich plötzlich daran, daß man bei uns am Tisch saß und mit Messer und Gabel aß; aber es war nur eine flüchtige Erinnerung.

An jenem Abend fühlte ich mich fiebrig, doch kaum hatte ich mich schlafen gelegt, als jemand aufkreischte und die Hölle losbrach. Als ich mich aufrichtete, sah ich, daß eine lange braune Schlange in unsere Hütte eingedrungen war. Die Schreie riefen einige Männer herbei, und wir rannten alle nach draußen, während sie die Schlange töteten. Ich

Im Gespräch mit einem der Jungen (rechts), die auf den »Biß des Krokodils«, die Initiation, warten

213

taumelte so bald wie möglich wieder ins Bett. Die Nacht schien kein Ende nehmen zu wollen, als ich mich, von Schweißausbrüchen und Schüttelfrost geplagt, auf meinem Lager hin und her warf. Ich wachte lange vor Tagesanbruch auf, und da ich mich zu elend fühlte, um weiterschlafen zu können, zog ich mich an und ging nach draußen. In Papa Lucas' Hütte flackerte ein Licht. Ich trat ein und setzte mich zu Mama und weinte, weil es mir so schlecht ging.

An dem Tag ging ich nicht zu den alten Männern, um mich im Schnitzen zu üben. Ich hatte stechende Kopfschmerzen, alle Knochen taten mir weh, kalter Schweiß brach mir aus allen Poren. Wahrscheinlich hatte ich Malaria. Da Marcus' Hütte voll mit schreienden Gören war, konnte ich nicht in Frieden im Bett liegen und blieb deshalb auf. Meine Füße waren der einzige Teil meines Körpers, der nicht weh tat. Zum Glück hatte ich noch genug Chloroquin, um die Malaria zu behandeln.

Am Abend fand ein kleines *sing-sing* statt. Ich ging hin, blieb aber nicht lange. Im *haus tamboran* spielte ein Mann auf einer Trommel, die mit Krokodilhaut bespannt war. Er schlurfte dabei langsam im Kreis herum, gefolgt von drei Männern, die mit ab- und anschwellenden Stimmen ein Lied sangen. Einem Zuschauer zufolge erzählte der Gesang von einem schwarzen Kakadu, der sich in einen weißen verwandelte.

Die Männer beschrieben enge Kreise und sangen jetzt alle durcheinander. Andere Männer waren hinzugekommen. Jemand forderte mich auf, mich einzureihen. Es ging ununterbrochen im Kreis herum: *Yeh-ee-ah-hoo-yee-oh*. Meine Gedanken schweiften ziellos umher, bis mich wie ein Schlag die Erkenntnis durchzuckte, daß ich nicht hierhergehörte. Auf einmal war ich befangen. Was machte ich hier bei diesen Menschen?

Am nächsten Tag war mir furchtbar elend; ich hatte hohes Fieber, die Haut brannte mir und war naß von Schweiß. Ich schlief wieder ein. Erst am späten Nachmittag wankte ich zu einem kleinen Teich in dem Sagopalmen-Hain, schöpfte das kalte Wasser mit einer Kokosnußschale und goß es mir dankbar über meinen brennenden Körper.

Das Fieber stieg, und die Tage verschwammen. Schweißgebadet lag ich da, entweder im Delirium oder in einem Zustand der Halbwachheit. Die Bodenmatte war hart, ich sehnte mich nach einem Federbett und nach Mitgefühl. Und nach meiner Mutter, die mich getröstet und gefragt hätte, was ich gern essen oder trinken würde. Ich hatte Appetit auf Käsetoast und einen Milch-Shake. In den Tiefen des Deliriums glaubte ich, daß ich mich unter Wasser befand und Tiefseetauchen ohne Preßluftflasche machte. Ich tauchte siebenmal, jedesmal mehr als dreihundert Meter tief, aber am schlimmsten war es, als ich halbwegs oben war, da wußte ich nämlich nicht mehr, wo oben und unten war. Ich kämpfte mit dem Wasser, ohne zu wissen, welche Richtung ich einschlagen mußte oder ob ich die Oberfläche jemals wieder erreichen würde.

Irgendwo in diesem Nebel hörte ich, wie Marcus mich anschrie, daß ich aufstehen und an meiner Schnitzerei arbeiten müsse. Aber ich war zu krank. Als ich einen Tag später aufstand, war ich so schwach, daß mir das Messer ständig aus der Hand fiel. Später sagte Marcus, er hätte Angst gehabt, daß ich sterben würde, wenn er mich schlafen ließ; und dann wäre er beschuldigt worden, mich umgebracht zu haben.

Das Leben glitt in eine sanfte Routine hinein. Ich lernte im *haus tamboran*, wo sich jeden Morgen einige alte Männer trafen, schnitzen und auf ihren Bambusflöten zu spielen. *Lapun* – sehr alte Männer – saßen herum, auf deren dunklen Gesichtern der Schein des flackernden Feuers tanzte und auch die hubbeligen Krokodilzeichen auf ihrem verwitterten Rücken beleuchtete. Zehn Männer spielten Flöte; die Musik vermischte sich mit Hundegebell, Hahnengeschrei und dem Rascheln des Windes in den Palmen.

Ich schnitzte an einem großen Haken aus hartem *Garamut*-Holz. Allmählich entstand das Bild eines Mannes mit flammenartigen Augen; er hielt eine riesige Kaulquappe, die auch Teil seines Körpers war und die mit Schuppen eines Krokodils bedeckt war. Der Kopf der Kaulquappe hing nach unten und stellte den eigentlichen Haken dar, ihn Gesicht war mit dem Gesicht des Mannes identisch. Florian brachte mir bei, was ich über die Holzmaserung wissen mußte und wie man die Schnitzerei mit einem *tomahauk* »schärft«. Als ich wissen wollte, wie ich ein Loch bohren könnte, zeigte mir jemand, wie man einen Bohrer aus zwei Stöcken und einem Stück Schnur benutzt.

Als Gallus vorbeikam, um mir zu sagen, daß das große *sing-sing* in drei Tagen stattfinden sollte, legte ich meine Schnitzarbeit beiseite. Die Nachricht über den Zeitpunkt des *sing-sing* wurde auf einer großen *Garamut*-Trommel bekanntgegeben, die meilenweit zu hören war. Kraimbit wurde das reinste Bienenhaus. Frisches Sagomehl wurde zubereitet, Körbe wurden mit Larven und geräuchertem Fisch gefüllt, Gras für den Boden des *haus tamboran* wurde gemäht und das Dorf auf Hochglanz gebracht. Andere zogen in die Berge, um Wildschweine, *cuscus* und Ratten zu jagen und haufenweise Brennholz und Betelnüsse zu sammeln.

Ich bereitete mich auf das Fest vor, indem ich mir die Haare wusch; die Mädchen halfen mir beim Spülen und schütteten mir – aus Kokosnußschalen – Wasser über den Kopf. Während mein Haar in der Sonne trocknete, bürstete Brigita es und machte mir das zweifelhafte Kompliment, daß mein Haar den langen, seidigen Ranken der Salvinia gliche.

Als ich eines Tages in Gallus' *haus-wind* an meiner Schnitzerei arbeitete, sah ich, daß er ein altes Kanu in zwei Hälften zerschlug und einen dazu passenden Deckel machte. Es war ein Sarg für seine Mutter, eine sehr alte Frau. Sie hatte gesagt, daß sie zum Sterben bereit sei, aber alles versuchen wolle, damit bis nach dem *sing-sing* zu warten, um keinen weiteren Aufschub zu verursachen.

Als die Eltern eines Initiationskandidaten erklärten, daß sie noch keine Zeit gehabt hätten, Sago vorzubereiten oder Brennholz zu sammeln, wurde das *sing-sing* um zwei Tage verschoben. Die Nachbardörfer wurden mit der *Garamut*-Trommel darüber informiert, aber diese Nachricht drang nicht zu den Menschen in Tungibit vor, die in vollem *bilas*

Sepik-Krieger

zu dem ursprünglichen Zeitpunkt erschienen. Anfangs wunderten sie sich, daß gar keine Festlichkeiten im Gange waren, als sie dann jedoch die Gründe für den Aufschub erfuhren, waren sie ziemlich aufgebracht und weigerten sich, nach Hause zu gehen. In demonstrativem Zorn marschierten sie auf das *haus tamboran* zu und riefen im Sprechchor, daß sie ein *sing-sing* veranstalten wollten. Aggressiv drängten sie in das Haus hinein, wurden aber von niemandem zurückgehalten, und bald darauf war hinter den Palmwedelzweigen dumpfer Trommelschlag zu hören.

Die Dorfbewohner, die nicht wußten, wie sie sich verhalten sollten, standen zunächst tatenlos da, doch allmählich beteiligten sich die alten Leute nach und nach an dem Fest. Die jüngeren zögerten noch, sie schämten sich, daß sie ohne *bilas* waren. Dann aber begannen sie sich mit Blättern und Farnwedeln zu schmücken, sie beschmierten sich mit verschiedenfarbigem Schlamm, steckten sich Federn ins Haar und stürzten sich ins Fest.

Während die Männer sich im *haus tamboran* aufhielten,

war es den Frauen nur gestattet, außen herumzutanzen. Mit trippelnden Schritten, provozierendem Hüftschwung und ausgestreckten Armen bewegten sie sich darum herum. Ich zögerte erst, doch dann schloß auch ich mich ihnen an. Der Tanz wurde schneller, die Schritte lang und ausgreifend, so daß die Grasröcke raschelten, während wir mit zurückgelegtem Kopf aus vollem Halse sangen. Nach ein paar Runden ging ich ins *haus tamboran* zu den Männern.

Die bisherigen *sing-sings* waren geradezu schleppend abgelaufen, verglichen mit den hohen Tanzsprüngen und dem dröhnenden Gesang der ständig wachsenden Schar von Tänzern. Trommeln und Kalebassen dienten als Musikinstrumente, letztere erzeugten einen brummenden Ton, wenn die Musikanten mit eingezinkten Kasuarknochen darüberkratzten. Hin und wieder hielt alles inne, um *buai* zu kauen.

Während die Trommler eine Pause machten, spielte eine Gruppe von neun Männern auf Bambusflöten eine Melodie, die sehr lebhaft klang, weil die Töne kurz und scharf hervorgestoßen wurden. Dann kam der Mann mit der weiblichen Flöte, die Melodie wurde tiefer und stockender und zwang die Männer, das hoch erhobene Tanzbein in der Luft schweben zu lassen; der Muschelschmuck um die Knöchel klimperte im Takt des Tanzes. Der letzte Flötist schien den Takt nicht halten zu können, es war Marcus, der vom Kauen der *buai* so berauscht war, daß er seine ungeschmückte Flöte verkehrt herum hielt.

Plötzlich wurde bemerkt, daß sich ein nichtinitiierter Jugendlicher von Tungibit innerhalb des *haus tamboran* befand, was gegen das Gesetz des Clans verstieß. Es kam zu einem furchtbaren Tumult. Zur Strafe für dieses Vergehen sollte der junge Mann die Tätowierungszeremonie am eigenen Körper erleiden.

Die Dämmerung ging in die Nacht über. Donner und Blitz kündigten Regen an. Aber drinnen, in der rauchigen und staubigen Atmosphäre des Hauses, brannten Kerosinlampen und erklang Musik. Baß-, Tenor- und Sopranstimmen vereinigten sich zum Gesang, der anschwoll, abschwoll und wieder anschwoll. Ich stand auf und tauchte in den tanzenden Kreis ein; ich wußte nicht, wie die Männer von Tungibit auf meine Teilnahme reagieren würden, aber als ich eine Verschnaufpause einlegte, kam ihr *big-man* zu mir und erklärte, daß sie sich freuten, mich dabeizuhaben.

Ein Mann, gefolgt von seinen Hunden, trat in das *haus* ein. Er war den ganzen Tag auf der Jagd gewesen und schleppte ein Wildschwein auf den Schultern. Er schüttelte sich den Regen aus den Haaren, und jemand rief den Frauen zu, das Schwein für ein Fest zuzubereiten.

Sintflutartiger Regen hatte die Frauen gezwungen, in einem großen Haus in der Nähe Schutz zu suchen. Als ich später durch den Regen hinüberrannte und die Leiter hochkletterte, bot sich mir ein ganz anderes Bild als bei den Männern. Stillende Frauen saßen mit gekreuzten Beinen um Laternen herum auf dem Boden; kleine Kinder lagen schlafend auf zusammengelegten Matten, während in der Mitte der Hütte fünf Großmütter standen und ein traurig klingendes Lied sangen, wie glücklich sie seien, daß das Krokodil ihre Jungen zeichnen werde. Sie wiegten sich leicht von einer Seite zur anderen und stampften im Takt mit dem Fuß auf. Die meisten Lieder hatten viele Strophen und erzählten Geschichten über ihre Kinder oder *masalai* – Naturgeister. Manchmal sangen sie einfach mehrstimmige Töne, schlenkerten dabei mit den Armen und schwenkten die Hüften bei einem Stampfsprung, der mit einer halben Umdrehung verbunden war, so daß sie beim Aufkommen in die andere Richtung blickten. Der Boden erzitterte unter ihren stampfenden Bewegungen, und die Luft vibrierte von ihrem Gesang, der erstaunlich tief werden konnte, um dann wieder in die Altlage zu wechseln.

Der Tungibit-Clan beschloß, in Kraimbit zu bleiben. Bis zur Tätowierungszeremonie waren es nur noch zwei Tage, deshalb war es besser, an dem Ort des Geschehens zu verweilen.

Zum Frühstück gab es Schweinefleisch und *parem*, und hinterher half ich Brigita bei ihrem *bilas*: Wir flochten Armbänder aus Borkenstreifen und nähten Kaurimuscheln darauf. Danach besuchte ich Gallus' Mutter, die sich auf den Tod vorbereitete. Ndanowe bestand nur noch aus

Haut und Knochen. Ihre Finger waren ganz dünn, ihre Wangen eingesunken und ihr Haar nur noch vereinzelte graue Büschel. Ihre Stimme war genauso dünn wie ihr Körper. Ich konnte nicht verstehen, was sie sagte, doch jemand übersetzte es mir ins Pidgin. Sie sprach über ihr Leben und ihre Kinder und ihren nahenden Tod, den sie herbeisehnte. Sie konnte sich nicht mehr bewegen, es wurde Zeit zu sterben. Sie war Ur-Ur-Großmutter. Gallus, ihr erster Sohn, hatte nur ein Kind; der zweite Sohn hatte Kinder, die aber gestorben waren; ihre Tochter dagegen, die acht Kinder geboren hatte, hatte jetzt Enkel, die wiederum Kinder hatten.

Ihr Körper, so glaubte sie, würde zwar in der Erde verwesen, aber ein Teil von ihr würde die Zeiten überdauern. Man würde sie niemals sehen, aber sie würde immer anwesend sein, um zusammen mit den anderen Vorfahren über ihre Nachkommen zu wachen.

Den Nachmittag verbrachte ich – ohne Erfolg – auf der Jagd nach Wild, und am Abend fand wieder ein *sing-sing* statt. Für mich war es so, als ob ich auf eine Party ginge. Ich fühlte mich überhaupt nicht fremd, lief herum und begrüßte Freunde, lauschte der Musik, und wenn ich Lust dazu hatte, tanzte ich mit den anderen mit. Nachdem ich ein oder zwei Tänze getanzt hatte, plauderte ich mit Freunden, rollte mir etwas Tabak und trank Wasser.

Als es Zeit wurde, nach Hause zu gehen, vermißte ich meine Taschenlampe, die vor Tagen ihren Geist aufgegeben hatte. Als Ersatz griff ich mir einen Bund mit zerfaserten *pangal* – Palmenstengeln –, die, angezündet, hell wie Fackeln brannten.

Am Spätnachmittag des nächsten Tages versammelten sich die Bewohner verschiedener Dörfer am Seeufer. Alle waren in vollem *bilas*, ihr Kopfschmuck aus Federn wiegte sich im Wind. Die Menge bildete einen Zug durch das Dorf. Die Trommler gaben den Takt an. Wir marschierten zum *haus tamboran* und warteten neben den *tumbuna* – Schnitzereien und Steinobelisken –, daß die Männer die Jungen herausbrachten.

Sie kamen durch die mit Palmwedeln verhängte Tür, hatten die Hände über dem Kopf zusammengelegt und sich

Blätter zwischen die Lippen gesteckt. Plötzlich stürzten die Frauen ihrer Familie nach vorn und schnappten den Männern die Jungen weg. Sie umkreisten die Jungen und rissen an den Blättern in ihrem Mund – es herrschte ein ziemliches Gedränge. Die Frauen wurden von den Männern vertrieben, die davonrannten, ihre Grasröcke schwenkten und die Hacken hochwarfen. Jeder Junge hatte seinen Onkel hinter sich stehen, der ihm die Arme hochhielt, damit die Leute seine junge, ungezeichnete Brust sehen konnten. Bis auf die gelben Armreifen aus Borkenstreifen und das Grasbüschel mit dem Penisköcher, der über dem Hüftband nach vorn abstand, waren die Jungen nackt. Die Männer führten die Jungen im Kreis um die Steinobelisken herum. In der sich anschließenden Pause bekamen alle Essen und *buai*. Aus der Dämmerung wurde Dunkelheit, Kerosinlampen wurden angezündet, und die Männer wurden mit strengen Ermahnungen, keine Schlägerei anzufangen, ins *haus tambora*n geschickt, während die Frauen sich in das andere Haus zurückzogen.

Irgendwie hatte sich die Atmosphäre im *haus tamboran* verschlechtert. Die Männer machten verdrossene Gesichter, und es kam zu Wutausbrüchen. Der halbherzige Versuch, ein *Sing-sing*-Rad zu formen, verlief im Sand, da sich keiner beteiligen wollte. Alle saßen mit steinernen Gesichtern auf den Palmbänken und murmelten zornig vor sich hin.

Der Grund für den Ärger lag darin, daß der *kansol* von Kabriman betrunken war. Wahrscheinlich steckte Ncid hinter der Wut; sie fragten sich wohl, wo er den Alkohol herbekommen und warum er nichts davon abgegeben hatte. Aber der *kansol* merkte gar nichts davon, er schlug hervorragend seine Trommel, sang mit Begeisterung und benahm sich ausgezeichnet.

Wut und Spannung führten dazu, daß das *sing-sing* abgebrochen wurde, und eine halbe Stunde lang sah es so aus, als ob es eine Schlägerei geben würde. Keiner wollte am *sing-sing* teilnehmen. Einige Männer rissen sich den Kopfschmuck herunter und schmissen ihn aufgeregt auf den Boden. Ich verhielt mich ruhig und blieb außer Sichtweite, war aber im Grunde auf seiten des *kansol;* er verhielt sich absolut einwandfrei, und ich wußte nicht, was an der Sache so schlimm sein sollte. Als nun ein erneuter Versuch gemacht wurde, mit dem *sing-sing* zu beginnen, reihte ich mich in den Kreis ein, und andere taten es mir nach. Langsam entspannte sich die Situation, und als ich aus dem Frauenhaus Gesang hörte, ging ich hinüber, um mich auszuruhen.

Nur wenige Frauen saßen, die meisten tanzten und sangen ein Lied übers Tätowieren: Fußketten aus Muscheln klirrten, Grasröcke wippten, Brüste hüpften auf und ab, und weißbemalte Gesichter strahlten – verzückt dem Gesang hingegeben. In einer Pause verschenkte ich Tabak an die Frauen und kehrte dann zum *haus tamboran* zurück, um den Männern ihren Anteil zu geben.

Ihr Tanz hatte sich verändert. In einem einzelnen Kreis stand ein Trommler, der von einem Bein auf das andere trat und eine Art Jodler sang, der mit dem Staub und dem Rauch zu einer Einheit verschmolz. Tief in der Nacht baten die *big-men* mich, das *haus tamboran* für eine kurze Weile zu verlassen, da ein *Tumbuna*-Geheimnis vollzogen werden sollte. Der *kansol* erklärte mir, daß alle Männer zusammen mit den Jungen ans Ende des Dorfes gehen und wieder zurückkommen und einige *masalai* im *haus* antreffen würden. Als die Männer weg waren, hielt ein Mann vor dem Haus der Frauen Wache. Jede Frau, die herauskam, wurde ausgefragt und mißtrauisch beobachtet.

Als die Männer zurückkehrten, hörten wir das Getobe und Gepolter einer Schlägerei, bis schließlich Stille eintrat. Die ganze, lange Nacht hindurch erstarb das *sing-sing* immer wieder, wenn die Männer auf den *Limbum*-Tischen einschliefen, die an den Wänden entlang aufgestellt waren. Die Tische waren so breit, daß die Männer in mehreren Reihen darauf liegen konnten, wie Sardinen in der Büchse. Nach einer Minute des Schweigens meldete sich dann plötzlich eine einsame Stimme, dann noch eine, bis sich alle Stimmen zu einem mächtigen Chor vereinten. Der Gesang begann von neuem, wenn die Männer sich gegenseitig mit einem Stakkato von »Ow-ow-ow«-Tönen anfeuerten.

Als ich wieder zu ihnen kam, sah ich die Zeichen des Kampfes auf ihrem Körper, blaue Flecken und Abschürfungen – und Marcus war niedergeschlagen worden.

Im Haus der Frauen standen während der Ruhepausen immer wieder ein oder zwei Frauen auf und führten eine merkwürdige Tanznummer vor, die zu einer Geschichte gehörte und die von einem weiblichen Solo und einem Chor erzählt wurde. Alle fanden sie komisch, lachten und sangen aufs neue.

Als das erste Licht des Tages den Himmel erhellte, begannen die Hähne zu krähen, und die Männer traten mit den drei Initiationskandidaten nacheinander aus dem *haus tamboran*, gingen um einige Hütten herum und wieder zurück. Niemand sagte, daß ich nicht dabeisein dürfe, und so beobachtete ich zwei Gestalten in *Masalai*-Masken mit langen Nasen und großen runden Augen, den Körper unter Grasbüscheln verborgen, wie sie mit Palmstöcken in der Hand herumwirbelten und die Jungen schlugen. Ich wich in eine sichere Ecke zurück, als mir klar wurde, daß dies der Teil der Zeremonie war, den ich in der Nacht verpaßt hatte und der nun wiederholt wurde. Bei dieser Zeremonie können die Jungen ihre Tapferkeit beweisen, es kommt dabei darauf an, daß niemand versucht wegzulaufen. Die *masalai* schlugen und verprügelten jeden; sie verschonten auch die Kleinen nicht, sie droschen regelrecht auf sie ein. Dann begannen alle Männer, sich gegenseitig Schläge zu versetzen, und nach all dem Durcheinander waren die beiden *masalai* verschwunden, wahrscheinlich hatten sie sich in Gallus' Hütte verzogen, um sich wieder in *big-men* zu verwandeln.

Der Tagesanbruch kündigte sich mit dem Geschrei junger Hähne an, die warmen Strohdächer dampften, und das Gras war schwer vom Tau. Als die Sonne am Himmel aufstieg, führten die Männer die Jungen zum See, um sie zu waschen. Sie gingen im Gänsemarsch, eine sinnbildliche Darstellung des Krokodils, das durch ihr Dorf geht. Sie sprachen kein einziges Wort dabei. Als sie wieder ins *haus* zurückkamen, begann die eigentliche Tätowierungszeremonie.

Die drei Kandidaten saßen auf geräucherten Bananenblättern auf dem Boden und lehnten sich dabei an die Brust ihres Onkels. Die Atmosphäre war spannungsgeladen. Das Rasiermesser wurde auf dem Bauch der Jungen angesetzt, wo das Zeichen des Krokodils eingeschnitten wurde. Dann wanderte es über Brust, Schultern und Arme und hinterließ eine breite Spur kurzer Schnitte, die die Schuppen des Krokodils darstellten. Es beschrieb Kreise um die Brustwarzen, welche die Augen des Krokodils symbolisieren sollten. Das Blut strömte an den Körpern der Jungen herab, einer von ihnen schrie laut vor Schmerzen. Mir wurden die Knie weich, ich war wie benommen. Die Zeit schien stillzustehen. Bei dem schreienden Jungen handelte es sich um den aus Tungibit, der sich unerlaubterweise im *haus tamboran* aufgehalten hatte; er empfand mehr Schmerzen, weil sein Geist wach und seine Haut hart war. Die Jungen dagegen, die sieben Monate im *haus tamboran* verbracht hatten, waren schlaff und weich, ihr Geist war ganz entspannt. Als die Brust der Jungen fertig war, gingen alle nach draußen. Die Jungen lagen auf frischen Blättern, während ihnen der Rücken tätowiert wurde, wobei die Männer geschickt die Haut zusammendrückten, ehe sie die Linien und Punkte einschnitten, die von der Schulter bis zu den Oberschenkeln gingen.

Es war ein unheimliches Ritual, das ich durch einen Nebel von Blut beobachtete. Der Junge schrie immer noch, während Bambusflöten ihre Melodie in den sonnigen Morgen verströmten. Der Schmerz und die Angst sind bei der Initiation entscheidend, denn erst durch das Erleben dieser Gefühle werden die Jungen zu Männern. Bis an das Ende ihres Lebens werden sie nun schwierigen Situationen mit der Charakterstärke begegnen, der das Bewußtsein zugrunde liegt, eine schlimmere Tortur bereits überstanden zu haben. Von nun an gibt es nichts, dem sie nicht mit Mut ins Auge blicken könnten.

Nachdem die Tätowierung beendet war, wurden die Wunden mit rotem Schlamm bedeckt, damit die Schnitte offenblieben und die gewünschten Narben bildeten – der spezielle rote Schlamm soll einen hohen Schwefelgehalt

Das blutige Initiationsritual ist beendet

haben, was eine Blutvergiftung zu verhindern scheint.
Dann wurde die Haut der Jungen mit dickem, honigfarbe-
nem und süß riechendem Pflanzenöl eingerieben, das mit

weißen Federn vorsichtig verteilt wurde. Erschöpft von der Gefühlserregung, lagen die Jungen mit geschlossenen Augen da.

Zwei Mädchen traten vor, um sich tätowieren zu lassen. Zwei alte Frauen übernahmen die Prozedur und markierten die rechte und die linke Seite ihres Rückens.

Ich wurde gefragt, ob ich bereit sei, die Zeichen des Krokodils zu empfangen, und als ich schließlich bejahte, begannen sie, das Hauptzeichen des Krokodils in meine Schulter zu schneiden. Mir war beklommen zumute, aber ich hatte keine Angst. Die Jungen waren besonders hart drangenommen worden, aber ich vertraute darauf, daß man mit mir vorsichtiger umgehen würde. Ich drehte den Kopf weg und hielt mich an meiner »Schwester« Matilda fest. Die ersten Schnitte taten nicht weh, aber es wurde weitergeschnitten. Ich versuchte, die Schnitte zu zählen, aber es waren zu viele, viel mehr, als ich gedacht hatte. Das Blut tröpfelte mir den Arm herunter, aber ich wollte nicht hinsehen, ich wollte mich nicht damit blamieren, daß ich in Ohnmacht fiel. Der Schweiß strömte mir über das Gesicht; das Krokodil biß zu, die Frauen sangen, die Flöten jubilierten. Am Schluß war mir schwindelig, aber ich wußte, daß ich bis ans Ende meines Lebens auf diese Narben stolz sein würde.

Als die ganze Tätowierungszeremonie zu Ende war, stand die Sonne schon fast senkrecht über uns. Alle suchten ihre Hütten auf, um ein paar Stunden zu schlafen. Am Nachmittag wurden die Initiierten geweckt. Im Stehen wurde ihnen das Haar geschnitten, die Haut neu eingeölt und mit rotem Schlamm eingeschmiert. Ihre Gesichter wurden mit verschiedenfarbigen Schlangenlinien bemalt – wie man es bei den geschnitzten Masken machte. Nachdem ihnen perlmuttfarbene *Kina*-Muscheln um den Hals gehängt und Farn- und Laubblätter in die Armbinde gesteckt worden waren, war das menschliche Kunstwerk vollendet.

Das ganze Dorf versammelte sich bei dem neuen, noch nicht fertigen *haus tamboran*. Manche Leute kletterten das Gerüst hoch und setzten sich zwischen die grotesk geformten Säulen. Die Jungen mußten sich, mit dem Gesicht zur

Menge, auf nebeneinanderstehende Holzblöcke setzen. Die *big-men* ihrer Familie ergriffen einen schweren *Limbum*-Stock, gingen zu den Jungen und lehrten sie die Regeln des Mannesalters. Sie schlugen vor jedem Jungen mit dem Stock auf den Boden, um jede Regel und jeden Punkt zu unterstreichen. Diese Schlußphase der Initiation hieß *sarba tanogas*, bei der die Initiierten in den Gesetzen des Clans, in alten Tabus und Verhaltensweisen unterrichtet wurden. Ein Ältester sagte, wen sie für die Ehe wählen sollten, wobei es allgemeiner Brauch zu sein schien, daß Vetter und Cousine ersten Grades heirateten, um das Familienbesitztum zu erhalten. Ich war überrascht, als ein Ältester zu mir kam und mit dem Stock vor mir auf den Boden schlug. Er sprach davon, daß ich meine Person mit Kraimbit geteilt habe, und über die Geheimnisse, die Kraimbit mit mir geteilt habe.

Manche *big-men* gingen mehrmals zu den Jungen, wenn

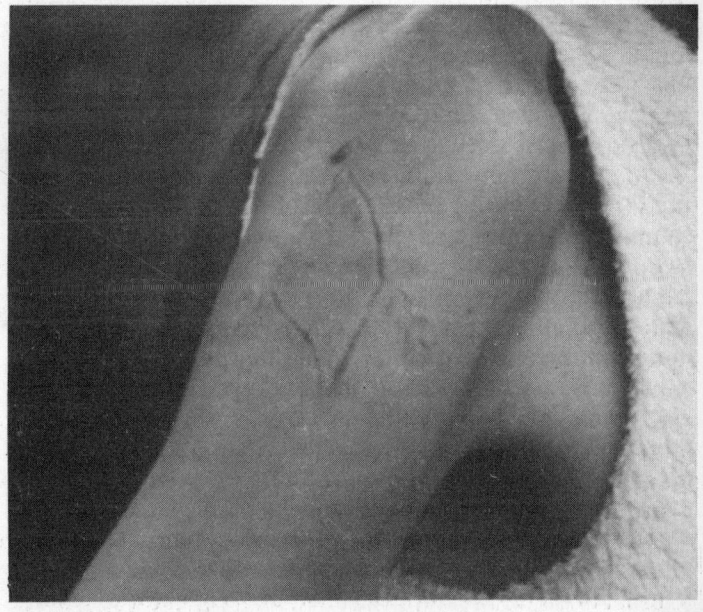

Auch ich habe das Zeichen des Krokodils erhalten

ihnen etwas einfiel, was sie vorher zu sagen vergessen hatten. Etliche richteten das Wort auch an mich und nannten mir die Regeln des *haus tamboran*. Staub und Gras flogen durch die Luft, wenn der Stock auf den Boden schlug. Als mir gegen Ende dieser Lehrstunde jemand den Stock in die Hand drückte, schlug ich damit auf den Boden und sagte, wie glücklich ich sei, bei ihnen zu sein, und dankte meiner »Familie« und all meinen Freunden für die Liebenswürdigkeit, die sie mir erwiesen hatten.

Ein Mann erzählte die Geschichte seines Clans und nannte die Namen der Vorfahren und all der *haus tamborans*, die sie gebaut hatten. Der Vorfahre, der dieses *haus* begonnen hatte, hieß Yambung und war Wächter der heiligen Muschel gewesen, die Yowi jetzt hochhielt, damit alle sie sehen konnten, während er berichtete.

Plötzlich begann es in Strömen zu regnen, und alles flüchtete. An jenem Abend fand in abgeklärter Stimmung ein kleines *sing-sing* statt, das aber nicht lange dauerte, da wir alle müde waren.

Bei Tagesanbruch stand ich auf und ging ins *haus-wind*, um Kaffee zu trinken. Ich sah, wie sich der Krokodilszug, bestehend aus fünfundfünfzig Männern mit den Initiierten in der Mitte, wieder durch das Dorf bewegte. Kurz darauf kam aus dem *haus tamboran* Flötenmusik, die sich mit dem Geräusch des Holzhackens, gackernder Hühner und schreiender Babys vermischte.

Später begaben sich die Initiierten in den Wald, um Sagoherzen zu schneiden, die sie für all die Verwandten zubereiteten, die sie während der sieben Monate im *haus tamboran* verpflegt hatten. Am meisten schuldeten sie ihren Onkeln; es würde Jahre dauern, diese Schuld – in Form von *buai* und Tabak – abzuzahlen.

Ein kleines Ritual mußte noch vollzogen werden. Gegen Mitternacht, als alle Frauen schliefen, nahmen die Männer ihre Speere und bildeten einen Krokodilszug, der mit den Initiierten in den Wald zog, wo ein Speerwurf-Ritual stattfand.

Bei Tagesanbruch weckte mich ein einzelner Trommelschlag und das Wehklagen von Trauernden. Ich wußte sofort, was geschehen war: Ndanowe war tot. Sie hatte sich noch so lange ans Leben geklammert, bis das *sing-sing* vorüber war, und nun brauchte sie es nicht mehr.

Alles versammelte sich in Gallus' Familienhaus. Der Körper seiner Mutter wurde in ein Tuch eingewickelt und in den kleinen Kanu-Sarg gelegt. Die Dorfbewohner zogen an ihr vorbei und weinten, als der Deckel auf den Sarg gesetzt und festgehämmert wurde. Ich saß mit Marcus' Familie auf dem Boden. Einige Männer setzten sich rittlings auf den Sarg und schrien ihren Kummer heraus, und einige Frauen klammerten sich schluchzend und klagend daran fest. Die ganze Familie der alten Frau kam, um ihren Sarg zu halten, darauf zu liegen, daneben zu knien, ihn zu berühren und ihr Klagelied zu singen. Ihre Körper zuckten und wanden sich vor Schmerz, und ich spürte, wie mir die Tränen in den Augen brannten. Eine Gruppe von Frauen stimmte einen Klagegesang an, und andere fielen schluchzend ein.

Das *sing-sing* dauerte den ganzen Tag und die ganze Nacht. In einer kleinen Hütte, die neben der großen stand, legte ich mich eine Weile schlafen und hörte noch in meinen Träumen ihre Klagelieder.

Bei Sonnenaufgang begruben sie Ndanowe auf einer trockenen Insel in den Sümpfen. In unser aller Leben war ein Kapitel zu Ende gegangen.

Die letzte Etappe

Mein Kanu war abfahrtbereit, beladen mit meinem Rucksack und Stapeln von Schnitzereien, die ich sorgfältig mit *Limbum*-Blättern abgedeckt hatte. Ich ging durchs Dorf und nahm Abschied, und die Leute holten aus den dämmrigen Winkeln ihrer Hütte Schnitzereien hervor, um sie mir zu schenken. Es war traurig, Abschied nehmen zu müssen. Meine Freunde standen am Ufer, und wir winkten uns so lange zu, bis ich außer Sicht und in den Grassümpfen verschwunden war.

Das Wasser war beträchtlich gefallen; der Baum, auf den ich geklettert war, als der Sturm mich überraschte, stand jetzt auf trockenem Land; die Abkürzung, auf der ich von den Schweinen terrorisiert worden war, war ebenfalls ausgetrocknet, und die meisten anderen Strecken waren von Salvinien verstopft. Ich stellte mich auf und hielt nach Verbindungskanälen Ausschau. Am späten Nachmittag erreichte ich schließlich Kabriman. Ich übernachtete in derselben Hütte wie schon vorher. Die Dorfbewohner schlugen und verprügelten sich, ganz wie ich es vom letzten Mal kannte. Zwei Frauen droschen mit Stöcken aufeinander ein und warfen sich Beleidigungen an den Kopf, während eine andere Frau von einem zornentbrannten Mann verfolgt wurde; von irgendwoher kam ebenfalls das Geräusch von Schlägen und Beschimpfungen. Dann begannen einige junge Männer und Frauen miteinander zu streiten, und auch die Kinder hatten ihre Wutanfälle. Das Wetter wurde ebenfalls stürmisch, aber wenigstens hielt der starke Wind die Moskitos in Schach.

Am nächsten Morgen war der Fluß mit kleinen roten Blumen gesprenkelt. Da meine Fracht mit Kunstwerken sich über Nacht wieder vergrößert hatte, lag das Kanu tief im Wasser, wodurch es aber stabiler wurde und sich leichter steuern ließ, wenn es auch vorn ein kleines Leck hatte. Die Berge verschwanden in blauem Dunst. Ein weißer Reiher fischte zwischen Seerosen. Schwärme von Enten flatterten eilends hoch, als ich mich näherte. Ich begegnete einem Freund aus Kuvemas, der nach Yesabit paddelte, so daß wir uns eine Weile Gesellschaft leisten konnten.

Plötzlich brach er mitten im Satz ab und machte eine Gebärde des Schweigens. Ein Mann mit einer Schrotflinte glitt im Kanu durch das Schilf und zielte auf einen Schwarm Enten. Gerade als die Enten die Flucht ergriffen, gab er einen Schuß ab und traf sechsundzwanzig Stück. Wir halfen ihm, die Beute einzusammeln, und erhielten dafür zwei Stück.

Wir passierten einen großen See und fuhren nach Yesabit hinunter. Eigentlich hatte ich nachmittags weiter flußabwärts paddeln wollen, aber als einige Männer mir anboten, mich in der Nacht auf Krokodiljagd mitzunehmen, blieb ich da.

Am nächsten Tag erreichte ich den Zusammenfluß von Blackwater und Korosameri, leicht zu erkennen an einem großen Strudel und der klaren Linie zwischen dem schwarzen und dem schlammig-braunen Wasser. Aus den Grassümpfen wurden feste Uferböschungen, die mit Buschwald bestanden waren. Gegenüber von dem Zusammenfluß lag das Dorf Mumeri. Die Leute riefen meinen Namen und zeigten mir, wo ich anlegen sollte. Viele helfende Hände packten mit an, um meine Fracht auszuladen und in ein *haus-wind* zu schaffen. Irgend jemand brachte mir einen Korb mit frischgekochten Garnelen. Ich aß so viele, daß ich mich buchstäblich nicht mehr rühren konnte und mir deshalb einen gemütlichen Tag machte. Ich plauderte mit den Leuten, sang mit ihnen und beendete die Schnitzerei, an der ich gearbeitet hatte. Eigentlich hätte ich an diesem Tag meine Krokodilmuster aufschrubben müssen, damit sich die gewünschten Narben bildeten, aber ich brachte es einfach nicht fertig, wenn ich sie auch immer noch mit Öl und Ocker einschmierte, was täglich erfolgen mußte.

Garnelen zum Abendessen und Garnelen zum Frühstück, und dazwischen Wolkenbrüche. Der Wasserstand war niedrig gewesen, aber am Morgen führte der Fluß Hochwasser.

Die Strömung war stark, voller Strudel und unberechenbar, da sie manchmal quer über den Fluß verlief und das Kanu mit sich riß, so daß ich mich mit aller Kraft dagegen stemmen mußte. Salvinienteppiche trieben schneller dahin als ich, die Lücken dazwischen veränderten und schlossen sich, Wasserpflanzen legten sich um das Kanu. Ich wurde zum Spielball der verschiedenen Strömungen, während aus der Tiefe das Wasser emporkochte. Ich mußte alle meine Kräfte aufbieten, um den richtigen Kurs zu halten.

Plötzlich und ohne jede Vorwarnung stieß mein Kanu gegen irgend etwas Hartes, das Heck drehte sich herum. Obwohl ich wie besessen paddelte, konnte ich nicht verhindern, daß sich das Kanu querlegte. Noch ein Ruck, und dann bewegte es sich nicht mehr. Das Wasser brodelte um mich herum und ergoß sich in das Kanu, das sich in irgend etwas verkeilt hatte. Aber ich stieß mit dem Paddel ins Leere, da war nichts. Möglicherweise war es ein Baumstamm, der unter Wasser trieb, schoß es mir durch den Kopf. Salvinien schlossen sich immer dichter um das Kanu. Der Wind zerrte an den *Limbum*-Blättern, die mein Gepäck schützten; sie knatterten wie verrückt, und ich versuchte, sie mit den Füßen unten zu halten. Panik stieg in mir auf, doch im gleichen Augenblick gab es wieder einen Ruck, und ich war frei und sauste breitseits flußabwärts.

Etwas später kam ich zum Zusammenfluß von Korosameri und Karawari, der *masalai* schlief zum Glück, und die Strudel waren das reinste Vergnügen. Gegen Mittag war ich an der Stelle, wo der Fluß bei der Mündung in den Sepik von einer langen Insel durchschnitten wird. Ich hielt bei dem Dorf Mindibit, um mir verschiedene Schnitzereien anzusehen.

Der Fluß wurde breiter, ein starker Wind blies flußaufwärts, und Wellen klatschten gegen den Bug des Kanus. Ich wußte, daß ich mich nun dem Haupt-Sepik näherte. Der Wind wurde immer stärker, hin und wieder schwappten Wellen ins Kanu. Obwohl ich an der windgeschützten Seite des *Pitpit*-Grases entlangpaddelte, half das wenig. Sturmwolken ballten sich zusammen und formierten sich zu einem drohenden Amboß, immer öfter schlugen die Wellen über dem Bug zusammen. Der Fluß war hier ungefähr anderthalb Kilometer breit, und es wurde mir langsam ungemütlich. Als ich zwei Hütten erblickte, beschloß ich, anzuhalten und dort zu übernachten.

Die beiden Hütten wurden von drei netten alten Ehepaaren und ihren vierzehn Kindern bewohnt. Leider gingen die Moskitos unentwegt zum Angriff über, und gegen Anbruch der Dunkelheit wurde es geradezu unerträglich. Eine Frau legte schwelende Kokosnußschalen um meine Füße, um die Moskitos durch den Rauch zu vertreiben, und drückte mir außerdem eine Fliegenklatsche aus Bast in die Hand, mit der ich ständig um mich schlug. Wir saßen zusammen und unterhielten uns. Der alte Mann erzählte von der japanischen Invasion in diesem Gebiet. Ich hatte bereits einige Flugzeugwracks gesehen, die in dem feuchten Dschungel am Mittleren Sepik vor sich hin rosteten, sowie mehrere halb versunkene rostige Boote.

Als es dunkel geworden war, aßen wir Fisch und *parem*. Zwei Frauen schenkten mir Ketten aus Perlen und Samen, und ich verteilte *buai* und Tabak an alle. Gleich nach dem Abendessen flüchteten wir vor den Moskitos unter unsere Netze und setzten unsere Unterhaltung von dort aus fort.

Am nächsten Morgen waren die Moskitos immer noch da und schlimmer, als ich es je erlebt hatte. Ich machte mir Kaffee, nahm mein Frühstück – Fisch und *parem* –, setzte mich damit ins Kanu und paddelte los. Nacheinander machte ich den Moskitos in dem Kanu den Garaus, und da sie keine langen Strecken über Wasser fliegen, war ich bald von ihnen erlöst. Der Friede war wiederhergestellt.

Im Licht des anbrechenden Tages stellte ich fest, daß ich mich dem schlammigen Sepik näherte. Der Zusammenfluß der beiden Flüsse brachte für mich keine Probleme mit sich. Sie glitten einfach ineinander und bildeten einen riesigen Fluß. Ich reihte mich zwischen Salvinien und totem Holz ein und ließ mich von der Strömung treiben, während ich Fisch und Kokosnußmilch zu mir nahm. An einer Biegung tauchte ein großes Touristenschiff mit Liegestühlen und weißen Menschen auf, die eine Luxuskreuzfahrt zu dem großen Dorf Ambunti machten. Jetzt wußte ich genau, daß ich auf dem Sepik war.

Als ich mich der katholischen Mission von Timbunke

näherte, sauste ein Schnellboot an mir vorbei mit einer Nonne in weißer Tracht an Bord. Um die Mittagszeit erreichte ich die Mission und traf dort die katholischen Schwestern an, die mich zum Lunch einluden. Ich aß nach langer Zeit wieder einmal Brot und Butter, Käse und Marmelade.

Die Katholiken betreiben hier ein Gesundheitscenter und außerdem einige kleine Krankenhäuser in Kanengera und in anderen Ortschaften entlang des Flusses. Die Nonnen waren schon seit zwanzig Jahren im Einsatz; sie unterwiesen vor allen Dingen in Kinderpflege und Hygiene.

Nachdem ich Timbunke verlassen hatte, ging mir allmählich auf, daß das Ende meiner Reise in greifbarer Nähe lag und daß die Krokodilzeremonie der absolute Höhepunkt gewesen war. Mit jedem Tag wurde der Fluß bewegter, und wenn mir das Paddeln auch Spaß machte, sah ich doch keinen Sinn darin, ständig naß zu werden. Viele Leute warnten mich, daß mein kleines Kanu den großen Wellen in der Nähe der Mündung nicht gewachsen sein würde. Leider fehlte auf meiner halben Karte die Kilometereinteilung, an der ich die Entfernung hätte ablesen können. Aus diesem Grunde war es schwer, die Entfernungen zu beurteilen. Wenn ich Leute danach fragte, nannten sie mir die Entfernungen in Tagen, nicht in Kilometern. In Anbetracht meines Schneckentempos schätzte ich, daß die Mündung noch ungefähr vier Tage weit war. Als ich auf meine Karte blickte, sah ich ein Stück weiter flußabwärts die Stadt Angoram, bis zu der ich etwa zwei bis drei Tage brauchen würde. Da es von dort aus eine Wegverbindung nach Wewak gab, beschloß ich, meine Flußfahrt in Angoram zu beenden.

Unterstützt von einer warmen, sanften Brise ließ ich mich gemütlich flußabwärts treiben. Ich war versucht, ein Segel zu setzen, lehnte mich aber dann ganz entspannt zurück und lauschte dem Gesang und dem Kreischen der Vögel am Ufer. In den Lichtungen zwischen dem *Pitpit*-Gras hatten die Leute Gärten mit Tabak, Yamswurzeln, Zuckerrohr und Gummibäumen angelegt. Am Ufer waren Garnelenkörbe aufgestellt. Eine Familie vom Karawari Ri-

Morgenstimmung am Unterlauf des Sepik

ver reiste auf einem großen Floß aus Baumstämmen flußabwärts. In der Mitte des Floßes befand sich eine Art
Schutzhütte, und längsseits waren vier neue Kanus angebunden. Die Familie war unterwegs, um die Baumstämme,
die Kanus und *saksak* zu verkaufen; ein Kanu würden sie
behalten, um damit die Heimreise antreten zu können.

Am späten Nachmittag legte ich in Tamburnam an, einem langen, schmalen Dorf mit interessanter Hüttenarchi-
tektur. Die Hütten waren groß und hatten hoch oben an
der Frontseite zwei Augenlöcher und darunter eine vorste-
hende strohgedeckte Lippe, die den Eingang überdachte.
Sie erinnerten stark an *Tumbuan*-Masken.

Einige Leute begannen ein freundschaftliches Gespräch
mit mir und erzählten, daß jede Familie in dem Dorf den
Namen eines Tieres trug. Ich wohnte beim Krokodil-Clan,
bei einem Mann und seinen drei Frauen, die ein großes
Haus hatten. Wir aßen Garnelen und erzählten uns gegenseitig Geschichten, bis es Zeit zum Schlafen wurde.

Als ich am nächsten Tag meine Reise fortsetzte, verbreiterte sich der Fluß zunehmend; Inseln tauchten auf, und
ständig zog er neue Schleifen. Die Sonne brannte vom

Himmel herunter, dem der aufsteigende Rauch zahlreicher Buschfeuer eine rosa Tönung verlieh. Die Blässe des Rauches ließ darauf schließen, daß nur *pitpit* und trockenes Gras brannten. Da der Dschungel viel zu naß war, um Feuer fangen zu können, brauchten die Anwohner des Flusses keine Angst zu haben. Die Buschfeuer konnten bei Rodungen für neue Hütten oder Gärten entstanden sein. Als der Rauch sich ausbreitete, filterte er die Sonnenstrahlen, und der ganze Himmel färbte sich rosa. Ich beobachtete die aufsteigenden Rauchsäulen, als ich mitten auf dem Fluß ein Picknick mit geräucherten Garnelen und Wassermelone abhielt.

Auf dem gewaltigen Fluß, der sich bis an den Horizont erstreckte, war kein Mensch zu sehen. Es hat seinen eigenen Reiz, eine Landschaft ganz für sich zu haben, und es vermittelte mir ein Gefühl des Eingebundenseins: Einige kurze Augenblicke war ich Teil ihrer Existenz, doch diese Augenblicke waren für immer mein.

Später erspähten mich einige junge Männer vom Ufer aus. Sie paddelten zu mir heraus und fragten mich, ob ich Sex mit ihnen haben wolle. Das war das erste Mal, daß ich auf dem Sepik in dieser Art belästigt wurde, und ich war wütend. Dieses Erlebnis hielt mich davon ab, in dem nahegelegenen Dorf Moim zu übernachten, und ich hielt erst bei einem kleinen Gartendorf an, wo ein Mann gerade sein neues Kanu ausbrannte, um es wasserdicht zu machen.

Während Antn sein Kanu »kochte« und die Flammen gegen das Holz fächelte, saß ich in dem schattigen *hauswind* neben dem Kanu und trank Kokosnußmilch. Die Sonne hatte mir meine letzte Kraft genommen. Als Antn mit dem Kanu fertig war, holte er einige Geräte und eine halbfertige Schnitzerei und setzte sich damit zu mir in den Schatten. Er arbeitete an einer kleinen Figur, die er mir später schenkte. Sie hieß Tumbet Kandiman; der erste Teil des Namens bezeichnete das Holz und der zweite den Namen des Vorfahren.

Am nächsten Tag paddelte ich zu einem Mündungsarm des Yuat River, der irgendwo in der Nähe von Mount Hagen entspringt.

Ich folgte ihm einige Kilometer flußaufwärts und passierte verschiedene Dörfer, dann fuhr ich auf einer anderen Strecke wieder zum Sepik zurück. Im Wasser befanden sich Trauben von den flauschigen gelben Fliegen, die ich vor fast vier Monaten im Zustand der Metamorphose erlebt hatte. Ich sann darüber nach, wieweit ich mich wohl verändert hatte.

Ich legte in Kambaramba an, einem Dorf, das inmitten von Grassümpfen auf Grasinseln errichtet ist. Hier gibt es kein Land für den Anbau von Feldfrüchten, keine Sagopalmen, keine Bäume für Brennholz, kein Baumaterial und keine Palmen, um Dächer zu decken oder Böden zu legen. Alles muß herbeigeschafft werden, und da Frauen die einzige Erwerbsquelle darstellen, hat sich die Prostitution zu einem anerkannten Gewerbe entwickelt. Ihr haftet kein moralisches Stigma an, es ist einfach eine Art, den Lebensunterhalt zu bestreiten. Das Geld bekommen die Eltern des Mädchens, und die ganze Familie lebt davon. Für die Inselbewohner kommt noch erschwerend hinzu, daß die Salvinien das Wasser verstopfen und den Fischfang stark behindern, so daß die Leute oft hungern müssen. Ich hoffte, daß ich am Ende meiner Reise einen Weg finden würde, wie man diesen Menschen helfen konnte.

An diesem Teil des Unteren Sepik gibt es kaum trockenes Land, auf dem man etwas anbauen könnte. Wenn daher eine große schwimmende Insel flußabwärts treibt, paddeln die Leute in ihren Kanus dorthin, wo sie sie festbinden, um Yamswurzeln darauf zu pflanzen.

Nach anfänglichem Dunst wurde es am Vormittag glühend heiß. Die Luft vibrierte vom Sirren der Zikaden; je höher die Sonne stieg, desto intensiver wurden die Farben. Ich spritzte mir Wasser aufs Gesicht, das tat gut. Bald wurde die Brise heftiger, sie blies gegen die Strömung und brachte den breiten Fluß in Aufruhr. Ständig mußte ich das Wasser, das ins Kanu schwappte, ausschöpfen. Als ich eine Ruhepause brauchte, bog ich in einen Seitenarm ab, der zu einem See führte, an dessen Ufer ein kleines Dorf im Schatten von Palmen stand. Aufgeregte Menschen strömten herbei, um mich zu begrüßen und zu einem wunder-

schönen alten *haus tamboran* zu führen, wo ich mich ausruhen konnte. Malereien auf zusammengenähten Borkenstreifen schmückten die Wände, Balken und Pfosten waren
kunstvoll geschnitzt, und das Mittelstück war eine heilige
Statue. Zur Erfrischung reichte man mir frisch gepflückte
Kokosnüsse, Fisch und *parem*.

Jetzt machte sich bei mir allmählich mehr als nur die
Müdigkeit nach einem langen Tag bemerkbar, es war eine
gewisse Ausgelaugtheit, die sich nach dieser langen, vier-
monatigen Reise einstellte, auch wenn sich die Anstrengungen mehr als gelohnt hatten, und in meine Freude
mischte sich leise Trauer, daß sie nun fast vorbei war.

Den ganzen Unteren Sepik entlang riefen mir die Dorfbewohner »*Sepik-meri*« zu, und sie paddelten zu mir, um
mir Papayas, Wassermelonen, Zuckerrohr, Fisch und eine
neue Moskitoklatsche zu bringen; jeder wollte mir eine
Kleinigkeit geben und mir helfen, das Ende meiner Reise
zu erreichen.

Ein Motor-Kanu kam flußaufwärts getuckert. Drin saß
Sapa, der tschechische Händler und Hotelbesitzer. Er hielt
an, um mir ein kaltes Bier und die Schlüssel zu seinem
Haus in Angoram zu geben, wo ich mich wie zu Hause
fühlen sollte. Er war unterwegs nach Kaminabit und würde
in drei Tagen zurück sein.

Der Wind wuchs sich zu einem Sturm aus, und ich war
froh, daß Angoram nicht mehr weit entfernt war. Nach einer großen Flußbiegung kam das Dorf endlich in Sicht. Als
ich am Ufer entlangpaddelte, erspähten mich die Leute,
winkten und jubelten, riefen mir Grüße und Glückwünsche
zu.

Und so ging meine Reise zu Ende.

Glossar

arse-grass – Büschel aus langblättrigem faserigem Gras, die von den Männern getragen werden
arse-ples – zu Hause
bailer-shell – gewölbte Seemuschel
barat – Graben oder Rinne
big-men – wichtige Männer
bilas – selbst hergestellter Körperschmuck
bilum – Netz aus Schnüren
binatang – Larven, Maden und Insekten
bride-price – Brautpreis
buai – Betelnuß
bugarap – zerbrochen, kaputt
cargo – Güter, Waren
cuscus – Opossum, Beutelratte
daka – Pfefferwein
dokta-boi – Männer, die in Erster Hilfe und Grundkenntnissen der Medizin ausgebildet sind
dream-haus – spezielle Hütte zum Träumen
garamut – große Trommel aus einem ausgehöhlten Holzklotz
gengong – kleines, mit dem Mund gespieltes Musikinstrument
grass – Haar
grilli – Scherpilzflechte
guria – Erdbebenvogel
guvmen – (government) Regierung
haus – Haus oder Hütte
haus-buk – Bibliothek
haus-kuk – Küche
haus-sik – Krankenhaus
haus tamboran – Geisterhaus
haus-wind – Haus ohne Wände
kansol – Ratgeber
kaukau – Süßkartoffel
kiap – Regierungsbeamter
kina – Landeswährung, Muschel
kuru – »lachender Tod«
lapun – alt
limbum – aus Palmblättern hergestelltes Polster
long-haus – eine Hütte von 50 bis 150 m Länge
luluwai – Häuptling

makau – Fisch
mami – Yamswurzel
masalai – Naturgeist
moka – Austauschzeremonie
mumu – Erdofen
omak – Zählstock aus Bambus, an dem man die Anzahl der verschenkten Schweine ablesen kann
pandanus – rote, breiige Frucht
pangal – Stock aus Palmblättern
parem – dicker Pfannkuchen aus Sagomehl
pig-kill – Festlichkeit
pitpit – hohes Gras
ples masalai – Ort der Geister
pulpul – Grasrock
race – Wettkampf
rascal – Räuber, Dieb
saksak – Sagomehl
sanguma – böser Geist
skru-bilong-leg – Knie
sing-sing – Festlichkeit
sing-sing-race – musikalischer Wettbewerb
skin-dwai – Rinde des Zimtbaumes
skul-munki – Schulkind
suan – weißer Reiher
sumting-nuting – nicht wichtig
susaf – Musikinstrument
toea – Geld (*kina* & *toea*)
tok-ples – Sprache
tu-lif – eßbares Blatt von einem Baum
tumbuna – aus alten Zeiten
wan-leg – einbeinige Schnitzerei mit mythischen Kräften

CHRISTINA DODWELL wurde 1951 in Nigeria geboren, wohnt aber seit dem sechsten Lebensjahr in England. 1975 machte sie sich zu einer dreijährigen Reise durch Afrika auf und 1980 dann zu der in diesem Buch beschriebenen Reise durch Papua-Neuguinea, die zwei Jahre dauerte. Inzwischen hat sie längere Zeit in China verbracht. Auch über diese Erlebnisse wird ein Buch erscheinen. Christina Dodwell, die immer allein reist, hat das Gefühl, alle Situationen in fremden Ländern meistern zu können. Sie verläßt sich auf ihr Gefühl, und wenn man da richtig hinhören kann, dann reicht das aus, sagt sie.